陕西省教育厅重点科学研究计划项目(编号:17JZ057)资助

走近市场营销

侯海青　编著

西北工业大学出版社

西　安

【内容简介】 全面提升市场营销管理水平是社会经济持续健康发展的必然要求。本书从理解市场营销、了解并认识顾客、有效目标市场营销和整合市场营销策略对市场营销理论进行诠释,强调市场营销管理活动的全过程、全要素特征,并就顾客购买行为、品牌依恋、品牌社群、顾客资产、消费心理、体验营销等展开研究。

希望该成果对于从事营销理论和应用研究的各级各类人员有所帮助。

图书在版编目(CIP)数据

走近市场营销/侯海青编著 . —西安:西北工业大学出版社,2018.7
ISBN 978 - 7 - 5612 - 6054 - 8

Ⅰ.①走… Ⅱ.①侯… Ⅲ.①市场营销学—基本知识 Ⅳ.①F713.50

中国版本图书馆 CIP 数据核字(2018)第 145993 号

策划编辑: 张 晖
责任编辑: 李文乾

出版发行: 西北工业大学出版社
通信地址: 西安市友谊西路 127 号 邮编:710072
电 话: (029)88493844 88491757
网 址: www.nwpup.com
印 刷 者: 北京虎彩文化传播有限公司
开 本: 727 mm×960 mm 1/16
印 张: 12.625
字 数: 220 千字
版 次: 2018 年 7 月第 1 版 2018 年 7 月第 1 次印刷
定 价: 48.00 元

前　　言

尽管今天仍然有很多人并不了解什么是"市场营销",也没有阅读过关于"市场营销学"的相关书籍,但却不能否认,市场营销活动早已融入我们每个人的生活和工作。这是因为我们每天都需要选择相应的产品或服务来解决所遇到的各种问题,衣、食、住、行、娱……如此多样化的产品及服务需求使得企业必须深入了解目标顾客,洞察他们的真实需要。只有精准定位,企业才能够为目标顾客提供具有更高价值的产品和服务,而多样化、个性化的产品和服务不仅能够提高顾客工作和生活的效率,还能够提高他们工作和生活的质量。

如今,市场营销的应用已经渗透到了社会、经济、生活的各个层面,从国家营销、组织营销到个人营销,处处都展现出市场营销的活力。经济的发展、技术的创新在助推市场营销发展的同时,也提出了诸多新的挑战。供给侧结构性改革要求供应方能够开发满足顾客需要的新产品、新服务、新体验;互联网,特别是移动互联网的覆盖,改变了顾客的购买习惯,不断冲击着传统的市场营销模式;新生代顾客在企业营销活动开始之前,就已经借助新媒体开始营销信息的搜寻、比较与评价。在这些变化过程当中,唯一不变的就是应当遵循的市场营销观念,即正确确定目标市场的需要和欲望,并比竞争者更有效地满足顾客的需要和欲望。

本书融合笔者多年市场营销的教学体会与研究成果,对市场营销的核心内容进行重新整合。全书共分两部分:第一部分为营销理论基础,内容包括理解市场营销、了解并认识顾客、有效目标市场营销和整合市场营销策略;第二部分为营销理论应用论文,内容涉及顾客购买行为、品牌依恋、品牌社群、顾客资产、消费心理、体验营销和企业竞争力等。

编写本书参阅了相关文献资料,在此,谨向其作者深表谢意。

由于水平有限,书中的不妥之处在所难免,敬请读者批评指正。

侯海青

2018 年 3 月

目　　录

第一部分　营销理论基础

第二部分 营销理论应用论文

第一部分

营销理论基础

第一章　理解市场营销

什么是市场营销

　　今天，当我们提到市场营销，很多人都不会感到陌生，甚至有不少人能够对市场营销说出一二。实际上，这并不奇怪，因为我们每天从早到晚都能够通过各种媒体接收到关于企业营销的各种新闻，新产品发布会、各种商品的广告、推销员的推介、促销活动……而移动互联网的发展，更是让我们能够随时随地了解商家营销的各类信息，可见市场营销活动早已融入我们的日常生活。我们每天都面临着衣、食、住、行的选择，当你考虑这些问题的时候，也就意味着营销已经在影响你的生活，并且经常以你想不到的方式出现。所以说，市场营销发展了，营销质量提高了，我们的生活质量、工作效率也会提高，我们必将从中受益。

　　的确，正是由于我们随时都会接触到大量的广告信息，时刻都有人试图向我们推销产品，许多人免不了就将市场营销与广告、推销联系在一起，甚至有人将市场营销等同于广告和推销。这里我们做个假设，如果市场营销就是广告和推销，那么此项工作应该不会太复杂，可以通过增加广告费用、增加推销人员来解决。但是，现实的问题是广告费用每年都在增加，推销员的招聘力度也在加大，可很多企业的市场营销工作并未改善，这不得不让我们重新考虑是否有比广告和推销更重要的问题需要解决，而这个问题就是如何满足顾客需要。毕竟广告和推销仅仅是市场营销的部分内容，但不是最重要的内容。如果营销人员能够准确把握顾客的需要，开发出具有更高顾客价值的产品，并有效地对产品进行定价、分销和促销，那么顾客也就更容易接受这样的产品，这也正是顾客选择你的理由。

　　那么，哪些工作是市场营销需要考虑的？如果某个公司决定进入共享单车服务市场，他不需要考虑单车的生产工艺，但必须对以下各事项进行认真分析并做出相应决策。

- 哪些人可能会选择共享单车服务？他们是否需要更多的车型？
- 分析不同顾客对车型的需要，决定公司准备满足哪些人的需要？
- 估计有多少人会选择共享单车服务？通常在什么时间选择此项服务？

- 选择单车服务的人在什么地方？公司怎样将单车提供给需要的人？
- 估计用车人愿为单车服务支付的费用，以及公司以此价格提供服务是否有利可图？
- 公司将采用什么手段让更多的人了解并接受共享单车服务？
- 估计可能的竞争对手，他们给公司可能带来的威胁有哪些？

资料阅读

　　共享单车服务是指企业在校园、地铁站点、公交站点、居民区、商业区、公共服务区等提供自行车单车共享服务，采用分时租赁的方式。但要注意的是，虽然单车是共享的，但并不是共享经济。共享经济的要素之一是闲置资源，但共享单车不是闲置资源。

　　最初的共享单车在校园诞生。2014年，北京大学毕业生戴威与4名合伙人共同创立OFO，致力于解决大学校园的出行问题。次年5月，超过2000辆共享单车出现在北大校园。截至2016年11月，已经有包括摩拜、优拜、OFO、小鸣、小蓝、骑呗等在内的多家共享单车公司诞生并且都获得了大量的风险投资。

　　共享单车已经越来越多地引起人们的注意，由于其符合低碳出行理念，政府对这一新鲜事物也处于善意的观察期。

知识分享

　　过剩产能是人人共享平台向外界提供产品或服务的关键。新的价值将从原有的事物中被重新挖掘出来，并会被重新利用。这就是为何过剩产能如此震撼人心的原因，尤其是对企业家来说，因为他们所面临的最大问题就是资本缺乏。

　　群体选择在一个平台上进行分享，是因为有更大的组织花费了大量的时间和金钱将一些复杂昂贵的事物变成人们可以简单低价获取的资源。组织的特殊之处就是做个人不能做到的事情，即创建共享平台。

　　在工业化的进程中，我们一直被教导要珍视一份稳定的工作及其所有的相关利益，而忽视自由、事业以及收入来源的单一；但共享经济要求我们珍视经济机构、激情、学习能力、自主性以及做出特别贡献的能力。与此同时，共享经济淡化了人们工作中需要的适当压力以及稳定工作所带来的福利和保护。

　　群体间相互协作的人人共享经济是我们解决地球面临的紧迫问题所需要的，气候变化、水资源稀缺、森林面积退化、可持续交通、教育以及贫穷……我们需要适应力、丰富性、社区化以及低成本和资源的充分利用，同时也需要新的参与平台能够快速扩大规模，适应当地的发展，并使个人的创新成果能在整个平台上应用。

资料来源：罗宾·蔡斯.共享经济：重构未来商业新模式[M].王芮，译.杭州：浙江人民出版社，2015

　　从以上这些问题可以发现,市场营销活动早在生产之前就已经开始,并为生产提供了必要的方向,而且在产品生产完成之后还将延续,以恰当的方式将产品及服务提供给顾客。共享单车的例子说明市场营销的内容远远不止广告和推销,营销在为顾客提供满足他们需要的产品和服务、创造顾客满意方面起着重要的作用。这里,我们并不是要强调市场营销活动比生产活动重要,生产也是一项非常重要的经济活动。由于缺乏专业技能、资源,或没有空闲时间,或出于利益的考虑,许多人都没有自己制造他们需要的东西,而是通过市场来获得所需的物品,如家政公司提供的家政服务、节假日去餐馆就餐等。尽管生产是一项重要的经济活动,但如果过于夸大其作用就可能出问题。"好酒不怕巷子深"这句话所体现出来的就是只要拥有了好的产品,顾客就会自动找上门来购买。"更好的捕鼠夹"(制造更好的捕鼠夹,全世界的人就会在你门前踩出一条路来)的观点今天已经不被认可,因为如果不进行有效的营销,通往"更好的捕鼠夹"的道路必然是杂草丛生的。因此,正确的观点是生产和营销通过形式效用、时间效用、地点效用和获得效用的协同作用为顾客提供满足他们需要的产品和服务。

　　说到这里,你可能要问到底什么是市场营销? 关于市场营销,学者们给出了他们的答案。

　　市场营销关乎人类与社会需要的识别与满足。最简洁的市场营销定义是"有利可图地满足需求"。

——菲利普·科特勒,凯文·莱恩·凯勒

　　市场营销是引导商品和服务从生产者到消费者或使用者的企业活动,以满足顾客并实现企业的目标。

——麦卡锡

　　营销是非常基础性的工作,因此不能将之看作是一种独立的职能。它是站在企业经营的最终结果的角度,换句话说,就是站在客户的角度来看待整个企业。因此对营销工作的关注及责任必须渗透到企业的各个环节当中。

——彼得·德鲁克

　　营销聚焦于顾客,是企业的基础活动。当营销传递了顾客价值、满足了顾客的需求时,企业就吸引、保留并发展了顾客。如果将成本控制好,就会获得利润。利润帮助企业作为一个独立实体存活,并且保证了资源的增长。

——诺埃尔·凯普,柏唯良,郑毓煌

　　营销常常并将继续意味着为了寻求诸如技术创新、资源可获得性和竞争障碍等因素之外的其他竞争优势来源而对消费者(或客户)做出反应。

——博比·卡尔德,爱德华·马尔索斯

　　营销是个人或组织通过创造并与他人交换产品或价值,以获得其所需、所欲之物的一种社会和管理过程。

——加里·阿姆斯特朗，菲利普·科特勒

根据以上学者对市场营销的解析，我们可以从中提炼出市场营销所蕴含的关键问题：

- 市场营销的最终目标是满足组织或个人的需要。
- 营销是为了从顾客身上获得利益回报，创造顾客价值和建立牢固顾客关系的过程。
- 营销通过向顾客承诺高价值吸引新顾客，让顾客满意留住现有顾客。
- 营销的本质在于企业如何吸引、保留和加强其与顾客的关系，营销就是管理有价值的顾客关系。
- 成功传递顾客价值可以直接增加股东价值，促进业务的长期繁荣。

综上所述，市场营销是一个科学、严谨的过程，它强调通过顾客价值创造来吸引、保持和发展顾客，并通过顾客价值的不断提升助推企业的健康发展。只有这样，企业才能做到基业长青。关于市场营销，菲利普·科特勒做了如此精辟的描述："花一天时间就可以学习到的市场营销，但要想掌握它，要花上一辈子的时间。"

市场营销的应用

关于市场营销的作用，我们很容易就能够在出版物中找到。从企业微观层面来看，企业要保证在激烈竞争的市场中能够生存与发展，就必须根据市场需求及其变化制定顾客导向的营销战略规划，正确选择目标市场，并针对不同目标市场制定相应的市场营销策略。市场营销是企业将消费者需求与市场机会转变成企业经营机会的行之有效的方法，是企业战胜竞争对手、谋求自身发展的工具。而从社会经济宏观层面来看，市场营销有助于适时、适地，以适当价格把适当产品从生产领域转移到消费领域，促使生产与消费在时间、地域上实现平衡，使社会供给与需求相匹配，进而达到市场的有效供给。尽管意义很大，却很难从中认识到市场营销的作用到底是什么？所以，我们可以换个角度，从市场营销的应用领域来考察其重要作用。如果市场营销已渗透并作用于各个领域，直接影响个人的生活质量、组织的发展质量，甚至国家的经济发展水平，那么，市场营销的作用自然不可估量。

个人营销

在不同的组织、城市或地区甚至不同的国家，迅速而恰当地融入其中并能够形成愉快相处的社交群体是一个人事业发展、幸福生活的基本前提。从事任何一项工作都需要特定的能力,工作性质不同,能力要素组合也不同。在人力资源各要素中,体力是一个人从事各项工作的基础,是能力、知识、技能得以存在的载体,能力、知识、技能三者之间互相制约,互为影响。由于个人的自适应性,通过不断的学习、磨合和经验积累,一个人能够从不适应到适应,从不胜任到胜任。所以,有意识地运用市场营销工具向相关群体展示自身的知识、能力和特长以获得认同和支持,对个人未来发展是非常必要的。

知识分享

胜任能力(Competency)由哈佛大学教授戴维·麦克利兰于 1973 年提出,是指能够胜任某项工作或者活动并且突出高于他人的一种能力或者素质,或者说,胜任能力强调员工高于一般的优秀素质水平。我国学者将其译为"核心能力""关键胜任能力""胜任特征"。

胜任能力是现代管理学和人力资源管理理论与实践高度关注的一个范畴。对于人力资源个体胜任能力水平的界定,能够得到招聘和任职的依据,为成功地获取所需要的优秀人才奠定基础,也为员工招聘任职之后的正确培训、高效使用和进一步的开发提供依据。

据斯宾塞的研究,胜任能力通常包括以下六个方面的特征:

成就特征:成就欲、主动性、关注秩序和质量。

服务特征:人际洞察力、客户服务意识。

影响特征:个人影响力、权限意识、公关能力。

管理特征:指挥、团队协作、培养下属、团队领导。

认知特征:技术专长、综合分析能力、判断推理能力、信息寻求。

个人特征:自信、自我控制、灵活性、组织承诺。

由科斯塔和麦克雷提出的"五大人格"(Five-Factor Model,FFM)理论把人格分为五个大的因素类别,并依次制成了五大人格测量工具。"五大人格"的具体内容如下:

亲和性或合作性(agreeableness):具有亲和力、体贴和同理心。

可靠性或责任感(conscientiousness):注重细节、尽忠职守、有责任感。

外向性或外倾性(extroversion):有活力、主动性及社交性。

神经质或情绪稳定性(emotional stability):对情绪的控制力、对压力的容忍力。

对经验的开放性或创新性(openness to experience):独立并能够包容不同的经验。

资料来源:姚裕群.人力资源开发与管理通论[M].北京:清华大学出版社,2016

组织营销

自市场营销诞生以来,市场营销的应用领域不断扩大,在组织应用方面,已从最初的营利部门扩展到了非营利部门。从应用的先后顺序来看,不同类型的组织在接受应用上有前后之分。

在营利部门,接受市场营销应用最早的是消费品企业,如宝洁、通用电气、可口可乐等企业,不难理解消费品市场往往也是竞争最为激烈的市场。之后,市场营销的应用进入工业品生产企业,如杜邦、凯特匹勒等企业。服务业是接受市场营销应用最晚的,如电信、银行、保险等领域。那么,为什么服务业是应用市场营销最晚的领域?一个主要的原因是服务业长期处于垄断,是典型的卖方市场,缺乏市场竞争,当然相应的服务质量也不能让顾客满意。但随着竞争的引入,垄断逐步被打破,服务市场也由卖方市场逐步向竞争激烈的买方市场转变,因此,深入进行市场分析,通过创造顾客价值来满足顾客需要也就成为必然。如今,市场营销在各种营利部门都得到了广泛的应用,而且竞争越激烈的行业,市场营销应用得越广泛,应用的质量也越高。

市场营销不仅在营利部门得到广泛应用,非营利部门,如政府机构、高等学校、各种民间团体等,为了建立良好的公众形象,也积极而广泛地应用市场营销的理论和方法来指导自身的工作。各级政府部门为了保证其政策法规的顺利实施,需要借助各种媒体大力宣传并采取相应的教育活动,如政府公众号、微博的推出,借助新媒体平台及时为社会公众提供信息服务。各高等学校为了能够吸引更多的优秀学生来校就读,承诺向优秀学子提供奖学金及提供免试攻读硕博学位的机会,这实际上是对学生需求的一种反应。另外,通过与企业建立战略合作关系,设立共同培养基地、协同创新基地等,以得到企业在资金、人员、设备等方面的支持。中国青少年发展基金会的宗旨是通过资助服务、利益表达和社会倡导,帮助青少年提高能力,改善青少年成长环境。基金会自 1989 年 3 月成立以来,通过对贫困地区失学儿童状况的宣传,发起捐助希望小学等活动,使一座座希望小学拔地而起。这些活动都反映出市场营销的应用所创造的社会效益是巨大的。今天,市场营销的应用已经渗透到各级各类组织当中,越是能够熟练运用市场营销理论与方法解决实际问题的组织,越能够创造出更高的顾客价值或公众价值,促进社会经济的健康快速发展,从中也必将获得更高的经济效益和社会效益。

知识分享

非营利组织（Non-Profit Organization，NPO）是不以营利为目的的组织结构。这种组织形态最早于17世纪便存在，是应生于工业革命中出现的社会不平等现象，其后伴随着西方近代资本主义的发展而发展起来，因而它也具有丰富的西方文化和社会体制的背景。"非营利组织"这一名称本身就映射出其背后隐含的前提假设：先它而存在着另一种组织形态——营利组织，或曰企业，是以追求利润最大化为目的的。由此可知，非营利组织是一个基于市场经济、政府与企业部门严格分工、独立的企业等背景下出现的概念，它的存在和特征是与市场经济的进程和营利部门（企业）的发展密切相关的。非营利组织的出现被理解为政府失灵和市场失灵的产物。

一般认为现代意义上的非营利组织出现于第二次世界大战前后。与非营利组织类似的词汇还有"非政府组织"（non-governmental organization）、"公民社会组织"（civilsociety organization）、"第三部门"（third sector）等。

资料阅读

宝洁大中华区公益项目关注重点是青少年的基础教育，宝洁希望小学项目是宝洁大中华区公益的旗舰项目。宝洁公司和中国青少年发展基金会从1996年开始合作至今，风雨同舟，互勉向前，共同为农村贫困地区基础教育事业添砖加瓦。

2016年8月18日，37位来自宝洁希望小学的孩子们在北京度过为期10天的儿童戏剧夏令营之后，为大家呈上了一场特别的戏剧汇演。这场由来自宝洁希望小学的孩子们自主发声的戏剧汇演，不仅仅是已经持续了三年的宝洁儿童剧项目成果的集中体现，也宣告着在支持希望工程20年之后，宝洁在推动中国乡村教育发展上开启新的阶段——从传统的单向给予到师生自主参与，从捐赠物资改善硬件环境到关注精神层面，去改变人本身。

在支持希望工程的过去20年间，宝洁用遍布中国乡村的200所宝洁希望小学使30万乡村儿童的命运得以改变。在20年之后的今天，宝洁希望通过关注乡村儿童的精神需求，为推动乡村教育发展，改变乡村儿童的命运注入更深层的能量。作为宝洁希望小学项目第五个"五年计划"的开始，宝洁同时宣布将引入"互联网＋"和"精准公益"的理念，通过有效利用互联网时代新技术，探索解决乡村师资不足以及支持留守儿童父母返乡计划的解决方案，从而从根源上改善乡村教育的痛点问题。

未来，宝洁将继续持之以恒地支持希望工程，并开放宝洁希望小学这个平台，联合更多合作伙伴，通过每一个小小的创新想法和努力，共同为促进中国乡村教育发展做有价值的尝试。毫无疑问，20年，对于宝洁希望小学公益项目来说迎来的并不是终点，而是在互联网公益时代开启了更多的可能性……

资料来源：宝洁快乐希望小学网

国家营销

第二次世界大战以来，国际经济体系已经发展成为一个相互依存的贸易和投资体系。在这种新的体系下，国别与地区间的经济发展必然存在高度的相关性，但任何一方却不能将自己的意愿强加于其他人。全球性经济背景下，合作与协作将带来新的发展机会，而竞争与冲突则导致威胁与挑战。在世界相互依存的情况下，任何一个国家都需要从其他国家进口更好的产品以满足自己所需，同时，生产更好、更便宜的产品出口以支付进口所需的资金。由于世界的相互依赖性以及贸易保护主义和日益增长的经济集团化趋势，如何对双边、多边国际贸易实现有序高效管理，以实现一国与其他多国的和平相处、共同发展就成为当下的一个关键问题。正是基于这样的原因，由中国倡议的设立亚洲基础设施投资银行（以下简称"亚投行"）和发展"一带一路"经济走廊的提议得到了越来越多国家的参与和支持。以亚投行为核心的跨国金融机构将加速"一带一路"沿线项目落地，各方期待"一带一路"倡议为全球经济注入新的动力，成为打开包容性经济全球化新局面的新钥匙。同时，无论是贸易还是投资，都给走向国际市场的中国企业带来了新的机遇，"一带一路"令他们国际化的脚步走得更加扎实，而且拓展了商业合作的可能性。

> **资料阅读**
>
> 　　亚投行（Asian Infrastructure Investment Bank，AIIB）是一个政府间性质的亚洲区域性的多边开发机构。重点支持基础设施建设，成立宗旨是为了促进亚洲区域的建设互联互通化和经济一体化的进程，并且加强中国及其他亚洲国家和地区的合作，是首个由中国倡议设立的多边金融机构，总部设在北京，法定资本1000亿美元。
>
> 　　从全球层面来看，亚投行建立的主要背景是新兴大国的异军突起。新世纪以来，发展中国家普遍实现了较快增长，新兴国家日益成为经济新秀，而发达国家的发展速度相对缓慢。为了更好地发挥新兴国家在世界经济和全球金融治理中的作用，改革原有的国际金融制度被顺理成章地提上日程。而从国家层面上，亚投行建立的主要背景是中国进入"新常态"。经过30多年的发展和积累，中国在基础设施装备制造方面已经形成完整的产业链，中国基础设施建设的相关产业期望更快地走向国际。但亚洲经济体之间难以利用各自所具备的高额资本存量优势，缺乏有效的多边合作机制，缺乏把资本转化为基础设施建设的投资。
>
> 　　2014年10月24日，包括中国、印度、新加坡等在内21个首批意向创始成员国的财政部长和授权代表在北京正式签署《筹建亚投行备忘录》，共同决定成立亚洲基础设施投资银行。2015年6月29日，《亚洲基础设施投资银行协定》签署仪式在北京举行。2016年1月16日，亚投行开业仪式在钓鱼台国宾馆举行。2017年1月16日，

庆祝亚投行成立一周年,并启动 2017 年战略发展规划,重点支持领域包括可持续基础设施建设、跨境互联互通等。

在日益相互依赖的世界经济格局中,每个国家抓住机会的程度以及应对威胁的程度完全取决于这个国家的内在实力,这其中既有社会因素,如文化、态度、价值观、社会的融合性的作用;也有经济因素,如要素禀赋、产业组织结构的影响;更有政治因素,如政府干预等。因此,各国的政策制定者应当充分关注本国内在实力的因素变化,不仅要了解它的范围和强度,还要知道随着时间的推移,这些因素之间的替代和协同作用。通过对国家目前竞争、内部及外部环境的整体评价,制定出适宜自身发展的国家战略,包括与其他国家进行竞争与合作的投资、产业发展及贸易等主要政策。

资料阅读

"一带一路"(The Belt and Road,B&R)是"丝绸之路经济带"和"21 世纪海上丝绸之路"的简称。"一带一路"将充分依靠中国与有关国家既有的双多边机制,借助既有的、行之有效的区域合作平台,积极发展与沿线国家的经济合作伙伴关系,共同打造政治互信、经济融合、文化包容的利益共同体、命运共同体和责任共同体。

丝绸之路是起始于古代中国,连接亚洲、非洲和欧洲的古代陆上商业贸易路线,最初的作用是运输古代中国出产的丝绸、瓷器等商品,后来成为东方与西方之间在经济、政治、文化等诸多方面进行交流的主要道路。丝绸之路从运输方式上,主要分为陆上丝绸之路和海上丝绸之路。

"一带一路"顺应世界多极化、经济全球化、文化多样化、社会信息化的潮流,致力于维护全球自由贸易体系和开放型世界经济,旨在促进经济要素有序自由流动、资源高效配置和市场深度融合,推动沿线各国实现经济政策协调,开展更大范围、更高水平、更深层次的区域合作,共同打造开放、包容、均衡、普惠的区域经济合作架构。

共建"一带一路"有助于亚欧非大陆及附近海洋的互联互通,建立和加强沿线各国互联互通伙伴关系,构建全方位、多层次、复合型的互联互通网络,实现沿线各国多元、自主、平衡、可持续的发展。"一带一路"的互联互通项目将推动沿线各国发展战略的对接与耦合,发掘区域内市场的潜力,促进投资和消费,创造需求和就业,增进沿线各国人民的人文交流与文明互鉴,让各国人民相逢相知、互信互敬,共享和谐、安宁、富裕的生活。

随着综合实力的日益增强,中国融入全球化的程度越来越深,对全球政治、外交、金融等方面的影响越来越大,中国到了需要树立国家形象的阶段,而中国此前在塑造自身形象方面,无论是政府还是民间都做得还不够。自北京奥运会以来,中国展示"软实力"的工作开始加强,如放宽外国记者在境内采访的限制,借助国际媒体的影响力来客观报道中国,而国家形象广告也成为展现"软实力"的另一渠道。毕竟,购买者常常会根据"原产地国家"对品牌做出不同的评价。产品的原产地国会对未来购买者产生正面、中性或负面的影响。

让我们来看一则消息:

2011年1月17日,一抹亮丽的"中国红"在高楼林立的美国纽约时报广场电子屏上格外显眼,6块电子显示屏同时播放一则醒目的中国国家形象宣传片,让美国观众了解一个更直观、更立体的中国国家新形象。在《中国国家形象片——人物篇》宣传片中,中国各行各业的杰出代表,如谭盾、郎朗、袁隆平、杨利伟、姚明、邓亚萍等在片中依次登场,吸引不少路人驻足观看……

资料来源:新浪微博

资料阅读

国家形象系列宣传片由国务院新闻办公室立项,拍摄目的是塑造和提升中国繁荣发展、民主进步、文明开放、和平和谐的国家形象。国家形象宣传片分为两个部分。一部分是30秒长度的电视宣传片,参与拍摄的人员都是国内外比较有影响力的人物,其中有李嘉诚、王建宙、李彦宏、丁磊、郎平、邓亚萍、姚明等,以"中国人"概念打造中国形象。另一部分是15分钟长度的短纪录片,供我国驻外使领馆及重要外宣活动使用,力图从更多的角度、更广阔的视野展示当代中国。

营销环境与经营观念演变

提到今天的环境,企业的感受就是变化越来越快,也更加复杂。这是因为企业的营销过程随时都会受到周围环境的影响和制约,对环境的变化始终保持警觉应该成为企业营销者的一种本能。只有与环境的变化相适应、相协调,并做出积极的反应,才能够有效地将市场机会转变为企业的经营机会,同时最大限度地降低环境威胁可能带来的不利影响。根据影响的状况不同,企业的营销环境可分为微观环境和宏观环境。企业营销的微观环境影响着企业为目标市场服务的能力,构成企业营销微观环境的各种制约力量,与企业形成了协作、竞争、服务、监督的关系。微观环境由企业的供应商、营销中介者、顾客、竞争者、社会公众,以及企业内部影响营销管理决策的各个部门所构成。宏观环境影响着微观环境,它是由一些大范围的社会约束力量构成的。宏观环境主要包括人口环境、经济环境、自然环境、技术环境、政治法律环境和社会文化环境。环境因素的复杂多变给市场中的企业带来了更多的机会、威胁和挑战，而不同的环境因素对企业的作用又是不同的，这就要求营销者根据环境的变化创新经营观念，适时调整营销战略与营销策略。在变化中寻求突破正是企业长期发展的关键所在。

企业经营观念经历了从传统观念到现代经营观念的演变。传统经营观念主要指生产观念、产品观念、推销观念，现代经营观念主要指市场营销观念、社会市场营销观念、全方位市场营销观念。

生产观念

生产观念产生于20世纪20年代前，是最古老的一种经营思想，其基本思想是消费者喜欢那些随处可以买得到且买得起的产品。在这一思想指导下，企业的核心任务就是努力提高生产效率、扩大生产量、降低产品成本，这样就可以解决"买得到且买得起"的问题。生产观念的成功运用与当时的市场环境有着直接的关系。当时，生产技术相对落后，生产效率低下，市场态势表现为供不应求的卖方市场，人们的需求无论是在产品的品种种类，还是在产品的数量方面都远远没有得到充分满足，以大批量、少品种、低成本的生产更能适应消费者需求，企业产品价值的实现不成问题。所以，在当时的市场条件下，生产观念被很多企业所采用，确实也有很多企业因此很快地发展起来。营销环境的特殊性使得经营者很少考虑或者不如说是没有必要去考虑是否存在不同的具体需求，当然也就谈不上开展市场调研活动。

资料阅读

20世纪初，拥有汽车是少数人的特权，是地位和身份的象征。年轻的福特意识到这是个商业机会，决定设法把汽车变成大众购买的普通商品。福特用大规模生产实现了这一点，他创造了世界上第一条汽车装配流水线。输送带系统的使用大大节省了工人时间，降低了成本与价格。

为了满足市场对汽车的大量需求，福特采用了当时颇具创新性的做法：只生产一种车型——T型车，只有一种颜色——黑色。于是，黑色的T型车几乎成了汽车的代名词。这样做的好处是福特能以最低成本生产，用最低价格向消费者提供汽车。

T型车几乎改变了日后美国人的生活方式，他们以825美元的价格就可以买到一部轻巧、两级变速、容易驾驶的T型车。这种简单、坚固、实用的小汽车推出后，中产阶级对汽车的需求不断增加，而福特也成了美国最大的汽车制造商。

资料来源：阎国庆,金文姬,孙琪,等.国际市场营销学[M].北京：清华大学出版社,2007

产品观念

20世纪20年代之后，西方社会已经基本脱离贫困，衣食无忧，提高生活质量逐渐成为人们追求的主要目标。与生产观念一样，产品观念也是一种古老的经营思想，其基本思想是消费者总是喜欢那些质量高、性能好、有特色且价格合理的产品。其成功运用的前提条件是经改进后的产品，恰好符合消费者所注重的价值，或竞争者尚未推出更好的消费者需求解决方案。在这一观念指导下，企业认为只要注意提高产品质量，做到物美价廉，就一定会产生良好的市场反应，顾客就会自动找上门来购买。囿于产品观念的作用，营销人员常常痴迷于自己的产品，却没有意识到市场环境已经发生了改变，顾客对他们的产品已经开始不感兴趣，这就是"更好的老鼠夹"现象。

产品观念导向下的企业营销人员在开发新产品时通常不考虑或很少考虑消费者的需求，因为他们相信自己的研发人员、工程师知道应该如何设计和开发产品，有时甚至不观察一下身边竞争者的产品。产品观念极易引发"营销近视症"——过分重视产品而忽视顾客需求。正如铁路运输部门认为顾客需要的是更好的火车而非安全、高效、便捷的运输服务，导致受到航空、高速公路运输服务快速增长的巨大冲击。这些企业的错误就是当我们应该向窗外看的时候，我们却仍然盯着自己室内的镜子而自我欣赏，陶醉其中。

资料阅读

T型车的成功使福特欣喜若狂，但是好景不长，市场悄悄地开始酝酿变革，消费者的偏好开始发生变化，他们不再喜欢千篇一律的T型车。由于福特没有意识到这一点，没有及时根据消费者偏好的改变采取对策，导致在20世纪20年代末期，福特在独霸廉价小汽车市场多年后，败给了通用汽车。通用汽车生产低价位的雪佛莱与福特竞争，除了具备福特所没有的舒适感外，雪佛莱产品质量更好，更加迎合消费者追求时尚和多元化的需求。但福特太爱他的T型车了，仍然不改变车型，后来售价下降到仅190美元。到1926年，T型车销售量大幅下降，福特不得不承认T型车时代的结束，于1927年正式关闭T型车生产线。

资料来源：闫国庆，金文姬，孙琪，等.国际市场营销学[M].北京：清华大学出版社，2007

推销观念

推销观念产生并盛行于20世纪20年代末至50年代初。这一时期，由于科技进步，社会生产力有了巨大发展，市场态势由卖方市场逐渐向买方市场过渡，在此情况下，企业面临的首要问题就是产品的销路。所以，当企业管理者不是担心能不能大量生产，而是担心生产出来的产品能不能全部销售出去时，推销观念便应运而生。推销观念的基本思想是如果不努力销售,消费者就不会大量购买。因为消费者通常表现出一种购买惰性或者抗衡心理,企业必须通过主动推销和积极促销,来刺激消费者大量购买企业产品。在推销观念的驱使下,企业常常会采取一些高压式的推销手段,推销他们制造的但不是顾客需要的产品,结果使得广大顾客误以为市场营销就是强行推销和大做广告。不可否认,即使在今天推销观念仍然经常被用于企业的营销活动,例如产品大量积压、供过于求,或新产品入市不被接受,再或产品处于非渴求状态,为了吸引顾客购买常进行各种推销活动。

尽管推销观念相比生产观念、产品观念有所进步,广告、推销工具的运用开始得到重视,但其本质并没有发生变化,仍然是从企业出发,以生产为中心,强调"我生产什么,就销售什么"。因此,我们把生产观念、产品观念和推销观念统称为传统经营观念。市场营销环境的快速变化使得传统经营观念已经不能适应企业发展的需要,需要创新经营观念来指导企业的营销活动,从顾客出发,充分了解顾客的需要,通过创造顾客价值让顾客乐于购买。

市场营销观念

进入 20 世纪 50 年代以后,随着军事工业全面转向民用工业,美国市场的供求关系发生了本质的变化,买方市场的格局已经形成。由于消费者的个人收入迅速提高,消费需求不断变化,他们有能力对产品进行选择,导致企业之间为实现产品价值的竞争进一步加剧。许多企业开始认识到,必须采用新的经营观念来指导企业的营销活动才能求得生存和发展。因此,过去从既有的生产出发,以现有的产品去吸引或寻找顾客的传统经营观念将阻碍企业的发展和竞争能力的提高,而从反映在市场上的消费需求出发,按照顾客需要组织生产和销售的市场营销观念开始形成,到 20 世纪 50 年代中期其核心思想已基本定型。市场营销观念的基本思想是实现组织目标的关键在于正确确定目标市场的需要和欲望,并比竞争者更有效地满足顾客的需要和欲望。哈佛大学教授西奥多·李维特对推销观念与市场营销观念进行了比较,它们的差异主要体现在四个方面,见表 1-1。

表 1-1 推销观念与市场营销观念的比较

	出发点	中心	手段	目的
推销观念	企业	产品	推销和促销	通过销售获得利润
市场营销观念	目标市场	顾客需求	协调营销	通过顾客满意获得利润

资料来源:张庚淼,王柏林.市场营销[M].西安:陕西人民出版社,2006

根据市场营销观念的基本思想,市场营销观念基于以下四个支柱:

(1)目标市场选择。企业资源和能力的有限性决定了一个企业不可能满足所有顾客的需求,只能根据市场需求状况并结合企业自身的优势和战略目标要求,选择一部分产品的市场作为自己的目标市场。

(2)顾客需求导向。现代营销强调根据顾客的需要设计和提供产品以提高产品的针对性。因此,企业应时刻关注目标市场顾客的需求特点及其发展变化,并依据顾客的需求变化及时调整企业的营销组合策略。

(3)协调营销。企业的营销活动并不只是营销人员或营销部门的事情,它是一项多部门、多人员共同参与的营销管理活动。协调的市场营销活动既包括市场研究、营销沟通、营销渠道、营销管理与控制等职能的协调,也包括市场营销部门与其他部门的协调,如市场营销部门与研究开发、生产、财务、人力等部门的协调。

(4)实现赢利。企业在满足顾客的需要过程中要保持一定的赢利能力,这是因为市场营销的最终目的是使企业达到其预定的目标。作为企业只有比竞争对手更好地满足顾客的需要,创造更高的顾客价值,才能有效实现企业的赢利目标。

在市场营销观念的指导下,企业更加重视市场调研工作,在消费需求的动态变化中不断捕捉那些尚未得到满足的市场需求,并集中企业的一切资源和力量去满足这种需求,使企业能够在实现顾客满意中不断扩大市场销量以获取丰厚利润。

社会市场营销观念

进入 20 世纪 80 年代以后,人类活动对自然环境及人类社会本身的破坏开始显现,具体表现为:生态环境方面,如环境污染、水资源短缺等问题日益严重,人类的生存环境质量不断下降;人类无穷无尽的欲望所产生的过度捕杀、砍伐对生物链造成严重影响;企业在生产和经营活动中为了获取更大的利益提供低质无效产品或实施价格欺诈损害消费者的利益;政府、非政府组织、广大民众等从法律、舆论等方面愈加希望企业采取更加有效的营销方式服务消费者,服务社会。

正是在这样的背景下,一些学者提出了用社会市场营销观念来修正并完善市场营销观念。社会市场营销观念的基本思想是企业提供产品,不仅要满足消费者的需要,而且要符合消费者和社会的长远利益,它强调要将企业利润、消费者需要和社会利益三个方面统一起来。正如松下幸之助所言:"企业为社会作贡献这一使命和取得合理利润,二者决不矛盾……所谓利润,应该看作是对完成企业使命所给予的报酬。"社会市场营销观念要求企业在开展营销活动过程中应承担起相应的社会责任,充分有效利用环境资源,提高能源利用效率,在满足消费者需求、取得合理利润的同时,为社会公众创造一个健康和谐的环境,不断提高人类的生存质量。

知识分享

企业社会责任(Corporate Social Responsibility,CSR)是指企业在创造利润、对股东承担法律责任的同时,还要承担对员工、消费者、社区和环境的责任,企业的社会责任要求企业必须超越把利润作为唯一目标的传统理念,强调要在生产过程中对人的价值的关注,强调对环境、消费者、对社会的贡献。

1970年9月13日,诺贝尔奖得奖人、经济学家米尔顿·弗里德曼在《纽约时报》刊登题为《商业的社会责任是增加利润》的文章。1976年经济合作与发展组织(OECD)制定了《跨国公司行为准则》,这是迄今为止唯一由政府签署并承诺执行的多边、综合性跨国公司行为准则。这些准则虽然对任何国家或公司没有约束力,但要求更加保护利害相关人士和股东的权利,提高透明度,并加强问责制。2000年该准则重新修订,更加强调了签署国政府在促进和执行准则方面的责任。

企业履行社会责任有助于保护资源和环境,实现可持续发展。企业作为社会公民对资源和环境的可持续发展负有不可推卸的责任,企业通过技术创新不仅可以减少生产活动各个环节对环境可能造成的污染,同时也可以降低能耗,节约资源,降低企业生产成本,从而使产品价格更具竞争力。另外,企业履行社会责任有助于缓解贫富差距,消除社会不安定的隐患。一方面,大中型企业可集中资本优势、管理优势和人力资源优势对贫困地区的资源进行开发,解决当地劳动力和资源闲置的问题,帮助当地脱贫致富。另一方面,企业也可通过慈善公益行为帮助落后地区发展教育、社会保障和医疗卫生事业,提升企业的形象和消费者的认可程度。

目前,世界上一些国际组织对推进企业社会责任非常重视,并成立了相关机构和组织,企业社会责任工作正在全球迅速扩展。如联合国2000年实施的"全球契约"计划,提倡包括人权、劳工、环境和反腐败等四个方面的十项原则。世界经济合作与发展组织、国际劳工组织、国际标准化组织、国际雇主组织等,也都积极推行企业社会责任,就如何进一步推动企业社会责任形成共识。

全方位市场营销观念

进入21世纪,新的营销现实和各种力量要求企业必须接受不断出现的新方法、新工具以及新的商业模式。全方位市场营销观念的提出正是在对各种营销活动的广度和相互依赖性有了清楚认识的情况下,对营销项目、过程和活动的开发、设计和执行。营销的基本使命是在组织与公众之间建立长期互利互惠的交换关系,今天的营销管理者已经不可能像以往那样单纯依赖日常的经营,他们必须制定营销战略并有效实施。战略营销的观念拓展了企业营销管理者的职能,重新发现自己必须参与确定企业的发展方向,制定能够创造和维持企业竞争优势并影响企业长期绩效的战略决策。目前,企业营销总监职位的设置,充分说明他们在界定企业使命、洞察营销环境及企业形势、制定企业战略目标、创造并传递顾客价值等营销战略问题方面扮演着重要角色。可以看出,全方位市场营销观念将企业市场营销活动提升到了战略营销的高度,内容也更加立体化、丰富化,涉及四个方面的主题:关系营销、整合营销、内部营销和绩效营销。

关系营销致力于与各利益相关者包括顾客、供应商、分销商、投资者、雇员及其他公众等建立起长期的共赢或多赢伙伴关系,通过了解他们的能力和资源、需求和目标,建立起有效的营销关系网络,使各利益方在向终端客户传递价值的伙伴关系中获取收益。全方位营销强调"1+1>2"的效应,因为任何一项营销计划的有效实施都需要得到其他活动的支持与配合,多样化的营销活动有助于创造、传播和传递价值。

整合营销渠道需要协调线上线下、直接或间接销售渠道策略,整合传播策略需要充分利用传统媒体和新媒体的各自优势,通过整合实现顾客价值创造与传递的无缝对接。

内部营销活动与企业外部营销活动具有同等甚至更重要的作用,正如德鲁克所言:"站在客户的角度来看待整个企业,对营销工作的关注及责任必须渗透到企业的各个环节当中。"内部营销要求高级管理人员的垂直一致性和各部门的水平一致性,只有通力合作,企业通过创造顾客价值让顾客满意的愿景才能达成。

绩效营销要求综合分析企业营销活动产生的经济效益和社会效益。今天,我们对企业市场营销活动绩效的评价已经不只关注其销售收入,还包括对市场份额、顾客流失率、顾客满意度、品牌影响力、产品质量等指标的评价,而且也会评价此项活动的法律、道德、社会和环境的影响。

知识分享

SWOT 分析(SWOT analysis)是一种用于识别和分析组织成长机会的框架,SWOT 代表组织的优势(strengths)、劣势(weaknesses)、外部机会(opportunities)和威胁(threats)。采用这种分析框架,分析人员可以将注意力集中到如下一个事实,即组织成长的机会来自于组织内部能力与环境机会和威胁所反映的外部环境之间的适应性。

采用 SWOT 分析时应注意评价优势、劣势、机会和威胁以及每一因素可能对组织产生的影响。SWOT 分析中可能提及的问题主要如下:

(1)哪些内部优势代表独特能力?这些优势是否与市场的成功要求相适应?已被证实的创新技能是否代表了独特能力和市场的成功要求?

(2)哪些劣势阻碍了组织追求某些机会?这些劣势如何影响所描述的市场机会?

(3)在所列出的优势、劣势、机会和威胁中是否会出现新的现象?如低进入壁垒可能会导致成本低的外国竞争者进入市场,这对国内"自满的"竞争者和生产成本高的企业将是个不祥的征兆。

资料来源:罗杰·A.凯琳,罗伯特·A.彼得森.战略营销教程与案例[M].范秀成,译.北京:中国人民大学出版社,2011

市场营销的新发展

大数据、云计算、社交媒体、移动支付、机器人、虚拟现实(VR)设备、滴滴出行、共享单车……越来越多的新产品、新服务、新体验进入我们的视线,融入我们的日常生活,他们的出现不断提升着我们的生活质量和工作质量,也让我们从中分享到了惊喜和快乐。未来发展在给企业市场营销创造无限商机的同时,也会带来更加严峻的挑战。

技术创新

技术创新的发展影响并改变着竞争游戏的规则。21世纪初,随着水平井技术和定向压裂技术的突破,美国"非常规油气革命"首先爆发在页岩气领域,技术突破推动美国致密油产量迅速增长,2014年,美国石油产量超过沙特,成为世界最大的石油生产国。2016年,随着重复压裂、地震大数据等新技术手段的应用,美国非常规油气生产效率大幅提升,生产成本大幅下降。技术创新不仅提升了美国非常规油气的竞争优势,推动美国石油工业在低油价的残酷环境中生存发展,而且改变了全球石油市场供需格局。

而数字化技术的发展则从根本上改变了我们的生活方式,如沟通、信息分享、购物和娱乐等。通过消费者的电脑、智能手机、平板电脑等设备,借助网站、社交媒体、手机App等数字营销工具可以随时随地引起消费者的关注,帮助企业以更加有效的方式就企业及其产品和服务信息与顾客实施互动,而消费者对数字和移动技术的极大兴趣也为顾客参与营销活动提供了必要条件。智能手机用户借助移动互联网浏览产品信息、阅读产品评价、兑换优惠券,智能手机时时存在、永远在线的优点成为吸引顾客即刻购物的理想媒介。

大数据时代的来临预示着信息技术已成为企业竞争的基础,谁能够更加全面地获取数据、管理数据、分析数据,谁就将成为竞争市场中的赢家。亚马逊利用从每一个顾客身上捕捉到的大量数据来分析顾客的喜好与购买习惯,基于大数据的分析构建亚马逊的个性化推荐系统和畅销书排行榜,这种对消费者的洞察力不是来源于人工分析,而是大数据本身带来的技术解决方案。随着大数据处理技术的成熟,通过追踪分析,企业或第三方服务机构可借助这些数据信息为企业的营销提供资源投放、策略设计、市场咨询等服务,帮助企业更加合理地利用营销资源,节约成本,同时缓解广告轰炸现象,使得消费者轻松获取所需商品信息,其现实意义不容小觑。

知识分享

虚拟现实（Virtual Reality，VR）技术是一种可以创建和体验虚拟世界的计算机仿真系统，它利用计算机生成一种模拟环境，是一种多源信息融合的、交互式的三维动态视景和实体行为的系统仿真而使用户沉浸到该环境中。

虚拟现实是多种技术的综合，包括实时三维计算机图形技术，广角（宽视野）立体显示技术，对观察者头、眼和手的跟踪技术，以及触觉/视觉反馈、立体声、网络传输、语音输入输出技术等。该技术在医学、娱乐、室内设计、工业仿真、文物古迹等领域具有广泛的应用前景。丰富的感觉能力与 3D 显示环境使得 VR 成为理想的视频游戏工具。由于在娱乐方面对 VR 的真实感要求不是太高，故近些年来 VR 在该方面发展最为迅猛。作为传输显示信息的媒体，VR 在未来艺术领域方面所具有的潜在应用能力也不可低估。VR 所具有的临场参与感与交互能力可以将静态的艺术（如油画、雕刻等）转化为动态的，可以使观赏者更好地欣赏作者的思想艺术。虚拟现实不仅仅是一个演示媒体，而且还是一个设计工具。运用虚拟现实技术，设计者可以完全按照自己的构思构建装饰"虚拟"的房间，并可以任意变换自己在房间中的位置去观察设计的效果，直到满意为止。既节约了时间，又节省了做模型的费用。

虚拟现实技术将会成为一种改变我们生活方式的新突破。在第一代 Oculus Rift 的开发者大会上，所有与会者都看到了一个充满潜力的虚拟现实平台。但从现在来看，虚拟现实技术想要真正进入消费级市场，还有一段很长的路要走，包括 Oculus 公司在内。在 Oculus Rift 开发圈有一个著名的笑话，每当有人让使用者站起来走走时，对方通常都不敢轻易走动，因为 Oculus Rift 还依然要通过线缆连接到计算设备上，而这也大幅限制了使用者的活动范围。虽然 Oculus Rift 不是在公共场所使用的设备，但是普通用户也绝对接受不了它们现在的样子，因为我们佩戴起来非常笨重并且不自然，甚至看起来有些愚蠢。

图 1-1　虚拟现实眼镜

全球化市场

全球化是20世纪80年代以来由科技进步,特别是通信技术进步引起的。这一时期国际分工不断深化,国际经济联系从商品国际化发展到资本国际化,世界市场不断扩大,各国经济的相互联系和相互依赖也进一步加深。国际货币基金组织(IMF)在1997年5月发表的一份报告中指出,全球化时代的主要特征就是"跨国商品与服务贸易及国际资本流动规模和形式的增加,以及技术的广泛迅速传播使世界各国经济的相互依赖性增强"。20世纪90年代以来,跨国公司在世界经济中的地位不断得到提升,全球化市场也越来越不可忽视。

世界各国经济的相互依赖性将进一步助推全球化的市场发展进程,而各国对外开放的程度不断提高,必然会刺激越来越多的企业将营销的触角伸向国际市场。今天,交通基础设施、运输工具和互联网技术的快速发展,缩短了我们与世界的距离,也让我们更容易了解世界并进入国际市场,出境旅游、海外购买和售卖已成为必然现实。全球化的市场使企业通过竞争获取资金、技术及自然资源的条件得到改善,通过降低资源使用成本实现收益增加。在既定的海外市场上,通过技术与产品的创新赢得领先优势,此举也有助于获取规模经济效益。市场规模的扩大加上合理使用营销策略,企业在取得产品销售规模的同时自身品牌形象也得以提升。

> **资料阅读**
>
> 　　根据阿里巴巴公布的实时数据,截至2016年11月11日24时,2016天猫双11全球购物狂欢节总交易额超1207亿元,无线交易额占比81.87%,覆盖235个国家和地区。
>
> 　　从第一年5000万元的成交额,到2015年的912亿元,再到今年单日进入千亿时代,背后是阿里生态从裂变到聚变的过程。阿里巴巴董事局主席马云认为,阿里巴巴正在构筑的是未来商业的基础设施,包括交易市场、支付、物流、云计算和大数据,不仅让商家与互联网联结,更是让商家与未来的商业模式相联结。
>
> 　　物流方面,截至11日24时,2016天猫双11全球购物狂欢节,再次刷新全球纪录,共产生6.57亿元物流订单。支付方面,2016年双11全天,支付宝实现支付总笔数10.5亿笔,保险总保单量6亿笔,总保障金额达到224亿元。今年双11当天交易额破千亿对于阿里巴巴来说是一个新的开始,根据历年双11的交易情况规律来看,当年的峰值通常将会成为其后的常态。
>
> 　　经过十余年的培育,阿里巴巴的生态到今天开始聚集来自全球的需求,连接全球的商家与消费者,进而改变上游的制造、物流与金融配置的效率,通过互联网的方式形成新的生产关系。全面互动的方式将消费与娱乐的边界完全模糊,海内海外商业基础设施的打通令全球买卖成为可能,线上线下百万门店的打通带来全渠道融合式购物体验,大数据开始构建个性化消费,全球商家和消费者提前感受未来5~10年

营销道德

社会市场营销观念强调企业的营销活动应以不损害消费者的利益和社会的长远利益为基本条件。随着市场营销应用领域的不断扩展,营销活动的影响已渗透到社会的各个角落,在促进社会经济发展的同时也出现了诸多缺乏伦理道德的营销行为,这不仅给消费者造成巨大损失,也给社会经济的健康发展带来了负面影响。因此,营销人员必须考虑其营销行为对社会产生的积极作用,并将其作为一种使自己与竞争对手不同的方式,建立消费者偏好,提升消费者满意度,由此获得更高的销售收益和市场回报。自 2015 年 10 月 1 日起施行的新的《中华人民共和国食品安全法》第七十八条明确规定,保健食品的标签、说明书不得涉及疾病预防、治疗功能,内容应当真实,与注册或者备案的内容相一致,说明适宜人群、不适宜人群、功效成分或者标志性成分及其含量等,并声明"本品不能代替药物",并且保健食品的功能和成分应当与标签、说明书相一致。但现实中仍然有不法企业夸大产品功效,附贴虚假标签,欺骗消费者,从中获取暴利。市场中出现的各种不道德营销行为破坏了整体市场的运行秩序,其蔓延和传播使社会风气更加恶化,最终使企业走向末路。

道德在约束企业营销行为中具有重要的作用,其既可以与市场调节的方式相配合,又可以在法律所难以到达的层面发挥作用。在激烈的市场竞争环境中,企业如何通过更加友好的方式获取更高收益是今天每个企业都需要重新考虑的问题。艾兰·斯提纳和劳瑞丝·斯提纳就曾撰文指出,短期的基于经济利益的投资仅仅是一个最低的界限,而道德从本质上而言是一种长期的投资。因此,企业在营销道德方面投入越多,获得的长期回报也越多,成功企业竞争优势的源泉来自于营销道德的领先,道德优势最终可以转化为企业的差异化优势。

资料阅读

陆新加坡,今年计划覆盖全球 100 个城市。

摩拜单车联合创始人兼总裁胡玮炜表示,过去一年间,以摩拜单车为代表的智能共享单车快速成长,使城市自行车出行占比从 5.5％翻番至 11.6％,成为继公交地铁、出租车之后的第三大城市出行方式。胡玮炜表示,智能共享单车发挥了显著的出行替代作用,改善了城市出行结构。另外,共享单车在促进节能减排、绿色环保方面也发挥了显著作用。过去一年间,以摩拜单车为代表的智能共享单车全国骑行总距离超过 25 亿千米,相当于往返月球 3300 次;累计节约 4.6 亿升汽油,减少碳排放54 万吨,相当于 17 万辆小汽车一年的碳排放量;减少了 45 亿微克 PM2.5 物质排放。

针对技术情况,发布会上摩拜单车相关负责人也做了介绍。摩拜单车的每一辆车都配备了独家自主研发的智能锁,支持"GPS＋北斗＋格洛纳斯"三模定位,定位速度更快,精度达到行业最高的亚米级。通过内置的物联网芯片,350 万辆 7×24 小时在线的摩拜单车构建了全球最大的移动式物联网系统,每天产生超过 1TB(1TB＝1 024GB)的出行数据。在此基础上,摩拜单车今年 4 月推出了行业首个出行大数据人工智能平台"魔方",在骑行模拟、供需预测、停放预测和地理围栏等四大领域发挥关键作用,助推精细化管理、智能化运维。发布会上,摩拜展示了去年初投放在上海街头的最早一辆智能共享单车的相关数据。如今,这辆单车已经连续运营超过一年,并为 1975 位用户服务,累计骑行次数达 2021 次,骑行总里程达 4850 千米,依然保持 100％无故障的健康状态。

资料来源:第一财经·科技,2017 年 04 月 22 日

第二章　了解并认识顾客

一位美国学者安妮琳对顾客曾有过如此描述：

· 对任何企业而言,顾客永远是最重要的;

· 顾客并不依赖我们,而我们却都得依赖顾客;

· 顾客绝不是对我们工作的打扰,而是我们工作的目的;

· 顾客光临是我们的荣幸,我们不应让他们等待太久;

· 顾客是企业的命根子,是我们的衣食父母,失去顾客我们只有关门的份了。

从以上描述中我们可以清楚地判断,顾客是<u>企业的核心资产</u>,他们为企业及股东创造价值。企业必须采取有效的营销策略吸引、留住和发展顾客,提高现有顾客和潜在顾客的终身价值,实现顾客资产价值最大化。

关于顾客这一概念,在产品使用上可分为直接顾客和间接顾客、现有顾客和潜在顾客,此外,企业还需要了解在某个特定购买决策中的不同参与者,以及他们在决策单元中扮演的重要角色。如果从广义上来定义,顾客是那些<u>处在销售和决策渠道中的,行为可以影响企业产品和服务除竞争者外的任何个人和组织</u>。该定义包含了以下几个方面的含义：

· 组织购买者和个人购买者都是顾客;

· 顾客在购买决策过程中可能扮演不同角色;

· 企业既要考虑现有顾客,也要考虑潜在顾客;

· 除产品和服务的直接使用者外,直接顾客的顾客即间接顾客也会影响购买。

组织购买者和个人购买者

组织市场是指工商企业为从事生产经营活动,以及政府部门和非营利机构为履行职责而购买产品和服务所构成的市场。根据组织购买动机的不同,组织市场可以划分为:产业市场、非营利组织市场和政府市场。产业市场指所有购买商品和服务,并将它们用于生产其他商品或服务,以供销售、出租或供应他人的组织,如农业、林业、制造业、运输业、通信业、金融业等。非营利组织市场指所有不以营利为目的、从事非营利活动的组织,包括学校、博物馆、福利院等。政府市场是为履行政府职能而购买或租用产品或服务的各级政府及下属各部门。

相对于组织购买者,个人购买者的购买则表现出广泛性、分散性、差异性、易变性、非理性、替代性的特点。为了满足自身衣、食、住、行、娱等各方面的需求,产品和服务的购买更是涉及便利品、选购品、特购品和非渴求品,而且常常会有多人参与某项产品或服务的购买,由此形成了购买的决策单元。

现有顾客和潜在顾客

现有顾客能够为企业带来现金收入和利润。当一个被留住的顾客购买更多的产品和服务时,他将给企业和股东带来更多价值,因此企业的一个关键目标就是创造并传递顾客价值,通过顾客满意实现顾客忠诚。当然,仅关注现有顾客是不够的,企业还需要主动挖掘潜在顾客,在对潜在顾客的培育过程中创造未来需要。

> **知识分享**
>
> 顾客终身价值(Customer Lifetime Value,CLV)是某个顾客终身购买产品的预期总利润的净现值,即将公司预期收入减去吸引、销售和服务顾客的预期成本,再用相应的折现率进行换算。
>
> 顾客终身价值为顾客投资计划提供了一个正式的量化分析框架,并且帮助营销人员采用长期的分析视角。但是,应用终身价值概念的一个挑战就是相对成本和收益的可靠估算。使用终身价值概念的营销人员也需要小心,不要忘记有助于提升顾客忠诚度的短期营销活动。
>
> 哥伦比亚大学的唐·莱曼和哈佛大学的桑尼尔·古普塔推荐用下式来计算一个潜在顾客的 CLV:
>
> $$\mathrm{CLV} = \sum_{t=0}^{T} \frac{(p_t - c_t)r_t}{(1+i)^t} - \mathrm{AC}$$
>
> 其中,p_t——顾客在时间 t 支付的价格;
>
> c_t——在时间 t 用于服务该顾客的直接成本;
>
> i——折现率或该企业的资本成本;
>
> r_t——在时间 t 顾客持续购买的频率;
>
> AC——吸引顾客的成本;
>
> T——估算 CLV 的时间区间。
>
> 估算 CLV 的关键在于时间长度,一般 3~5 年比较合理。
>
> 资料来源:菲利普·科特勒,凯文·莱恩·凯勒.营销管理[M].何佳讯,于洪彦,牛永革,等译.上海:格致出版社,2016

直接顾客和间接顾客

直接顾客是指用金钱直接购买企业产品或服务的顾客,而间接顾客则会从直接顾客或者从其他间接顾客那里购买企业的产品。通常情况下,直接顾客就是产品的最终使用者,但有的时候也有部分直接顾客会改变企业的产品形态再销售给间接顾客。很多时候,企业并不知道他们的间接顾客是谁,所以也就很少能够了解间接顾客的利益诉求和价值诉求。我们应该注意到这样一个问题,那就是间接顾客可能比直接顾客更重要。这是因为他们常常是产品的最终使用者,是产品需求的最终驱动力。

关于间接顾客的重要性,UPS 公司的一位高级执行官曾做了如此描述:"作为一个企业,我们不仅要专注于我们的顾客和他们的需求,还要关注我们这些顾客的顾客以及他们的需求。我们一直透过顾客来了解顾客的顾客⋯⋯如果我们的顾客能为他们的顾客提供更好的服务,实现低成本,真正实现商业愿景的目标,帮助他们的顾客成功⋯⋯那么,我们与我们的顾客的关系就会因此而更加坚固。"

购买决策的参与者

不论是组织购买者还是个人购买者的购买,经常会有对此项购买感兴趣的相关人员或专业人员参与进来,或提出购买建议,或做出购买决定,或实施购买,这些参与者在购买决策过程中扮演不同的角色,发挥不同的作用。企业了解了主要购买参与者和他们所扮演的角色,能够帮助营销人员有针对性地制定或调整营销策略,以提高营销活动的有效性。

个人购买决策的参与者及其主要作用如下:

(1)提议者:首先提议或想到购买某产品或服务的人。

(2)影响者:观点或建议对购买决策有影响的人。

(3)决策者:最后决定或部分决定购买的人,如买什么、怎么买或在哪里买。

(4)购买者:具体购买产品的人。

(5)使用者:消费或使用产品或服务的人。

组织购买决策的参与者及其主要作用如下:

(1)使用者:未来使用产品或服务的组织成员。在采购决策中不发挥直接的作用,但却具有否决权。

(2)影响者:影响购买决策的人。他们帮助确定产品性能,或为评估提供信息,如技术人员经常是重要的影响者。

(3)购买者:具有正式权力选择供应商和商定购买细节的人,如企业的采购代理人。

（4）决策者：具有做出购买决策的正式权力。在常规购买中，购买者常常就是决策者，或至少是批准人。

（5）批准者：有权批准决策者或购买者所提方案，如企业中负责采购的直接主管。

（6）守门人：有权力阻止决策者和影响者的进入，秘书、行政助理和采购代理人往往扮演这一角色。

组织购买的参与者因产品购买的不同，其规模和构成也会相应调整。常规购买参与者最少，而复杂的全新购买参与者最多，并且来自组织的不同层次和部门。这就要求营销人员努力了解此项购买的参与人及其所扮演的角色，洞悉他们在购买决策中将发挥的作用以便能够实施有效营销。

市场调研与了解顾客

提到市场调研，我们即刻会想到问卷调查、专家小组、企业内部数据库以及各种类型免费或付费使用的专业数据库，它们为市场调研及营销决策提供了必要的基础。然而，通过市场调研了解顾客需求并不是简单的获取数据或者使用最新的统计方法进行数据分析，它是涉及调研各阶段的一个综合的复杂过程，强调系统地设计、收集、分析和报告有关数据。能否通过市场调研成功地了解顾客虽然与各种调研方法的优劣有关系，但更为重要的是指导整个调研工作的思想。那么，我们应该如何看待市场调研并利用好这一工具为营销决策服务？在市场调研工作中，调研人员经常要面对相互对立或冲突性的问题，他们需要判断是确定性还是创造性更重要？是准确性的研究成果更有价值还是模糊性的研究成果也可以接受且在我们的期望范围内？研究结果是否应该仅涉及数据本身还是应该将其与一些更为抽象的、尚未被观察到的概念联系在一起，即数据驱动还是解释驱动哪一个更好？传统营销调研观念认为营销调研探求的就是一些准确的、被证实的由数据驱动的结论，但是，现实不仅让我们看到获得准确的由数据支撑的证据是很困难的，而且有时也是徒劳的，它会影响我们真正了解并认识顾客。

知识分享

理解消费者并不是一种方法优于另外一种方法，当然也不是定性的方法优于定量的方法。

我们所收集的数据质量和我们所进行的面谈的次数都不是关键的成功要素。

理解消费者就是要对数据做出解释，数据赋予解释的灵感，但这种解释最重要的是来自经验和直觉。模糊处理和大胆设想在理解消费者时都是不可缺少的。

关键的成功要素在于有能力而且愿意给数据提出解释,这样数据就能够对解释做出科学的测试。

如果解释通过了测试,那么它就是可接受的,但并不是被证实的。

如果一个解释并没有通过测试,我们就必须提出更好的解释,而且对它做出进一步的测试,因为随着时间的推移,解释也应该发生变化。

这个过程产生的不应是营销调研报告,而是要创造出来人们可以汲取营养的知识。

资料来源:艾丽斯·M.泰伯特,博比·J.考尔德.凯洛格营销论[M].康蓉,吴越,译.北京:商务印书馆,2014

下面我们来了解一下市场调研的基本工作。市场调研过程包括四项工作:界定营销问题及调研目标、制定市场调研计划、收集和分析调研数据、解释并报告调研结果。

界定营销问题及调研目标

营销管理人员需要认真界定营销问题并提供给营销调研人员。营销问题既不可泛泛陈述,也不宜过于狭窄。比如"在校大学生的购买需要",这样的问题会收集到许多不必要的信息。当然,如果我们提出"大一女生对购买 10 元一支唇膏的意愿",这样的问题又显得过于狭窄了。市场调研人员可以将问题调整为"在校女大学生对购买唇膏的价格取向",并给出不同的价格区间,通过这样的方式来了解在校女大学生购买唇膏的可接受价格范围,以此指导企业营销人员进行相应产品的开发和制定定价策略。

根据所确定的营销问题会有不同的调研目标,调研工作的重点和要求也有差异。探索性调研的目标是收集初步信息,掌握问题的性质和发生环境并提出假设;描述性调研的目标是通过详细的调查和分析,对已经找出的营销问题进行如实反映和具体回答,如产品的市场潜力以及购买顾客的特征和态度等;因果性调研的目标是运用统计方法和逻辑推理,检验因果关系的假设。一般市场调研是从探索性调研起步,再进行描述性调研和因果性调研。

资料阅读

20 世纪 70 年代中期以前,可口可乐一直是美国饮料市场的霸主,市场占有率一度达到 80%。70 年代中后期,它的老对手百事可乐迅速崛起,1975 年,可口可乐的市场份额仅比百事可乐多 7%;9 年后,这个差距更缩小至 3%,微乎其微。

对手的步步紧逼让可口可乐感到了极大的威胁,它试图尽快摆脱这种尴尬的境地。1982 年,为找出可口可乐衰退的真正原因,可口可乐决定在全国 10 个主要城市进行一次深入的消费者调查。可口可乐设计了"您认为可口可乐的口味如何?""您想试一试新饮料吗?""可口可乐的口味变得更柔和一些,您是否满意?"等问题,希望了解消费者对可口可乐口味的评价并征询对新可口可乐口味的意见。调查结果显示,大多数消费者愿意尝试新口味可口可乐。

可口可乐的决策层以此为依据,决定结束可口可乐传统配方的历史使命,同时开发新口味可口可乐。没过多久,比老可口可乐口感更柔和、口味更甜的新可口可乐样品便出现在世人面前。为确保万无一失,在新可口可乐正式推向市场之前,可口可乐又花费数百万美元在13个城市中进行了口味测试,邀请了近20万人品尝无标签的新/旧可口可乐。结果让决策者们更加放心,六成的消费者回答说新可口可乐味道比老可口可乐更好,认为新可口可乐味道胜过百事可乐的也超过半数。至此,推出新可口可乐似乎是顺理成章的事了。

可口可乐不惜血本协助瓶装商改造了生产线,而且,为配合新可口可乐上市,可口可乐还进行了大量的广告宣传。1985年4月,可口可乐在纽约举办了一次盛大的新闻发布会,邀请200多家新闻媒体参加,依靠传媒的巨大影响力,新可口可乐一举成名。

看起来一切顺利,刚上市一段时间,有一半以上的美国人品尝了新可口可乐。但让可口可乐的决策者们始料未及的是,噩梦正向他们逼近,很快越来越多的老可口可乐的忠诚消费者开始抵制新可口可乐。对于这些消费者来说,只有老可口可乐才是真正的可乐,有的顾客甚至扬言将再也不买可口可乐了。迫于巨大的压力,决策者们不得不做出让步,在保留新可口可乐生产线的同时,再次启用近100年历史的传统配方,生产让美国人视为骄傲的老"可口可乐"。

仅仅3个月的时间,新可口可乐计划就以失败告终。尽管公司前期花费了两年时间、数百万美元进行市场调研,但可口可乐将其调研问题限定得过于狭窄。对于许多消费者而言,可口可乐已经成为美国的习俗,代表了美国社会中最根本的东西,其象征性意义远比它的口味更重要。

资料来源:乔瑞中,李冰.市场营销学[M].北京:机械工业出版社,2015

制定市场调研计划

在确定营销调研问题和目标后,接下来调研人员必须决定自己需要什么信息,并制定能够有效收集信息的调研方法。一份调研计划要写明数据的来源、调查的具体方法、取得数据的手段、样本计划和所需设备等。所有内容都应该通过书面提案来体现,提案包含了需要解决的营销问题和调研目标、需要获取的信息,以及调研结果如何帮助管理层做出决策。另外,提案中还应包括调研的成本预算。总之,必须清楚在正确的时间从正确的人那里得到可靠的数据,同时,必须计划好需要使用的分析方法。因为不能在收集完数据后才抓耳挠腮般不知如何分析面前的数据。

营销管理人员必须把调研目标转化为具体的信息寻求。以红牛饮料公司为例,如果公司想要使用红牛的品牌推出一款新的多口味维生素饮料,想了解消费者对此会有什么反应,公司可能需要以下具体信息。

· 现有红牛饮料顾客群体的人口特征、经济以及生活方式特征。现有顾客也会购买这类功能型饮料产品吗?这类产品与他们的生活方式一致吗?公司是否需要寻求新的目标顾客群体?

· 企业更广泛的加强型水类饮品使用者的人口特征以及使用方式。他们期望和需要什么样的产品?从哪里购买、什么时候使用及如何使用?当前什么品牌和价格的产品销量最多?

· 零售商对这一新产品线的反应。他们会采购并支持这种新产品吗?他们会把产品陈列在什么位置?

· 对红牛的新产品以及现有产品的销量预测。这种新型功能型饮料是会产生新的销量还是会夺走现有产品的销量?这种新产品能够提高公司的整体利润吗?

红牛公司的营销管理人员需要根据以上信息及其他类型的相关信息来解释并判断是否可以以及如何使用最好的方式推出新产品。

收集和分析调研数据

收集数据有许多方法,必须确保使用正确的而不是简单的方法。调研人员通常从收集二手数据资料开始。二手资料是指为了其他目的而已经收集好的资料或已经存在的资料。企业数据库以及多种外部的商业数据库和政府资源都是很好的数据来源。尽管二手数据的获得速度快、成本低,但也存在一些问题。有时市场调研人员很难从二手数据来源中获取自己需要的所有信息。如红牛的调研人员不可能从现有的信息中直接找到消费者对尚未上市的新型功能饮料的反应情况。相对于二手资料,一手数据资料或原始资料是为特定目的或具体的研究项目所收集的资料。当调研人员发现需要的数据资料不存在、不准确、不完整、不可信或过于陈旧时,就需要通过收集一手资料来补充完善。

知识分享

投射法又称动机研究法,由心理学家开发并在营销领域得到长期应用,主要是为了揭示潜在的顾客需求。

词语联想法。研究者提供一个引导性词语,被调查者说出由此联想到的第一个词语,这个方法主要应用于现象研究和品牌调查。

角色扮演法。研究人员要求被调查者假扮是某个品牌的购买者,询问邻居或同事为什么喜欢或者讨厌某种产品,角色扮演法和故事测验法都可以避免被调查者产生抵触情绪。

故事测验法。研究者向被调查者展示一幅与调研话题相关的图片或场景,被调查者就刺激物中的一个或多个方面构造一个故事。

意象法。研究者要求被调查者就自己和产品间的关系画一幅画,然后解释图画的意义。

拼贴画法。研究者要求被调查者从报纸和杂志上收集可以表达其对相关主题的感受的图片。

资料来源:诺埃尔·凯普,柏唯良,郑毓煌.写给中国经理人的市场营销学[M].刘红艳,施晓峰,马小琴,等译.北京:中国青年出版社,2012

下面我们来介绍收集一手资料的研究方法,主要有观察法、调查法和实验法三种。

◇ **观察法** 观察法是调研人员通过采取不引人注意的方式观察顾客行为以收集最新数据资料的方法。观察法可用于评估被调查者行为,包括情绪反应、肢体语言、人际互动和家庭环境等。除亲临现场的观察,调研人员也会利用录像设备或请顾客佩戴便携式传感器来获取有价值的信息,而这些信息并不能通过对购买者进行简单的提问就能获取。除了观察购买者的行为,调研人员也经常会观察购买者在微博、社交网站和一些网页上的留言,通过这些自然的反馈意见从中获得启示,而这往往是那些更为结构化和正式的研究方法所不能提供的。

资料阅读

在 8 月一个闷热的晚上,我在办公室突然找到了解决问题的办法。那天,我一边听着收音机,一边看人们在杂货店购物的录像带。我看到在收款处排队的一个购物者正在努力地像玩杂要一样对付几个小瓶子和盒子,以免它们掉下来,这时一个念头突然闪现在我的脑海中,那就是他需要一个购物筐。

杂货店准备了许多购物筐,就放在进门的地方。由于购物筐距门口太近,购物者进门后匆匆经过,根本就没有看到它们在那儿。我马上回去看 3 天内所有收款处排队的录像,发现使用购物筐的顾客不到 10%,这就是说在这个杂货店还有很多购物者像录像带中的那个顾客一样是"业余的杂要演员"。我想,如果有人把购物筐递给他们,他们也许就会买更多的东西。不管如何,他们买的东西不会变少,这一点是肯定的。把购物筐递给他们,就是让他们腾出手来,并决定他们最终会花多少钱。

我们建议,只要有顾客拿着 3 件或 3 件以上的东西,店员就递给他一个购物筐。

管理者马上就实践了这个办法,因为人们总是很礼貌地接受别人的帮助,所以购物者总是立即接过购物筐,随着购物筐使用数量的不断增加,销售额也在直线上升。在过去的几年里,顾客使用购物筐(车)的比率和平均购买的比率有了直接的联系,想让顾客花更多的钱,就要确保大多数顾客在购物时使用购物筐(车)。

资料来源:帕科·昂德希尔.顾客为什么购买[M].缪青青,刘尚焱,译.北京:中信出版集团,2016

◇ **调查法** 调查法通常是收集一手资料最常用的方法,也是最适合收集描述性信息的方法。如果调研人员想了解人们的知识、看法、偏好、满意度等信息,可以直接询问被调查者。调查法的优点在于它能被用在许多不同的场景以获取所需的不同信息,如通过电话、邮件、面谈、网络等方式来调查各种类型的营销问题。但是我们也要注意到这样一些问题,有时人们会因为不记得或根本没想过自己做了什么以及为什么这样做而无法回答调查的问题,抑可能不愿意回答陌生访问者的提问或者不愿意回答类似个人隐私的问题,亦或人们没有时间接受调查以及不喜欢访问者闯入他们的私人空间等。

在使用调查法收集资料时,调研人员需要借助调查问卷向被调查者进行询问。由于调查问卷是收集一手资料最常用的工具,问卷中问句的格式、词序和问句的顺序都会不同程度地影响到问卷的填答效果,所以实际调查前对问卷中所列问题进行测试和修改是非常必要的。问卷问题的设计有封闭式问题和开放式问题两种形式。封闭式问题包括所有可能的答案,被调查者只需要从中做出选择即可,如单项题、多项题、量表型题。相对于封闭式问题,开放式问题由于不会限制被调查者的回答能够获取更广泛的信息,因此通常被用于探索性调研中,也就是当调研人员试图发现人们在想什么而不是有多少人在这样想的时候,开放式问题显然非常重要。但是从使用统计软件处理数据方面来看,封闭式问题能够向我们提供更容易理解且更容易制作图表的信息。

> **知识分享**
>
> 问卷设计的注意事项:
>
> 确保问句描述不会导致偏差,且不要给填答者任何暗示。
>
> 问句描述尽量简单易懂,避免一个问句中包含多种想法或两个问题在同一个问句中。
>
> 问句描述具体清楚,避免使用行业术语、缩写或者不常用的字词,避免使用否定性用语及假设性的问句。
>
> 提供区间选项以降低质疑,对于被调查者的年龄、收入等问题最好提供区间选项而不是具体数值选项。
>
> 确保问句的备选答案没有重叠,且备选答案中应当列出"其他"选项。
>
> 资料来源:菲利普·科特勒,凯文·莱恩·凯勒.营销管理[M].何佳讯,于洪彦,牛永革,等译.上海:格致出版社,2016

◇ **实验法** 观察法适用于探索性调研,调查法适用于描述性调研,而实验法对收集因果信息最有效,其目的是通过排除所有可能影响观测结果的因素来获得现象间的因果关系。实验法可以是小范围的实验室研究,也可以是大型的现场实验。采用实验法收集信息需要选择与主题相匹配的被试组,分别给予被试组不同的处理,控制不相关的因素并检查所观测变量是否具有统计意义上的显著性差异。如调研人员可以控制广告投入、价格水平等变量来测量诸如产品知名度、产品销售量的变化结果。因此,实验法是一种用来检验变量之间因果关系的研究方法。

　　1956年,宝洁公司开发部主任维克·米尔斯在照看其出生不久的孙子时,深切感受到一篮篮脏尿布给家庭主妇带来的烦恼。于是,米尔斯就让手下几个最有才华的人研究开发一次性尿布。

　　宝洁公司产品开发人员用了一年的时间,力图研制出一种既好用又对父母有吸引力的产品。产品的最初样品是在塑料裤衩里装上一块打了褶的吸水垫子。但1958年夏天现场试验结果是,除了父母们的否定意见和婴儿身上的痱子以外,一无所获,于是又回到图样阶段。

　　1959年3月,宝洁公司重新设计了它的一次性尿布,并在实验室生产了37000个,样子相似于现在的产品,拿到纽约州去做现场试验。这一次,有2/3的试用者认为该产品胜过布尿布。然而,接踵而来的问题是如何降低成本和提高新产品质量。为此要进行工序革新,比产品本身的开发难度更大。一位工程师说这是"公司遇到的最复杂的工作",生产方法和设备必须从头搞起。不过,到1961年12月,这个项目通过了验收,进入了产品试销阶段。

　　公司选择地处美国最中部的城市皮奥里亚试销该产品,这个产品后来被定名为"娇娃"。发现皮奥里亚的妈妈们喜欢用"娇娃",但不喜欢尿布10美分一片的价格。因此,价格必须降下来。在6个地方进行的试销进一步表明,定价为6美分一片,就能够使该新产品畅销,使其销售量达到零售商的要求。

　　资料来源:乔瑞中,李冰.市场营销学[M].北京:机械工业出版社,2015

　　通常在我们开始收集数据资料之前,先要解决调查样本的问题,它是营销调研时从总体中选出的用于代表整体的部分人员。理想的样本应该具有很强的代表性,调研人员可以通过研究小的样本得出关于整体的行为的估计。样本设计需要解决研究对象是谁(抽样单位是什么)、样本应该包括多少人(样本量是多少)及如何选择样本中的人员(抽样过程是什么)三个方面的问题。另外,不同的抽样类型在成本、时间限制、精确度和统计特性上存在很大差异,具体见表2-1。

表 2-1 抽样类型

抽样类型		描 述
概率抽样	简单随机抽样	总体中每个成员被抽中的概率都是相等且已知的
	分层随机抽样	把总体分成几个完全相互独立的层级,并从每个层级中进行随机抽样
	整群抽样	把总体分成彼此独立的小组,并从中选取一个小组进行整体访问
非概率抽样	便捷抽样	从最容易获取信息的成员那里进行抽样
	判断抽样	根据自己的判断来选取那些最容易提供准确信息的个体作为样本
	配额抽样	从几个不同的类别中找到并选取特定数量的成员进行访问

资料来源:加里·阿姆斯特朗,菲利普·科特勒.市场营销学[M].赵占波,王紫薇,译.北京:机械工业出版社,2016

当数据资料收集工作结束后,调研人员需要将资料整理成列表并生成频数分布图。通常情况下调研人员会计算主要变量的均值与标准差,并采用一些高级的统计技术和决策模型进行数据处理,以检验假设与理论之间的差别,或应用敏感性分析检验假设是否成立以支持研究结论。

解释并报告调研结果

市场调研的最后一项工作是解释调研结果并形成报告递交营销决策人员。需要注意的是,调研人员不应该将大量的数据和繁杂的模型呈现给营销管理者,他们应该做的是为营销决策者在复杂的环境下制定营销决策提供有效依据。对于调研结果的解释,通常可以采用不同的方法,而调研人员和管理人员之间的讨论有助于帮助双方找到更适合的解释方法。所以,在解释调研结果时,管理人员和调研人员的协作是非常必要的,并共同为调研过程和最终的营销决策承担责任。

一份好的调研报告不仅要清晰说明调研结果,而且应该提出相应的管理建议和未来的研究方向。毕竟,调研的目的是为了改变现状,这种改变可能是小错误的更正也可以是突破性的创新。如果调研结果不能带来改变,那么就需要调整调研方向或重新界定调研问题和目标。调研报告的撰写没有固定的格式,一般的结构是标题、目录、摘要、调研状况、调研结果、结论建议、附录。调研人员在撰写调研报告时应该注意以下几个问题：

- 调研报告的质量不是用篇幅来衡量的；
- 调研报告没有任何解释性工作或解释不够充分、不够准确；
- 调研结果没有达到调研目标，或提出了不符合实际的调研结论；
- 调研报告使用过多图表以及难以理解的统计技术。

除了大企业需要做好市场调研工作，小企业和非营利组织为了更好地了解顾客同样需要开展市场调研工作。很多时候，小企业和非营利组织的管理人员认为只有大企业才有可能进行市场调研，因为他们没有足够的经费来支持市场调研工作。的确，大规模的市场调研费用会远远超过小企业的预算，但我们所提到的市场调研方法完全可以被小企业和非营利组织以非正式的方式和很少的花费来实现。这些组织可以通过对少量的便捷样本进行观察或非正式的调研来获取所需信息资料。另外，一些协会、媒体机构和政府部门也可以为他们提供帮助。在获取信息渠道上，小企业可以借助互联网以较低的成本收集二手信息资料，或通过浏览竞争者和顾客网站，并利用在线搜索引擎就一个具体问题进行调研。

高质量的市场调研有助于组织更深入地了解顾客的需求，为他们提供更好的产品和服务，并与之建立稳固的顾客关系。但是，市场调研的不当使用也会伤害或骚扰到顾客，如对顾客个人隐私的侵犯。虽然有很多顾客对市场调研有着积极的评价，能够接受被调查甚至提出自己的观点，但也有一些顾客并不喜欢被调研者打扰，甚至对营销者建立的顾客个人信息数据库感到担忧。随着调研技术和手段的不断升级，如何在保持顾客信任的同时发掘有价值且具有潜在敏感性的顾客数据成为调研者面临的一个新挑战，能否解决好市场调研和顾客个人隐私的关系问题将直接影响调研工作的深度和广度。因此，营销管理者需要考虑采取更广泛的标准来为受访者和公众负责，负责任地使用顾客信息并提供价值交换，避免在未经顾客许可的情况下共享顾客个人信息，那么顾客就会乐意接受访问并提供信息。

消费者购买行为模型

消费者市场由为个人消费或为获得必要的生活资料的个人和家庭构成。由于在年龄、性别、职业、收入、受教育程度等方面存在差异，消费者之间有着多种多样的需求、兴趣和偏好，对不同的产品或同类产品的不同品牌、规格、价格等会产生不同的要求。而且，随着经济的发展和消费水平的不断提高，消费者在需求的总量、结构和质量上也会发生巨大变化,这些变化在消费者的购买行为中得到充分验证。

> **资料阅读**
>
> 　　了解到"Ta"爱喝果粒果汁,著名的可口可乐公司便对其果汁配方进行了调整;众所周知"Ta"爱喝茶,土生土长的美国咖啡品牌星巴克专门推出了一款"如意红茶拿铁"的饮品;就连苹果公司首席执行官蒂姆·库克也承认,苹果公司在设计新产品的时候会把"Ta"的品位纳入考虑范围。"Ta"就是中国消费者。"Ta"日益升级的消费需求,不仅吸引着这些超级跨国公司,更成为驱动中国这个全球第二大经济体GDP增长的强劲动力。
>
> 　　"更加关注品牌、品质和服务。"来自京东的一份"双11"报告这样为"Ta"画像。该报告分析认为,"Ta"所代表的"新消费一代"崛起,直接催生了中国的消费升级。消费升级在新一代消费者身上体现得尤为明显。所谓"千禧一代"特指在1980年到20世纪末期间出生的中国年轻一代。他们大都熟悉技术、重视环保和健康意识。这种偏好导致了行业层面的鲜明分化。
>
> 　　一个颇有意味的细节,象征性地显示了发生在中国的这场消费升级:2012年中国大陆市场消费了440亿包方便面,相当于每人吃了34包。没人预料到,2015年方便面产业却陷入危机,全行业销售下滑12.5%,22家龙头企业中已有6家宣布退出市场。而与之形成鲜明对比的则是酸奶的热销,去年增长了20.6%。除此之外,保健、旅游和娱乐行业去年的增长率也达到两位数。2011—2015年,中国的影院票房收入每年增长达35%。
>
> 　　资料来源:第一财经·宏观,穆颐,2016年10月26日

> **知识分享**
>
> 　　供给侧结构性改革,就是从提高供给质量出发,用改革的办法推进结构调整,矫正要素配置扭曲,扩大有效供给,提高供给结构对需求变化的适应性和灵活性,提高全要素生产率,更好满足广大人民群众的需要,促进经济社会持续健康发展。
>
> 　　供给侧结构性改革主要内容包括:用增量改革促存量调整,在增加投资过程中优化投资结构,产业结构开源疏流,在经济可持续高速增长的基础上实现经济可持续发展与人民生活水平不断提高;优化产权结构,国进民进、政府宏观调控与民间活力相互促进;优化投融资结构,促进资源整合,实现资源优化配置与优化再生;优化产业结构,提高产业质量;优化产品结构,提升产品质量;优化分配结构,实现公平分配,使消费成为生产力;优化流通结构,节省交易成本,提高有效经济总量;优化消费结构,实现消费品不断升级,不断提高人民生活品质,实现创新、协调、绿色、开放、共享的发展。

　　早些时候,营销人员根据向消费者销售产品的日常经验就可以容易且很好

地了解消费者。但是,随着企业的成长和市场规模的不断扩大,营销决策者们与消费者之间的距离随之变大,他们也逐渐失去了同消费者直接接触的机会,对消费者也越发感到陌生了。在这种情况下,为了不被消费者所淘汰,营销人员不得不借助于消费者市场调研,并花费比以往更多的经费用于研究消费者的购买行为,试图回答那些看似简单但又是最为基本的问题。

◇ **谁在消费者市场中?** 对于营销人员来讲,必须充分了解谁是真正的产品使用者,这样才能做好有效的市场细分和目标市场选择,并制定适当的营销策略。关于消费者的分析可以从收入高低、工作背景、教育程度、年龄、个性等方面来进行。

◇ **消费者要购买什么?** 根据顾客购买行为,产品可划分为便利品、选购品、特购品和非渴求品,消费者在购买时也会有不同的行为表现。如消费者经常购买的便利品,购买时很少计划也很少做比较,顾客参与度较低。

◇ **消费者何时购买?** 一般情况下消费者的购买率会受到消费速度、使用量大小、季节、节假日和经济状况等因素的影响。但从消费趋势来看,消费行为的个性化、消费时间的碎片化以及消费场景多样化使得"何时"问题变得复杂。

◇ **谁参与购买决定?** 有五种角色可能会参与到消费者的购买当中,包括提议者、影响者、决策者、购买者和使用者,这五种不同的角色可能是同一个人即消费者本人,也可能由不同的人扮演。营销人员应努力了解不同人所扮演的角色及其影响力,并采取有效措施去影响他们的购买行为。

◇ **消费者的购买目的是什么?** 依据马斯洛的需求层次理论,人的需要由低到高依次为生理需要、安全需要、归属的需要、自尊的需要和自我实现的需要。营销人员需要了解消费者希望通过购买什么产品来满足自身的某些方面的需要,以提供相适应的产品和服务。

◇ **消费者如何购买?** 有四个因素会影响到消费者的购买实施,它们是购买者、供应商、产品本身及购买情况。通常消费者对于首次提供产品的供应商会更加谨慎,而价格低廉的日常生活用品的购买自然不需要考虑太多问题,因其已经成为消费者的习惯性购买。

◇ **消费者在何地购买?** 除了在实体店进行购买,现在越来越多的消费者选择通过互联网实施线上购买,购买产品大到家电、家具,小到牙刷、牙膏。从购买的方便性来讲,营销人员应努力实现线上线下购买的无缝衔接,真正实现随时随地购买。

试想一下,如果营销人员能够准确而全面地回答以上这些问题,也就意味着能够真正走近消费者,了解消费者的购买行为特征,也将制定比竞争对手更有效的营销策略服务消费者。这些问题融合后可以通过消费者刺激-反应模型来体现,营销人员的任务就是要了解在刺激与反应之间,消费者的"黑箱"发生了什么变化(见图2-1)。

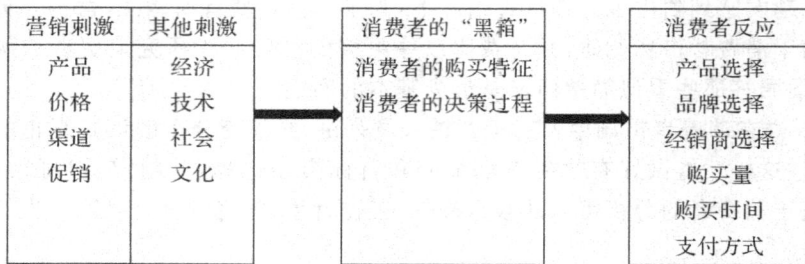

营销刺激	其他刺激		消费者的"黑箱"		消费者反应
产品	经济		消费者的购买特征		产品选择
价格	技术		消费者的决策过程		品牌选择
渠道	社会				经销商选择
促销	文化				购买量
					购买时间
					支付方式

图2-1 刺激-反应模型

消费者购买的影响因素

对于消费者购买特征的研究可以从分析影响消费者购买的主要因素入手,了解消费者是如何挑选、购买、使用和处置产品来满足他们的需要和欲望的。

文化因素

文化是同一个社会体系下,社会成员彼此间所具有的共同价值观、行为观点、思想体系、偏好以及对物品或符号的解释。文化通过消费者所在社会确定的规范和价值观来影响消费者。所以,文化因素对于消费者的行为具有最广泛和最深远的影响。文化通常是从学校、活动团体或其他组织中学习来的,或是从家庭中继承来的。一个人如果违背了自己的文化,通常会被社会大众所排斥,而顺应文化则易被接受或奖赏。可以说,一个人生于文化,长于文化,日常生活的点点滴滴无不传递着文化的气息,文化已融入人们的生活乃至生命当中,消费者的购买行为自然也离不开文化因素的影响。例如,一个看重成功的消费者可能会选择奢侈品牌的产品来象征自己事业有成,而当消费者渴望得到显得年轻并充满活力这一社会认同时,就会购买广告语中所强调的"年轻充满活力"的化妆品。所以,营销人员必须准确判断消费者的价值导向并确定能够成功传递这些价值的产品特征。此外,文化在影响消费者行为的同时也体现了消费者行为,是社会成员的价值观和拥有品的一面镜子。例如对于旅游、健身俱乐部、护肤用品、绿色食品需求的增加就反映了整体社会文化的发展和进步。

不仅本国主流文化对消费者购买行为具有影响作用,营销人员也要关注跨文化和亚文化对消费者的影响。全球化市场的出现为企业成长提供了新的机会,国内市场国际化程度不断提升,消费者也更快更容易地接受着来自不同国家文化的冲击,消费者购买行为的多元文化特征也表现得更加突出。每种文化都由更小的亚文化组成,亚文化为其成员带来更明确的认同感和集体感,包括国籍、宗教、种族和地理区域。亚文化代表了价值观、偏好和购买习惯不同的消费群体,当这个群体发展到足够大和富裕时,营销人员就需要设计专门的营销计划来为之服务。

资料阅读

4月16日,加多宝与米兰世博会中国馆、中国企业联合馆签署战略合作协议,加多宝正式成为米兰世博会中国企业联合馆战略合作伙伴。醉翁之意不在酒,表面上看加多宝是在赞助世博会,实际上加多宝欲利用米兰世博会全面布局海外市场。

面对国内激烈的竞争,加多宝"出海"开拓更广阔市场的想法固然可以,不过,业内担心的是,凉茶作为一个非常、地域特色明显的饮品能否为海外市场所接受?换句话说,让老外喝凉茶靠谱吗?

加多宝集团品牌管理部副总经理王月贵介绍,目前在全球不少区域已经有加多宝凉茶销售,特别是在华人比较密集的地方有一定销量,但总的来说销量还很少。下一步,加多宝不仅要全球招商,而且还要进行产品营销,寻找易于外国人接受的理念去营销产品。

营销专家陈小龙坦言,凉茶走向海外还有几大难题要克服。首先,法律法规是最大的问题。由于部分国家地区的法律法规限制,凉茶出口会有一定的阻碍。其次,海外消费者接受度问题。陈小龙表示,一个是国外消费者对凉茶口味能否接受,另一个是国外消费者对中国食品安全的信心。让海外消费者接受凉茶口味,需要长时间的消费者教育,为此投入的营销费用将不菲。此外,长期以来,欧美对于中国的食品安全缺乏信心,这也是加多宝凉茶走向世界需要跨越的一道坎。最后,打通渠道有难度。加多宝要成为海外市场一款主流的饮品,必然需要进入沃尔玛、家乐福等全球主流商超渠道,说服这些大型连锁商超企业在海外超市销售中国凉茶,是一个艰难的谈判过程。

资料来源:一财网·消费,何天骄,2015年04月16日

社会因素

影响消费者购买的社会因素主要包括社会阶层、相关群体、家庭、角色和地位。

◇ **社会阶层**　事实上,所有社会都存在着社会等级,由此产生了不同的社会阶层。社会阶层是根据职业、收入、教育等因素对人们进行的一种社会分类,是社会中按等级排列的具有相对同质性和持久性的群体,每一阶层的成员具有

类似的价值观、兴趣爱好和行为方式。营销人员之所以对社会阶层感兴趣，是因为在一个给定的社会阶层之中的个体通常会呈现出相同的购买行为。不同的社会阶层在服装、装修、旅行休闲活动、金融服务和汽车等方面的选择有着迥异的产品和品牌倾向。菲利普·科特勒认为，社会阶层具有以下几个特点：

- 来自同一社会阶层的消费者的行为要比来自不同社会阶层的更加相似。
- 人们往往以自己所处的社会阶层来判断各自在社会中占有的地位的高低。
- 社会阶层不是由单个因素决定的，而是由职业、收入、受教育状况、财富状况和其他因素结合起来判定的。
- 一个人的社会阶层并不是一成不变的。人在一生当中可以改变自己所处的社会阶层，既可以迈向高阶层，也可以跌至低阶层，这种升降变化的程度随着所处社会的阶层森严程度的不同而不同。

◎ **相关群体**　相关群体是一些能够直接或间接影响消费者购买行为的团体，其影响方式或是直接提出意见，或是使消费者观察、模仿。根据影响方式的不同，相关群体可分为"主要影响群体"和"次要影响群体"。"主要影响群体"对消费者的影响往往是直接的、频繁的，其影响形式多为非正式的，如家庭、邻居、好朋友等；"次要影响群体"对消费者的影响往往是间接的、较不频繁的，其影响形式多为正式的，如协会、俱乐部等。相关群体对消费者购买的影响是多方面的，包括行为和生活方式、态度和自我观念，有时也会产生压力使消费者重新选择购买而趋于一致。因此，营销人员的任务就是要发现在消费者的购买过程中，有哪些相关群体会影响消费者行为？这些群体是如何影响消费者的？营销人员应如何影响并利用这些群体使其对企业及企业产品产生正面的看法，进而通过相关群体去强化消费者的购买动机和态度。当相关群体的影响比较强时，营销人员就需要考虑如何接近和影响群体中的意见领袖。意见领袖通常高度自信并善于社交，对特定产品或产品种类提出如哪个品牌更好的非正式建议且经常使用该品类，并凭借特殊技能、学识、个性或其他特征对他人施加影响。当这些有影响力的人发表意见时，消费者会认真聆听。许多营销人员都试图为他们的产品找出目标市场的意见领袖，并努力对意见领袖实施营销活动。

相关群体对消费者购买影响的力度取决于消费者对于群体的态度、群体的性质和产品的性质三方面要素。如果消费者把群体看作是关于产品或服务的可靠信息来源，在购买决策时很重视群体成员的看法和反应，同时接受因行为恰当群体所给予的报酬和因行为不当而受到的惩罚，这时消费者的购买将更容易受到群体的影响。对于具有内聚性、经常交往性和独特性的群体，因其成员高度相似的价值观以及更多机会影响他人，这样的群体也更容易影响其成员行为。相关群体对于产品类型的影响则主要体现在容易被人注意的产品和有地位象征意义的专门产品。哈雷-戴维森摩托车手群体成员在考虑服务、维护和产品性能时依赖于其他成员所提供的信息和建议,成员之间紧密的联系增加了相互交流和相互影响的机会。每个哈雷-戴维森摩托车手群体都有自己的独特标识,甚至有定制风格的车型。

◎ **家庭** 家庭是社会中最重要的购买产品的消费单元,家庭成员对消费者购买也会产生很大的影响。消费者的生活中有两类家庭,婚前家庭和婚后家庭。婚前家庭包括父母和兄弟姐妹。每个人都从其父母那里得到有关宗教、政治、经济、个人抱负和自我价值等方面的指导,即使消费者与其父母之间的相互影响已经不太大了,但父母对消费者无意识的购买行为的影响仍然会起到作用。婚后家庭包括配偶和子女。今天,营销人员对于丈夫、妻子和子女在产品和服务的购买中所扮演的角色或影响作用越发感兴趣,而且不同国家差异性很大。传统观念认为妻子通常是日常生活用品的主要购买者,但营销人员在调研中却发现男人和女人都可能是其服务的目标市场。研究表明,女性的价值观与家人和朋友紧密相连,她们更看重人而非男人更看重竞争,把行动放在首位。

资料阅读

　　现在还有一些保守的汽车销售商认为买汽车时一般都是男人做主,而没有意识到很多情况下女人掌握着主动权,或者说必须要女人同意才行。也就是说,虽然看上去是男人在买汽车,但实际上却是女人在背后起主导作用。女人很讨厌同汽车经销商、修理处、汽车零配件商店等打交道,她们常觉得受到了怠慢或欺骗,但往往又别无选择,而女人们理应得到更好的服务。

　　如果我要开一家加油站,第一件事就是挂一个很大的广告牌,上面写着"加油站中最干净的洗手间"。加油站往往把每升汽油的油价标在最醒目的地方,而且价格还精确到0.1美分,就好像大家都很关心那么细微的差别一样。汽油就是汽油,它的价格几乎是统一的,但是干净的洗手间肯定能吸引女车主。因为她们使用洗手间比较多,所以对洗手间肮脏污秽的环境抱怨也很多。现在加油站都是自助式的了,在路途中人们需要比以前更多的其他帮助。由于开车去的地方比以前远得多,因此,人们需要有方向指导,需要一个舒服的餐饮场所,也需要有干净的洗手间,甚至还可能需要一张为婴儿换尿布的干净桌子、能冲洗的水池,以及不会把垃圾撒得四处都是的垃圾桶。如果考虑得很周到,没有女人会计较油价多几分钱。加油站的男主人意识到这个问题了吗?多数都没有。他们怎么会意识到呢?但是如果多一些女性进入汽车市场——包括经销、零配件、修理、加油等方面的话,那么整个行业的情况就会跟现在大不一样!

　　资料来源:帕科·昂德希尔.顾客为什么购买[M].缪青青,刘尚焱,译.北京:中信出版集团,2016

◇ **角色和地位**　我们每个人在一生中都会参加许多群体——家庭、协会、俱乐部等,这些群体不仅是很重要的信息来源,同时也有助于确定行为规范。每个人在群体中的位置可以用角色和地位来确定。角色是周围人对一个人的要求,是指一个人在各种不同场合中应当发挥的作用,每一种角色都将在某种程度上影响他的行为。因此,当你所处群体发生改变,你的角色相应随之变化,你也应当发挥与之相吻合的作用,而能够及时调整自我角色的人也可以更好地适应新的环境。每一角色都伴随着一种地位,它反映出社会给予此人的尊重程度。营销人员已注意到消费者在购买时会结合自己在社会中所处的地位和角色来进行选择,因此提供符合角色变化要求及社会地位的产品和服务也就成为必然。

个人因素

个人因素对于消费者的购买有着更为直接的影响,包括年龄和家庭生命周期、职业和经济状况、生活方式、个性和自我观念。

◇ **年龄和家庭生命周期**　消费者随着年龄的增长,对食物、服装、家具和娱乐的品位也会发生改变,同时随时间成长并经历不同阶段的家庭在不同生命周期阶段的购买也是不同的。生命周期的改变通常由婚姻、怀孕、购房、子女上学、退休、逝去等人口统计特征和改变生活的事件引起。有时营销人员会以家庭生命周期阶段来细分和选择他们的目标市场,并针对不同阶段的特点开发相应的产品和服务(见表2-2)。

◇ **职业和经济状况**　职业对消费者购买的影响要求营销人员识别出那些对于产品和服务比一般人有更多需求兴趣的职业群体,企业甚至可以专门为特定的职业群体开发专属产品。如软件公司为高校开发的教务管理系统专门设计了课表查询、考试查询、毕业论文、实习管理、量化评教等模块,为教学管理人员、教师及学生提供服务。另外,经济状况对消费者选择产品和品牌也有很大影响,其总体态势可通过可支配收入、储蓄、负债、借款能力和对支出与储蓄的态度体现出来。当各项经济指标指向衰退时,营销人员就需要采取措施对产品进行重新设计、重新定位和重新定价,或提高对打折品牌的重视程度,如将"潮流"转化成"便宜",定位从"更多期望、更少花费"转变为强调"更少花费",使其能够继续吸引目标消费者。

知识分享

表 2 - 2 家庭生命周期和消费行为

家庭生命周期阶段	消费行为
单身阶段：年轻，不住在家里	几乎没有经济负担，新观念的带头人，娱乐导向。购买一般厨房用品和家具、度假
新婚阶段：年轻，无子女	经济比下一阶段要好，购买力最强，耐用品购买力高。购买汽车、家具家电、度假
满巢阶段Ⅰ：最年幼的子女不到 6 岁	家庭用品采购的高峰期，不满足现有经济状况。购买家电、婴儿食品、玩具、维生素
满巢阶段Ⅱ：最年幼的子女 6 岁或超过 6 岁	经济状况较好，购买大包装食品，配套购买。购买各式食品、清洁用品、钢琴
满巢阶段Ⅲ：年长的夫妇和尚未独立的子女同住	经济状况仍然较好，一些子女也有工作，耐用品购买力强。购买汽车、旅游用品、非必需品、牙齿保健服务
空巢阶段Ⅰ：年长的夫妇，无子女同住，一方仍在工作	经济富裕有储蓄，对旅游、娱乐尤感兴趣，对新产品无兴趣。购买度假用品、奢侈品、家用装修用品
空巢阶段Ⅱ：年老的夫妇，无子女同住，已退休者	收入锐减，闲在家。购买有助于健康、睡眠和消化的医用护理保健产品
鳏寡阶段：一方离世	收入锐减，特别需要得到关注、情感和安全保障

资料来源：菲利普·科特勒.营销管理：分析、计划、执行和控制[M].梅汝和，梅清豪，张桁，译.上海：上海人民出版社,1999

◇ **生活方式** 即使来自相同的文化、社会阶层和职业的人们也会表现出完全不同的生活方式。生活方式所反映的某些东西，一方面超越了一个人所处的社会阶层，另一方面也超越了他的个性。生活方式反映着一个人的态度、行为和心理需要，可以通过他的活动（工作、爱好、购物、运动和社交）、兴趣（食物、时尚、家庭和娱乐）以及观点（自我、社会事件、商业和产品）表现出来，即消费者的AIO（Activities，Interests，Opinions）模式。生活方式一旦形成，人们的消费总是力图保持和完善这种方式，消费行为也将围绕着这个目的进行，购买能够代表其价值观和生活方式的产品和服务。

随着时间的推移，消费者观念、层次、地位的变化将导致生活方式的改变和新的消费欲望及行为的产生。这种变化会有一个循序渐进的过程，在此过程中，会产生不同的生活倾向。比如，是消费意识还是节约意识，是突出个性还是从众,是消费创新还是消费保守。这些生活倾向从不同侧面反映了消费者的生活方式,提示营销人员更好理解正在改变的消费观念及其对消费行为的影响,实施创新营销方案,为消费者提供价值。

资料阅读

传统的雪蜡是利用蜂蜡、焦油、松树脂、脂肪和油等自然现成材料制成的,而这些材料质量变化很大,而且在生产中难以复制。而 SWIX 雪蜡由原材料经科学配制而成,更能适应不同雪温、气温和雪质条件下对于雪蜡的稳定性要求。

1948 年,在瑞士圣莫里兹的奥林匹克运动会上,因为使用了 SWIX 蜡,瑞典人赢得了所有越野赛的金牌,SWIX 开始成为被滑雪界广为关注的品牌。随着业务的持续增长和发展,在 1974 年,SWIX 买下了世界最大的越野赛雪杖供应商挪威利耶达尔滑雪杖工厂。今天,SWIX 每年可生产大约 100 万只雪杖,它们被广泛应用于高山滑雪、越野赛以及滑行练习。

如今的 SWIX 已经发展成为全球知名品牌。在 2014 年索契冬奥会的雪上运动比赛中,获得金牌的选手中使用 SWIX 雪蜡的比例达到 80% 以上,使用 SWIX 越野杖的选手占到奖牌总数比例的 69%,同时 SWIX 服装也是全球几十个国家队赞助商,截至 2016 年底,SWIX 已经赞助了 7500 名世界冠军。在 2015 年进入中国市场以来,SWIX 先后赞助了国家自由式滑雪队、国家单板滑雪 U 池队、八一雪上运动大队、黑龙江省队、新疆省队和内蒙古省队,同时还吸纳了 2006 年都灵冬奥会的越野滑雪两块金牌得主瑞典人 Lind 作为公司的合作人和技术顾问。2016 年,SWIX 与中国知名商业滑雪俱乐部 1031 达成了战略合作联盟,将品牌影响力扩大到大众滑雪中。

资料来源:三夫户外运动论坛,2017 年 04 月 11 日

◇ **个性和自我观念** 我们通常会用自信心、自我控制力、自主性、顺从性、社交能力、适应性等词汇来描述一个人的个性特征。个性反映了一个人独特的心理特征,这种心理特征将使个人对环境做出相对一致和持久的反应,帮助营销人员分析消费者是如何选择与自己个性相吻合的品牌产品。与个性有关的另一概念是自我观念,其基本前提是人们的拥有物决定和反映了其地位,也就是说,"我们有什么就是什么",要了解消费者的购买行为,首先要清楚他们的自我观念和他们的拥有物之间的关系。尽管一个人的整体自我概念可能是积极的,但仍然存在对自我的某些方面的评价比另一方面更为积极的现象。

知识分享

斯坦福大学的珍妮弗·阿克对品牌个性进行了研究,并识别出下列品牌特质:

真诚(sincerity):脚踏实地的、诚实的、有益的和令人愉悦的。

刺激(excitement):勇敢的、生气勃勃的、富有想象力和具有现代感的。

能干(competence):可靠的、聪明的和成功的。

高雅(sophistication)：上流社会的和有魅力的。

强硬(ruggedness)：喜爱户外运动的和顽强的。

资料来源：菲利普·科特勒,凯文·莱恩·凯勒.营销管理[M].何佳讯,于洪彦,牛永革,等译.上海:格致出版社,2016

心理因素

心理因素是影响消费者购买因素中最隐秘而又最直接的因素。消费者的购买受四种主要心理因素的影响——动机、感知、学习以及信念和态度。

◎ **动机** 需要是人类与生俱来的"基本要求",是没有得到某些基本满足的感受状态。我们每个人都有很多需要,其中一些源于生理的紧张状态,如饥饿、口渴或不适等;另一些则源于心理的紧张状态,如认可、尊重或归属。大多数需要不会强烈到激发我们立即采取行动的程度,需要只有达到一定程度才会成为动机。一旦一种需要被激活,就有一种紧张的状态驱使消费者试图减轻或消除这种需要,而紧张的轻重程度决定了消费者需要缓解这种紧张的迫切性。心理学家已经发展出了人类动机理论,对消费者行为分析及企业营销活动具有很好的指导意义。

心理学家亚伯拉罕·马斯洛提出了颇具影响力的需要层次理论,试图解释为什么人们在特定的时间被特定的需要驱使,如有些人花大量的时间和精力寻求安全感,而有些人追求的却是赢得他人的尊重。马斯洛认为,按照迫切性程度从低到高,人们的需要呈现出层级状,依次是生理需要、安全需要、社交需要、尊重需要和自我实现需要。人们总是首先满足最重要或最迫切的需要,当这个需要被满足后,它就不再是这个人的行为动机,这时人们会转向下一个更重要的需要。营销管理者采纳了这一观点,因为它根据人们在发展和环境中所处的不同阶段,间接指明了人们可能正在寻找的特定类型的产品利益(见图2-2)。

西格蒙德·弗洛伊德认为大部分情况下人们对影响其行为的心理力量是无意识的。一个人的购买决策受潜意识动机的影响,当他在评价某特定品牌时,不仅对清楚表达的品牌性能做出反应,也往往会对不会清楚意识到的因素有所反应。20世纪50年代,动机研究试图利用弗洛伊德理论解释产品和广告的深层含义。这种方法主要建立在精神分析的解释基础上,并着重强调无意识动机。这种观点的一个基本假设是不被社会接受的需求会被引导到一种可被接受的宣泄途径中。

弗雷德里克·赫茨伯格的双因素理论对不满意因素和满意因素进行了研究。一般情况下,我们习惯将"满意"和"不满意"视为两个对立的反面,而赫茨伯格认为"满意"的对立面不再是"不满意"而是"没有满意",相应地,"不满意"的对立面也不再是"满意"而是"没有不满意"。因此,按照该理论只消除不满意因素是不足以激发消费者购买的,产品必须具有满意因素。企业不仅要努力消除不满意因素,更要清楚消费者满意的主要因素和购买动机,并据此提供符合消费者需要的产品和服务。

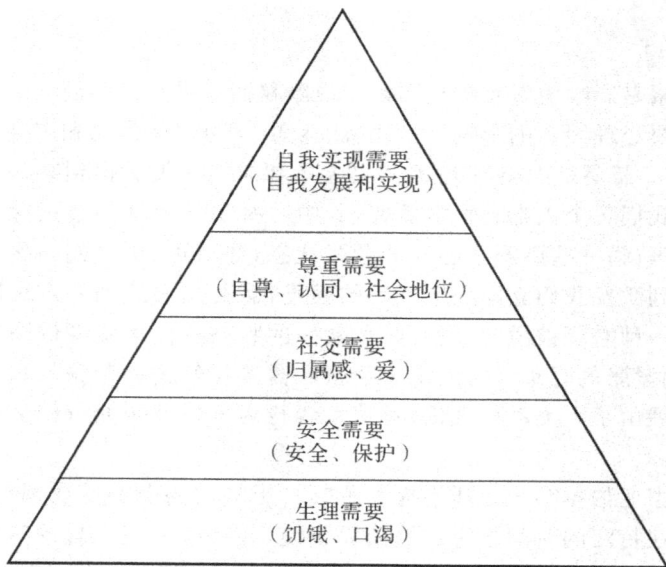

图 2-2 马斯洛需要层次理论

◇ **感知** 当一个人受到动机驱使时会随时准备行动,但具体如何行动取决于他对情境的感知程度。我们每一个人都会通过视觉、听觉、嗅觉、触觉和味觉五种感官来获取信息,但每个人收集、组织和解释信息的方式是不同的,也就形成不同的世界观。我们之所以对于同一对象会有不同的感知,是因为存在三个感知过程——选择性注意、选择性曲解和选择性记忆。我们对广告的选择注意往往与广告商的预期不同,这是因为每个人在信息接收过程中是根据自己的独特经历、偏好和期望来改变所接收的信息的。

选择性注意使消费者筛选掉大部分所接触的信息,这就意味着营销人员必须尽力吸引消费者的注意力,而真正的挑战在于掌握人们会更多地注意哪些信息的刺激,如与当前消费需要有关的、消费者更期待的、与一般相比差异更大的信息。即使消费者注意到了信息的刺激,也不一定会产生预期的效应,这是因为选择性曲解让人们总是以一种能够支持他们已有观点的方式对信息进行处理,以使其符合之前自己对产品和品牌的信念和态度。所以,营销人员要努力了解消费者的思维倾向，以及这些倾向将如何影响消费者对广告或销售信息的解释。选择性记忆通常让消费者忘记所接触过的大部分信息，只记住自己喜欢的某个品牌的优点，而忽视了其他竞争品牌的好处。选择性曲解和选择性记忆为强势品牌带来优势，这样也就不难理解为什么营销人员要不断地向目标市场投放重复性广告了。

非常有趣的是，在营销人员为他们的广告信息能否被接受感到困惑时，消费者则担心自己会不自觉地受到促销信息的影响，即潜意识广告。虽然心理过程包括许多微妙的潜意识的影响，但是没有证据支持潜意识信息和消费者行为之间有关系。正如一位业内人士所说："一些消费者相信我们是可以随意操作他们的魔法师！哈哈！这种认为我们就像在操纵木偶，冷酷地指挥着消费者的一举一动的想法，简直令人难以忍受。"

◇ **学习** 学习指经验所引起的个人行为的改变。学习理论者认为人类的行为多半源于学习，是经由内驱力、刺激、暗示、反应及强化相互作用的结果。人类除了饥、渴、性等本能驱动力支配的行为外，其他行为都是经过学习而产生的。学习理论对于营销人员的实际意义在于他们可以把产品与强烈的驱动联系起来，利用刺激性诱因并提供正面强化手段，使消费者产生对产品的需求。消费者在购买和使用产品的过程中，不断获得知识、经验和技能，不断完善其消费行为的过程本身就是一个学习的过程。消费者的模仿式学习通过获取信息、观摩效仿的方法进行学习，其结果是消费者摈弃旧的消费方式或者使用方式，适应新的消费需求。消费者的反应式学习通过外界信息或事物的不断刺激，会形成一种相应的反应，通过感观和体验为消费者所接受，促进其进行购买。而消费者的认知式学习则通过对前人经验的总结与学习，辅之以复杂的思维过程所学到的分析与解决问题的能力，结合自己的学识和辨别能力，应对不断出现的消费决策问题。

学习对于更好地指导、促进和提高消费者的购买能力具有很好的作用。通过学习，可以增强消费者产品知识，丰富消费者购买经验，进一步提高消费者的购买能力，促进消费者实现其购买目标，并有助于激发消费者的重复购买行为。

◇ **信念和态度** 信念是人们对事物所持的具体看法，这些信念或许源于知识、意见与信仰，有可能包括或不包括某种情感因素。营销人员关注人们对特定产品和服务的信念的形成，因为这些信念构成了产品和品牌的形象，而人们往往会按照自己的信念行动。如果有些不正确的信念或许会阻碍消费行为，营销人员就应该进行有效传播活动以纠正这些信念。

人们对宗教、政治、服装、音乐、食物等几乎所有的东西都持有自己的态度。态度是一个人对某些事物或观念所持有的相对稳定的评价、感受和倾向。态度导致人们喜欢或不喜欢某种事情并对它们亲近或是疏远。一个人的态度会形成一种固定的模式而不会轻易改变,若要改变就需要对其态度做出艰难的调整。通常消费者在购买或使用产品的过程中会对产品或服务及其有关事物形成相应的反应倾向,即对产品的好恶、肯定或否定的情感倾向。消费者若持肯定态度,则会推动其完成购买行为,反之则会阻碍或者中断其购买行为。根据消费者在购买产品时所表现的反应态度的不同程度,可以分为信任型、怀疑型和反对型三种类型。信任型消费者对所欲购买的产品的各个方面持完全肯定的态度,这种态度往往会促进其购买行为的实现。怀疑型消费者对所欲购买的产品并不十分满意或心存疑虑,这时消费者的态度往往是犹豫不决,举棋不定。此种情境需要营销人员通过操作示范及详细讲解,增强消费者对产品的信任度,促成其购买达成。反对型消费者对所欲购买的产品持完全否定的态度。导致此种情况的原因可能是消费者发现产品或服务的缺陷及不足,或产品的实际性能与广告或销售人员的宣传不符,也许是产品不符合顾客的心理需要。

不仅价值观、经验、个性等态度形成的特征会影响消费者态度的形成或转变,广告宣传、消费者之间的相互影响以及相关群体压力也会影响其态度的形成和转变,这其中曾经拥有的不愉快的购买经历会进一步强化消费者的反对态度。为了消除消费者的顾虑和不信任感,激发消费者积极的购买态度,营销人员可以利用各种形式如广告、产品展示、操作示范、在线咨询等向目标消费者传递企业及产品和服务的信息,持续提升产品品质,改善产品性能,重塑品牌形象和企业形象以促进消费者态度的转变。

资料阅读

　　20世纪40年代,一种方便、味美、价廉的饮料——雀巢速溶咖啡开始进入市场。但是,消费者对此并不感兴趣,问津者寥寥无几。为了解答这个问题,心理学家开始调查人们对雀巢速溶咖啡的看法。他们找来一些有代表性的消费者,询问他们是否使用了速溶咖啡,所得到的答案几乎是相同的:他们不喜欢速溶咖啡的味道。但是,咖啡制造商和进行调查的心理学家都不相信味道是消费者抵制这种新产品的真正原因,因为大多数人都没有讲出速溶咖啡和新鲜调制的咖啡在味道上究竟有什么区别。为此,心理学家设计了另外一种询问方式。他们特地编制了两张购货单,这两张购货单除了一张上写着速溶咖啡,另一张写着新鲜咖啡豆外,其余的物品全部相同。他们将两张购货单分别交给两组家庭主妇,请她们描述购货单上的顾客是一种什么样的人。结论是购买速溶咖啡的顾客被认为是一个邋遢、生活毫无计划的人,而购买新鲜咖啡豆的顾客则被描述成有经验、勤俭、讲究生活计划和喜欢烹调的人。

　　由此可见,速溶咖啡这种方便、节省时间的新产品在消费者心目中的印象不佳。消费者拒绝的真正原因在于他们对速溶咖啡的偏见,而不在于它的味道。针对这种情况,为了改变人们的偏见情绪和消极印象,新设计的广告一改过去强调速溶咖啡又快又方便的特点,转而强调市场上新鲜咖啡所具有的美味、芳香和质地醇厚的特点,速溶咖啡都一一具有,并在包装上印有"100%的真正咖啡"。随着消极印象的克服,速溶咖啡也成为西方咖啡市场中最受欢迎的一员。

　　资料来源:乔瑞中,李冰.市场营销学[M].北京:机械工业出版社,2015

消费者购买决策过程

消费者购买行为类型

　　消费者购买决策过程随其购买类型的不同而不同。当我们面对较为复杂的购买决策时,通常会反复权衡,考虑问题也更加谨慎,而且会有更多的参与者加入购买决策中。根据购买者的参与程度和品牌间的差异程度,可对消费者购买行为类型进行划分。

　　◇ **复杂的购买行为**　　当消费者购买比较贵重、不常购买且有一定风险或意义重大的产品时,必然会全身心地投入到此项购买中。如果这类产品的品牌较多并具有明显的差别,消费者就要经历一种复杂的购买行为。由于对产品缺乏了解,甚至根据什么标准挑选都不清楚,这时消费者会通过"学习"来解决自己的问题。对于复杂型的购买,营销人员应努力了解消费者"学习"过程的规律,通过信息沟通帮助他们熟悉此类产品的相关知识,进而让消费者认识本企业品牌的特征和优势,使他们逐步建立起对你的信任感,最终成为消费者购买的首选对象。

　　◇ **寻求平衡的购买行为**　　尽管消费者购买时的参与程度比较高,购买的产品昂贵且有风险,但由于产品品牌之间差别不明显,通常消费者对情况稍加了解后便会决定购买。比如恰逢企业有促销活动,或购买地点很方便,则会诱使消费者即刻做出购买决定,实施购买。由于购买比较迅速,消费者在购买后可能会有心理上的不平衡感。那么,消费者在之后的使用和消费过程中,会主动了解更多产品的相关信息并寻找种种理由来减轻这种不平衡感,以努力证明自己的购买决定是正确的。针对此种类型的购买,营销人员有必要为消费者提供有吸引力的证据与支持,增强消费者对自己所选品牌的信心。

　　◇ **习惯性的购买行为**　　许多产品的购买是在消费者低度介入且品牌间无多大差异的情况下完成的。很显然,消费者对大多数价格低廉、经常购买的产品常常出于习惯而非忠诚,广告的重复只是造成品牌熟悉,而不是品牌信念。通常消费者不会广泛搜集品牌方面的信息,也不会对品牌特性进行评价,更不会对购买什么品牌进行慎重决策,因为消费者对此类产品的购买本就是无所谓的。对于品牌差异不大、购买参与程度不高的产品,营销人员可以更多利用价格或促销活动刺激消费者购买,如促销工具的使用就能够很好地激发消费者的购买。

◇ **寻求多样化的购买行为**　当消费者低度介入但品牌之间差异比较大时,消费者会表现出寻求多样化的购买行为。这种行为的产生是因为品牌的多样化能够带给消费者更多不同的体验,促使其经常会改变品牌的选择而非对产品本身不满意。对于这种购买行为,营销人员可以通过低价、优惠、赠券、免费样品及试用新产品的广告来鼓励消费者寻求多样化的购买。

在消费者的日常购买过程中,参与程度高的购买并不多,大多数的购买参与程度都比较低,但是偶尔发生的高参与程度的购买还是让我们感到非常的辛苦。那么,什么情况会使消费者更多地参与到购买过程中?

·产品对消费者非常重要,如产品与消费者的自我形象紧密相关、产品的象征性含义与消费者的价值紧密相连、产品的价格昂贵以及产品具有一些重要的功能。

·产品具有情感上的吸引力。消费者购买产品并不仅仅是为了寻求功能上的利益,他们也渴望从产品的使用和消费中获得一种情感上的满足。

·消费者对产品具有长久的兴趣。"粉丝"级的消费者对所购产品通常表现出极大的兴趣,始终如一。

·产品购买需承担较高风险,涉及资金风险、生理风险、心理风险、功能风险和社会风险。

·产品符合社会群体的价值标准,是某一群体的价值标签。

当产品具有以上这些特征时,消费者往往会更多地参与到此项购买中并产生复杂的购买决策。由于我们购买的产品大多数缺乏重要的自我特征、兴趣、风险、情感或标识价值,低参与度的购买大大高于复杂性的购买,因此我们的购买也就不会很辛苦,有时还可以成为消费者日常生活中的一项休闲活动。

消费者复杂购买决策

低参与程度购买的消费者通常不需要经过信息—态度—行为的过程,而当消费者面对复杂性的购买时将会经历确认需要—收集信息—方案评价—购买决策—购买后行为五个阶段。

◇ **确认需要**　一切行为源于需要。当消费者发现自己的实际状况与期望值之间存在差距时,就会产生相应的解决问题的要求。对需要的认识可能由人体内在机能的感受所引发,也可能由特定的外部环境刺激引起,如物品的短缺、收入的变化、消费的潮流和促销的力度都会成为消费者认识需要的诱因。对于此购买阶段的消费者,营销人员需通过市场调研了解他们有哪些需要解决的问题,这些问题产生的原因是什么,应如何促使消费者通过购买特定产品来解决他们的问题。

◇ **收集信息** 当消费者的需要强烈且容易满足时,他很可能即刻就会采取购买行动来解决其问题,当然,也可能暂时保留该愿望或者开始收集信息。通常消费者收集信息的数量取决于驱动力的强度、最初掌握的信息、获得额外信息的难易程度、额外信息的价值以及在信息收集过程中获得的满足。不过以下情况往往会使消费者收集更多的信息,包括消费者参与程度高、缺少产品知识和经验、清楚的目标、更小的时间压力、更大的产品差异、较低的信息搜寻成本。

消费者可以通过多种信息渠道获取信息资源,但这些信息来源在消费者购买决策中的作用却是不同的。一般来讲,消费者主要通过商业来源渠道获取有关产品的信息,也就是营销人员所能够控制的来源,但最为有效的信息来源往往是个人来源、经验来源或公共来源。商业来源一般是起告知的作用,而个人来源则起判断或评价的作用。相比商业来源的广告和销售人员推销,消费者对他们的朋友、同事或家人的推荐往往更为信任。大部分的口碑营销都是在消费者的日常生活中发生的,如我们在聊天中提到使用过的品牌并对其使用感受进行交流。对处于此阶段的消费者,营销人员应了解并掌握其信息来源的主要渠道,并借助该渠道努力向消费者提供有价值信息使他们对特定品牌和产品性能有更好的认知与了解。

知识分享

口碑营销是指企业在品牌建立过程中,通过客户间的相互交流将自己的产品信息或者品牌传播开来。口碑(Word of Mouth)源于传播学,由于被市场营销广泛地应用,所以有了口碑营销。口碑效应为任天堂前社长山内溥最早提出,意指一些优秀的作品在销售之初并不为世人注目,但随着时间推移,玩家的不俗口碑却使之逐渐走红。

口碑营销又称病毒式营销,其核心内容就是能"感染"目标受众的病毒体——事件,病毒体威力的强弱则直接影响营销传播的效果。事实上,口碑营销一词的走俏来源于网络,其产生背景是博客、论坛这类互动型网络应用的普及,并逐渐成为各大网站流量最大的频道,甚至超过了新闻频道的流量。口碑传播的一个最重要的特征就是可信度高,因为在一般情况下,口碑传播都发生在朋友、亲戚、同事、同学等关系较为密切的群体之间,在口碑传播之前,他们之间已经建立了一种长期稳定的关系,相对于纯粹的广告、公关、商家推荐而言,可信度要更高。

口碑营销不是靠创意取胜,也不是靠炒作来一鸣惊人,而且用户的口碑可以是正面的,也可以是负面的,如果仅仅靠炒作,最后很可能都会变成负面的传播。一个良性的口碑营销应该建立在产品品质和服务有保障的前提下,这样才能形成持久而正面的口碑效应。

资料阅读

　　飞利浦公司发明了一款叫醒灯——一套可以模拟自然日出的床边照明系统,帮助人们自然而愉悦地醒来。一开始,飞利浦很难向持怀疑态度的消费者解释这款复杂系统的优点。为此,公司实施了一项"创造知悉的消费者,让他们帮忙向别人解释"的市场推广方案,为位于北极圈附近的小镇——挪威的 Longyearbyen 里的 200 户居民提供了这个照明系统。随着这个活动的进行,飞利浦公司让用过这个照明系统的消费者在互动网站、博客以及 Facebook 上分享自己的体验,同时也安排了媒体采访并在网上推出小型视频纪录片。三个月的口碑营销效果显著,在 2000 个参与者中,87% 的人说他们起床后感觉更精神焕发,98% 的顾客表示愿意继续使用这个系统。随着活动的进行,瑞典和荷兰的目标市场的购买意愿分别增加了 17% 和 45%。

　　资料来源:加里·阿姆斯特朗,菲利普·科特勒.市场营销学[M].赵占波,王紫薇,译.北京:机械工业出版社,2016

◇ **方案评价**　在消费者掌握了一定数量的品牌信息并对竞争品牌进行比较分析后,就需要做出判断并选择出自己准备购买的产品品牌(见表 2-3)。

表 2-3　品牌选择过程

全部品牌	知晓品牌	考虑品牌	备选品牌	购买品牌
A	A	A	A	A
B	B	D	E	
C	C	E		
D	D			
E	E			
F				
G				
……				

　　在消费者品牌方案的选择过程中,营销人员需要尽力获悉消费者是依据哪些评价标准对该产品进行评价的,这些标准的重要程度如何,又是采取什么准则选出所购买品牌的。不断补充品牌信息对消费者施加影响,使他们认可并接受

你的产品品牌,同时成为其最终的购买品牌。

◇ **购买决策** 消费者在完成所购产品品牌的选择后,有些可能会在第一时间实施购买行动,但购买的复杂性也常常使消费者只是形成了一种购买的意向,此时他人的态度、购买的风险及意外情况将决定此项购买是否能够成行。他人态度的影响程度取决于他人对备选品牌所持否定态度的激烈程度、他人与购买者关系的密切程度和他人在本产品购买问题上的权威性。意外情况通常与两个方面的因素有关,一方面是与消费者及其家庭有关的因素,如收入的变化、工作的变动;另一方面是与产品或市场营销活动有关的因素,如新产品的出现、产品的降价或提价。如果此次购买无法得到他人的支持,购买风险较高或品牌产品突然发生了负面事件,可能会使消费者延迟购买或转向其他竞争品牌,也可能放弃此产品的购买(见表2-4)。

表 2-4 消费者减少风险的策略

增加购买结果的确定性	减少产品失败的风险性
获取额外信息	购买最低价格的产品
进行更广泛信息处理	购买最少的量
保持品牌忠诚	获取担保或保证
购买最流行的品牌	降低预期水平

有许多购买不仅昂贵而且风险极高,但消费者求新、求特、求刺激的心理还是驱使他们选择购买,以亲身体验其中的无尽奥妙。

资料阅读

进入2016年后,从维珍银河的"太空船二号"到亚马逊创始人杰夫·贝索斯的可回收火箭,新一轮太空游竞赛日趋激烈。比如,有7000多人已经购买了维珍银河太空飞行机票,每张票价高达25万美元,其中包括莱昂纳多·迪卡普里奥和斯蒂芬·霍金等世界名人。此外,美国"世界景观"公司推出的高空热气球6小时太空游票价高达7.5万美元,XCOR航天公司的太空游项目报价则为15万美元。所有这些进展说明,太空游将不仅仅成为一种现实,而且是一种可以让许多人负担得起的旅游项目。根据设计方案,有翼"太空船二号"由两名飞行员驾驶,可以搭载6名乘客至亚轨道飞行,高度可达100千米。

维珍银河由理查德·布兰森爵士创建,是最著名的商业太空游公司之一。本月底,维珍银河公司将启动其新的"太空船二号"。该公司希望这艘飞船有朝一日能够将旅客带到太空边缘。"太空船二号"的前身为"太空船一号","太空船一号"在一次试飞中坠毁,造成一名飞行员死亡。"太空船二号"将搭乘"白色骑士二号"母船至1.52万米高空后被释放,飞船随即点燃固液混合火箭,能一直爬升到距地表约100千米处。在数分钟的无重力飞行中,"太空船二号"的乘客将安全地飞行于客舱中,游客届时可全方位欣赏太空美景。

资料来源:新浪科技,2016年02月17日

◎ **购买后行为**　消费者在完成某项购买后,可能对自己的购买决定很满意,但难免也会出现不满意或后悔的情况。因此,营销人员的工作并没有结束,他们需要继续关注消费者购买后满意或不满意的原因是什么,产品是否得到正常使用还是以其他方式被处置,如产品闲置、出售、赠送、出租等。

消费者满意是消费者对产品或服务的期望水平与实际水平之间的主观比较,反映了产品和服务在多大程度上满足顾客的需要与欲望。有多方面的因素会影响消费者的满意,涉及产品品质与功效、消费者特征、促销影响、消费者态度与期望、竞争产品状况、对公平的感知。据美国汽车业的一项调查,一个满意的顾客会影响8笔潜在的生意,其中一笔生意会成交,而一个不满意的顾客会影响25个潜在顾客的购买意愿,此外争取一个新顾客所花的成本是保住一个老顾客的6倍。由此可见,消费者满意对企业的重要性并将给企业带来更多好处。

- 更多购买并且更长时间地对企业的产品保持忠诚;
- 购买企业推荐的其他产品并提高购买产品的等级;
- 对他人说企业和产品的好话,较少注意竞争品牌的广告,并且对价格也不敏感;
- 给企业提供有关产品和服务的好主意;
- 由于交易惯例化,要比新顾客节省交易成本。

因此,正面口传、增加使用、重复购买和品牌忠诚是消费者满意的最直接表现。今天,能够为消费者提供诱惑其感官、触动其心灵、启发其思维,能够带给消费者特殊体验的企业才能最终赢得顾客的满意。

资料阅读

当你驾车长途跋涉,或者在拥堵的城市里穿行,希望驶入一家怎样的加油站?收获怎样的心情? 以红黄贝壳为标志的壳牌加油站希望,当用户驾车驶入荷兰皇家壳牌(Royal Dutch Shell)在全球80个国家和地区超过43 000个加油站中的任何一个,都能够享受到"贵宾般的待遇"。

5月6日,"欢迎光临壳牌(Welcome to Shell)"服务理念正式在中国推出。壳牌承诺,在提供高质量的油品之外,顾客将在加油站获得宾至如归的体验。这是全球

能源巨头在中国这一重要战略市场的服务升级。壳牌坚信,任何一个来到壳牌加油站的用户都应被悉心关照——体贴的问候、宜人的环境、可口的食物,"愉悦"将是体验的终极目标。在此之前,分布于中国12个省市的超过1200个壳牌加油站已在过去20年间,尝试让"加油"这个看似简单的行为,变成一段温暖的"旅程"。

作为全球领先的油品零售商,每天全球有3000多万顾客光顾壳牌加油站。从最初诞生时作为壳牌吸引顾客的"门面",到通过提供出众的产品、创新性服务以及卓越的用户体验,零售业务已成为壳牌集团重要的现金流和收入来源。据壳牌对消费者习惯的研究,每十名消费者中就有两名会因为好的客户服务而选择购买更多产品,而10%的消费者会因为一次不愉快的经历选择再也不购买该品牌的产品。为此,壳牌通过培训确保每一位壳牌一线员工能给顾客提供卓越的体验。其中,带给顾客"宾至如归"的体验("Treat Like A Guest")是一项关键绩效指标。

壳牌认为,加油站是驾驶者获得全方位卓越体验的场所——人们在壳牌加油站买到的并不是单纯的产品和服务。为此,每个壳牌一线员工在独立为顾客提供服务前,都要接受至少三个月的严格培训。不仅如此,为了激励员工,每年壳牌从全球50万一线员工中邀请最出类拔萃的员工参加"壳牌全球微笑之星"评选盛典,获胜者将被授予壳牌全球零售业务领域最高荣誉。2016年,来自中国广东合资公司的唐海英获得了"全球年度便利店服务之星"的殊荣,这位延长壳牌加油站的普通员工,还因其优质服务给偶然来加油的"未来丈夫"带来的愉悦体验,收获了美满的姻缘。

资料来源:《经济观察报(北京)》,沈建缘,2017年05月14日

当消费者面对新产品的购买时,通常会经历以下五个阶段:

(1)知晓:消费者认识到新产品的存在,但缺乏关于该产品的信息。

(2)兴趣:消费者努力寻求有关新产品的信息。

(3)评估:消费者结合自身经验对产品的各项特征进行评价。

(4)试用:消费者购买少量新产品并对产品做出正式评价。

(5)采用:消费者决定正式采用这种新产品,同时放弃竞争产品使用。

由于消费者个体在采用新产品上存在不同的态度,有的消费者敢于冒风险,更愿意尝试新产品,在新产品的试用上也就表现得非常积极。但也有不少消费者对新产品持怀疑态度,或受传统观念束缚,只有当创新成为传统时才会考虑使用这种新产品。可见,新产品的采用率直接影响到这种新产品在市场上的扩散速度,也会影响到新产品开发是否成功。为此,营销人员应与产品研发人员合作解决好新产品市场扩散方面的问题,具体包括以下几个方面:

(1)相对优势:新产品优于现有产品的程度。

（2）兼容性：新产品与潜在消费者的价值观及个人经验相吻合的程度。

（3）复杂性：新产品被理解以及被使用的困难程度。

（4）可分割性：新产品在有限的基础上被试用的程度。

（5）可传播性：新产品的好处能否被观察到或者很容易向别人描述的程度。

除此之外，新产品的价格及后续使用成本、新产品的功能风险及社会风险等不确定性因素也会影响到新产品的采用。因此，需要营销人员在制定新产品开发计划时系统分析各项影响因素以做出科学决策。

第三章　有效目标市场营销

市场细分的基础

顾客需求的多样性和企业资源及能力的有限性决定了企业不可能为市场中的所有顾客提供全部所需的产品和服务，或者至少用同一种方式对所有顾客产生吸引力。企业需要识别市场中那些最有可能被企业的产品和服务满足且能使企业最大获利的顾客群体，而不是分散营销资源开展营销活动。市场细分源于适当的数据收集和分析以及富有创造性的洞察力，是营销者通过市场调研，依据顾客的需要和欲望、购买行为和购买习惯等方面明显的差异性，把某一产品的市场整体划分为若干个顾客群体的市场分类过程。因此，市场细分的基本前提是顾客需求的差异性，其任务就是将具有同质或相似需求的顾客聚合在一起，有针对性地为他们开发营销项目并设计一套营销组合策略以创造更高的顾客价值。

消费者市场细分

很多因素会导致消费者需求产生差异，并且随着时间的推移也会发生变化。在市场细分实践的早期，营销人员主要依据人口统计和地理变量等描述特征对消费者市场进行细分，理由是性别、年龄、收入、地域等的差异使得人们的需求和偏好存在差异，因此需要企业设计不同的市场营销策略。但是，通常情况下那些拥有相同人口统计特征的个体之间在需求上也存在显著的差异，这时又开发了态度、价值观、生活方式等基于心理的细分变量。尽管心理细分对于制定营销沟通方案有很大帮助，但还是没有解决顾客购买某个产品类别或品牌的行为特征问题，所以需要补充行为细分来区分顾客在使用时间、使用频率及其品牌忠诚度方面所表现出的差异性。

◇ **地理细分**　地理细分依据国家、州、地区、城市、县或社区等因素把市场划分为不同的地理单元，企业可以选择在一个或几个地理区域开展营销活动，或者在所有的市场区域开展业务，但必须注意不同地区需求和偏好的差异性。如今越来越多的企业通过实施本地化营销项目来更好地适应当地消费者群体的需要和欲望(见表3-1)。

表 3-1 地理细分的主要因素

地理区域	国家、州、地区、城市、县、社区
城市规模	特大型城市、大型城市、中等城市、小型城市
人口密度	城市、郊区、乡村
气 候	热带、温带、寒带、高原山地

地理细分一定程度上能够帮助企业更好地把握不断变化的地理群体特征,也使营销人员清楚哪一个地理区域是最有价值的消费群体,我们是否能够进入这些地理市场,以及我们的分销渠道和市场推广是否能够接触到这里的消费者。不过,随着信息技术和物流技术的发展,企业服务更大范围地理区域的能力不断提升,企业跨越地区、城市甚至国家为当地消费者提供所需要的产品和服务成为可能。

◇ **人口统计细分** 人口统计变量是最常用的消费者细分依据,主要有年龄、家庭规模、家庭生命周期、性别、收入、职业、教育、宗教、种族、世代、国籍等。营销人员之所以偏爱使用人口统计变量,不仅是因为消费者的需求、偏好和使用率通常与人口统计变量密切相关,而且人口统计变量也比其他细分变量更容易测量。如果营销人员最初使用了其他的变量定义了细分市场,如以寻求利益或行为为基础,也需要了解该细分市场的人口统计特征,这样才能评估目标市场的规模并高效率地触及这个细分市场(见表3-2)。

表 3-2 人口统计细分的主要因素

年龄	7 岁以下、7~12 岁、13~18 岁、19~34 岁、35~49 岁、50~64 岁、65 岁以上
性别	男性、女性
家庭人口	1~2 人、3~4 人、5 人以上
家庭生命周期	未婚、新婚、满巢期Ⅰ、满巢期Ⅱ、空巢期、孤独期
年收入	2 万元以下、2~5 万元、5~10 万元、10~30 万元、30 万元以上
职业	专业技术人员、管理人员、军人、服务人员、工人、农民、退休人员、学生、家庭主妇、无业
教育	小学或以下、初中、高中、大学本科、研究生
宗教	天主教、基督教、犹太教、佛教、伊斯兰教、其他
年代	生育高峰期、X 一代、Y 一代
国籍	中国、法国、英国、德国、俄罗斯等

　　依据人口统计变量进行的市场细分对于营销人员进行产品设计、定价决策及促销决策很有帮助。例如,人口统计特征与消费者的媒体使用习惯是有紧密关系的,如果营销人员对细分市场的人口统计特征有比较清楚的认识,那么就可以选择更有效的媒体接触目标群体,同时避开非目标群体。同时,在广告内容设计上也需要了解细分市场的人口统计特征。如果广告信息中的代言人在年龄、性别、年代等方面比较接近于细分市场群体,那么就容易增强一种观念,即该产品就是为你们量身打造的。值得注意的是,消费者的自我感知和愿望有时与实际情况并不相符,正如老年人经常会把自己看得年轻 10~15 岁,而十几岁的青少年则希望自己看上去成熟一点,这种情境下广告代言人的选择就需要特别谨慎。

资料阅读

　　毫无疑问,你可能已经知道这个统计数字:到 2025 年,65 岁以上的人口将占美国人口的 1/5。如果生活在日本、意大利、德国、法国或中国,这个比例就更大。你也知道其中的含义:生育高峰期出生的那些人都已经变老了,现在社会上的老人比以前多出了许多。

　　我们的眼睛从 40 岁左右开始衰退,即使是健康的人通常在 60 岁左右视力也会减弱。随着年龄的增长,会产生 3 个主要的视觉问题:晶状体变得僵硬、支撑它的肌肉会松弛,这意味着眼睛不能聚焦于小字上;角膜变黄,这会影响辨色能力;到达视网膜的光线会变少,这意味着世界看起来要比过去显得暗淡。这个视觉灵敏度的问题,已经是市场要面对的主要问题,它将会变得更加突出——不是在遥远的未来,而是就从现在开始。

　　衰老的角膜变黄以后,大部分人感受不到颜色的某种细微差别,会有更多的人走楼梯时被绊倒或者踩空,因为台阶之间原本清晰的分隔现在变模糊了。蓝和绿之间的差异对于许多购物者来说更加难于察觉,设计师使用黄色要极为慎重,因为每件物品看起来都会有些黄。这给颜色选用带来的影响是用在包装、标志和广告上的多种颜色之间一定要有很强的对比,而且要处理好颜色之间微妙的搭配。为此,我们应当大量使用黑、白和红三色,减少其他色彩的比例。

　　资料来源:帕科·昂德希尔.顾客为什么购买[M].缪青青,刘尚焱,译.北京:中信出版集团,2016

◎ **心理细分**　　处于同一人口统计特征群体的人可能会表现出完全不同的心理特征。心理细分根据个性特征、生活方式、价值观等将市场划分为不同的细分市场以更好地了解消费者的欲望、需求和购买行为(见表 3-3)。例如,营销人员通常使用消费者的生活方式这一因素来细分市场,并根据消费者所倾向的生活方式来指导营销战略的制定。尽管心理因素具有不易观察性、多样性、复杂性和不易衡量性等特征,但对于消费者需求和行为的解释最为深入,并且会在相当长的一段时间影响着消费者的需求倾向和行为方式。有时营销人员会依据消费者的个性特征将消费者市场划分为习惯型、理智型、经济型、冲动型、想象型和不定型六种购买类型,其中习惯型的购买者消费习惯和偏好相对固定,理智型的购买者相信自己的判断而不会轻易做出决定,而想象型的购买者感情色彩浓厚,容易对产品品牌及包装产生丰富的联想。作为营销人员,您更喜欢哪种类型的购买者?

表 3-3　心理细分的主要因素

个性	冲动的、喜欢社交的、爱发号施令的、雄心勃勃的
生活方式	传统型、时尚型、节俭型、奢侈型
社会阶层	下下层、上下层、劳动阶层、中层、上中层、次上层、上上层
价值观	理论型、经济型、审美型、社会型、政治型、宗教型

知识分享

心理学家米尔顿·罗基奇界定了一套可应用于不同文化的终极价值观,也称渴望的目的状态。罗氏价值观量表就是用以测量这些价值观的量表,同时它还包括一套由达到这些终极价值观所需的行动组成的工具性价值观(见表 3-4)。

表 3-4　罗氏价值观调查中的两种价值观

工具性价值观	终极价值观
雄心勃勃	舒适的生活
心胸宽广	令人激动的生活
能干	成就感
愉快	和平的世界
清洁	美的世界
勇敢	平等
宽大	家庭安全
有用	自由
诚实	快乐
富有想象力	内在的和谐
独立	成熟的爱

续　表

工具性价值观	终极价值观
智力	国家安全
合乎逻辑	愉悦
起作用	拯救
服从	自尊
礼貌	社会认可
负责任	真诚的友谊
自制	智慧

证据表明,这些全球性的价值观确实转化为具体产品偏好和媒体使用差别。即使如此,营销研究者仍未广泛使用罗氏价值观量表。原因之一在于,我们的社会正朝一个包含在广大文化内的越来越小的消费微文化方向发展,每一种消费微文化都有一套自己的核心价值观。

资料来源:迈克尔·所罗门,卢泰宏,杨晓燕.消费者行为学[M].杨晓燕,郝佳,胡晓红,等译.北京:中国人民大学出版社,2009

依据心理变量对细分市场所进行的描述有助于营销人员开发营销传播的内容,使其在普遍的价值观和态度方面更容易引起消费者的关注。正如对于善于思考的消费者营销传播时,就需要提高信息的说服力度,采用合乎逻辑的推理和数据,同时邀请广泛认同的权威专家以增强信息传播的效果。

◇ **行为细分**　心理细分使营销人员对消费者有了更深入的了解,但限于不了解消费者的真实行为而导致营销活动失败。行为细分依据消费者对产品的了解、态度、使用率或反应将市场细分为不同的群体,该细分变量也成为许多营销人员进行市场细分的起始点(见表3-5)。

表3-5　行为细分的主要因素

行为场合	普通场合、特殊场合
利益诉求	质量、服务、经济、便捷、速度
使用者状况	从未使用者、曾经使用者、潜在使用者、首次使用者、经常使用者
使用率	少量使用者、中度使用者、重度使用者
忠诚度	没有、中等、强烈、绝对
对产品的态度	热情、肯定、无所谓、否定、反感
购买准备阶段	不知晓、知晓、已了解、感兴趣、渴望、准备购买

市场细分变量的选择通常依赖于通过创造性市场研究获得的对消费者购买行为的了解。人口统计变量、地理变量、心理变量和行为变量为我们提供了消费者市场细分的基础,但需要注意的是,在进行市场细分时不能局限于仅运用一种或几种变量及因素,应综合使用多种细分变量和因素来确定更加具体、明确的细分市场。如尼尔森等商业信息服务商通过提供多变量的细分系统整合地理、人口、生活方式及行为数据,帮助企业将其市场细分至邮政编码区、社区甚至家庭。如此精准的市场细分也成了营销人员的有效工具,使他们能够更好地识别和理解关键顾客细分市场,并通过高效率的信息沟通为目标群体量身打造满意的产品、服务和体验。

产业市场细分

许多用于细分消费者市场的变量如地理变量、利益诉求、使用率及忠诚度等也可以用于产业市场的细分。此外,营销人员还可以使用更多的变量,如顾客的经营特征、采购方式、情境特征及个性特征等。美国的波罗玛和夏皮罗两位学者提出了一个产业市场的主要细分因素表,比较系统地列举出了细分产业市场的主要因素,并提出了企业在选择目标顾客时应考虑的主要问题,对企业细分产业市场具有很好的参考价值。

同细分消费者市场一样,营销人员在进行产业市场细分时也需要借助多个细分变量和因素通过系列化的方法,从服务的市场、产品的用途、顾客的规模以及顾客追求的利益等多方面综合分析细分市场的特征并做出选择(见表3-6)。

表3-6 产业市场的主要因素

用户规模

    行业:应把重点放在购买这种产品的哪些行业?

    公司规模:应把重点放在多大规模的公司?

    地理位置:应把重点放在哪些地区?

经营因素

    技术:应把重点放在顾客所重视的哪些技术上?

    使用者或非使用者情况:应把重点放在经常使用者、较少使用者,还是首次使用者或从未使用者身上?

    顾客能力:应把重点放在需要很多服务的顾客上,还是只需少量服务的顾客上?

采购方法

　　采购职能组织:应将重点放在那些采购组织高度集中的公司上,还是那些采购组织相对分散的公司上?

　　权力结构:应侧重那些工程技术人员占主导地位的公司,还是财务人员占主导地位的公司?

　　与用户的关系:应选择那些现在与我们有牢固关系的公司,还是追求最理想的公司?

　　采购政策:应把重点放在乐于采用租赁、服务合同、系统采购的公司,还是采用密封投标等贸易方式的公司?

　　购买标准:是选择追求质量、重视服务的公司,还是注重价格的公司?

情境因素

　　紧急:是否应把重点放在那些要求迅速和突击交货或提供服务的公司?

　　特别用途:应将力量集中于本公司产品的某些用途上,还是将力量平均在各种用途上?

　　订货量:应侧重于大宗订货的用户,还是少量订货者?

个性特征

　　购销双方的相似点:是否应把重点放在那些其人员及价值观念与本公司相似的公司?

　　对待风险的态度:重点放在敢于冒风险的用户还是不愿意冒风险的用户?

　　忠诚度:是否应选择那些对本公司产品非常忠诚的用户?

　　资料来源:菲利普·科特勒.营销管理:分析、计划、执行和控制[M].梅汝和,梅清豪,张桁,译.上海:上海人民出版社,1999

　　市场细分是介于大众营销和个性化定制之间的一种折中战略,是在将所有顾客视为相同时的无效益性与将每位顾客视为不同时的无效率性之间的折中。有效的市场细分确实可以帮助企业开发对目标市场具有吸引力的产品,但营销人员必须清楚,是通过多个细分市场提高顾客满意度还是选择少量的细分市场降低成本? 另外,随着顾客需求的变化,细分市场的特征也会相应地改变,这就需要营销人员随时关注并识别新出现的市场细分变量及因素,剖析顾客需求变化的真正原因,以能够比竞争对手更具差异化地向顾客提供符合其利益和价值需要的产品和服务。

资料阅读

市场细分是一项需要高度判断力的任务,它通过对现有顾客和潜在顾客的营销调研,基于大量的顾客调查数据和繁杂的多元统计方法可以获得有创新的市场洞察。

在与埃克森合并之前,美孚石油公司的利润压力很大。汽油价格很低,而美孚又不是低成本制造商。美孚进行了一次大规模的市场细分研究,识别了汽油买家的五个细分市场。美孚决定进入其中三个市场,分别是花很多时间进行商务旅行的人士、忠实的保守派人士和食物、汽油、速度一代。通过市场细分,美孚在竞争激烈的成熟市场中成功提高了市场份额和利润。当埃克森和美孚合并后,埃克森美孚采用了美孚的创新方法(见表3-7)。

表3-7 汽油购买者的细分市场

细分市场	占所有买家的比例/(%)	描述
花很多时间进行商务旅行的人	16	高收入的中年男性,年开车里程25000～50000英里(1英里＝1.609千米),用信用卡购买优质汽油,从便利店购买三明治和饮料,有时会使用洗车服务
忠实的保守派人士	16	中高收入的男性和女性,有品牌忠诚度,有时也有加油站忠诚度,常用现金购买优质汽油
食物、汽油、速度一代	27	向上层移动的男性和女性,其中有一半人未满25岁,经常在路上,常开车,且常从便利店购买快餐
居家一族	21	白天接送孩子的家庭主妇,她们会使用城里的或路边上的任何一家加油站
节省型顾客	20	既没有品牌忠诚度,也没有加油站忠诚度,很少买优质汽油,常常财务紧张,曾是美孚的目标顾客群体

资料来源:诺埃尔·凯普,柏唯良,郑毓煌.写给中国经理人的市场营销学[M].刘红艳,施晓峰,马小琴,等译.北京:中国青年出版社,2012

选择目标细分市场

市场营销的基本要务就是明确并锁定那些可以充分发挥自己优势和利用竞争对手劣势的目标细分市场。依据选择性和集中度的准则,营销人员必须准确选择企业的市场发展目标并能够集中资源努力达成目标。这就要求营销人员必须就我们能做什么、我们能将什么做得最好以及我们必须做什么做出清晰的回答,如果"必须做什么"与"能做什么"不一致,那么企业的市场目标将很难实现。

细分市场的有效性

借助市场细分变量我们可以将某一产品市场整体划分出多个细分市场,但并不是所有的细分市场都是有效的,如同男性牙膏和女性牙膏,因为消费者在选购牙膏时是不会在意性别差异的,他们看重的是不同品牌之间在功效方面的差异以及性价比,所以在确定目标市场之前首先需要对细分出的市场进行有效性分析。从管理者的角度来讲,有效的细分市场意味着每一个细分市场都应该能够识别并描述以下四个基本要求:

(1)可测量性:细分市场的规模、购买力及其构成可以被测量;

(2)可识别性:不同细分市场的顾客有不同的需求组合,并且对不同的营销组合应有不同的反应;

(3)可行动性:能够制定有效的营销计划以吸引和服务目标细分市场;

(4)可获利性:规模足够大值得企业为其设计一套营销计划帮助企业获取更大利益。

通过对细分市场的有效性进行审核后,我们需要进一步评价各细分市场的发展潜力,并根据企业自身资源能力确定企业应该进入和服务的细分市场。

评估细分市场

对于细分市场的评估我们主要关注三个方面的问题,即细分市场的规模和成长性、细分市场的结构吸引力以及企业的目标和资源。

◇ **市场潜力**　市场规模主要由购买者数量和购买力所决定,同时也会受到购买者习惯及对企业营销策略敏感度的影响。分析市场规模既要考虑现有的水平,更要预测细分市场未来的发展趋势,如果细分市场现有规模很可观但发展后劲不足,那么企业进入市场后就会发现因市场空间有限将难以拓展规模,进而影响到企业利润的进一步提升。

市场销售潜力反映了所有企业在营销组合活动和环境条件既定的情况下,某一时期内服务于一个确定市场所能够提供的最大销售量。通过愿意并有能力购买产品的潜在购买者的数量(B)、某一时期(一年)购买者的平均购买数量(Q)及提供物的价格(P),我们可以对某产品市场的销售潜力进行预测,即市场销售潜力 $= BQP$。

这种方法的另一种变化公式称为环比法,是由数个调整的百分比乘以一个

基数构成的。如一个啤酒企业要估计一种新推出的淡啤酒的市场销售潜力,可依据以下公式计算:

新推出的淡啤酒市场销售潜力=人口数×每人可支配的个人收入×可支配收入中用于食品支出的平均百分比×食品支出中用于饮料支出的平均百分比×饮料支出中用于含酒精饮料支出的平均百分比×含酒精饮料支出中用于啤酒支出的平均百分比×啤酒饮料支出中用于淡啤酒支出的预期百分比

具备一定规模和成长性特征的细分市场并不一定适合所有的企业,小型企业因缺乏技术和资源或认为该细分市场竞争过于激烈,转而会选择规模较小、吸引力相对较弱的细分市场,这样的目标市场可能对它们来说具有更多的潜在利益。

◇ **结构优势** 现有竞争者、新加入者、替代产品、购买者议价能力以及供应商议价能力的威胁共同影响着细分市场的持续吸引力。如果细分市场上竞争者很少且进入障碍不多,对企业来说这是进入该市场的一个好机会,但要防止其他竞争者也看中这个市场。如果市场上已有了许多强大的竞争对手,或新的竞争者很容易就能够进入该细分市场,那么企业要想进入并获得发展就需要付出一定的代价。当然,如果企业有一定的实力并且市场发展前景看好,也不妨放手一搏,但企业必须要做好充分的准备,设计多种进入市场的预案,充分论证后再行决定。另外,如果购买者拥有强大的或者不断提升的议价能力,那么就会迫使价格降低,引发同行间更激烈的竞争,自然这个细分市场也就失去了吸引力。有效的办法是开发更优越的提供物使得强势购买者不能拒绝。同样,如果细分市场上存在可以控制价格及减少供应量的强势供应商——更加集中,有组织,可以整合下游资源,供应的产品是一个投入高且没有替代品、转换供应商的成本很高的产品,这时细分市场的吸引力也会下降。企业可以选择与供应商建立战略联盟关系或使用多种供应商来降低因供应商议价能力提高带来的市场威胁。例如格力自与国美重修旧好后合作不断升级,2017年初格力电器与国美控股集团在珠海共同签署了200亿销售目标的战略合作协议,这势必会大大刺激空调市场零售终端的激烈竞争。

资料阅读

3年前的3月9日,国美总部向各地分部下达了"清理格力空调库存"的通知,格力空调撤出国美所有门店。二者交恶一度成为中国家电业厂商与渠道矛盾最具代表性的事件。出人意料的是,3年后,广州国美高调宣布"国美—格力战略合作升级、签约采购",并且签订了2亿元的采购协议——这是否意味着中国家电业厂商与渠道关系的些许松动?

在 3 月 6 日国美公布的 150 亿空调采购订单上,囊括了松下、LG、三菱、美的、海尔、志高、长虹、海信、TCL 等几乎所有知名空调品牌,唯独没有格力——其在国内空调市场已连续 10 年保持产销量第一。一周过后的 3 月 14 日上午,广州国美电器总经理高集群与广州格力总经理王韦权的手握在了一起,一份 2 亿元的采购协议被签署。"在商言利。"高集群的话一针见血地道出了双方和解的原因,阔别 3 年后,格力空调重新进入广州国美的 33 家下属门店。

"国美要做以消费者为导向的企业。"国美电器新闻发言人何阳青称,在与格力交恶的 3 年里,不少消费者在选购空调时会发现国美店内的品牌不全,至少没有空调老大格力。何阳青透露,其实从去年 3 月开始,在部分地区的部分国美门店已经有格力产品在销售,一般是由格力代理商私下跟门店完成的谈判,但是像广州国美和广州格力这样的区域性合作还是近几年来双方迈出的最大一步。目前,京津地区有十几家门店也已有格力空调铺货,但数量有限。据记者了解,双方的合作将暂时停留在地区总部之间,国美总部与格力总部之间的采购合作还未被考虑。"格力没有变,变的是国美。"格力新闻发言人黄方华表示,格力的渠道模式不会变,格力自建渠道的成功经过媒体讨论,又经过实践检验,是不会变的。同时,在平等合作、互惠互利的原则下,格力从不排斥与连锁终端的合作。

资料来源:《经济观察报》,石磊、闫薇,2007 年 03 月 24 日

◇ **企业特征**　有的时候,即使细分市场具有相当的规模和成长性,同时在结构上也非常具有吸引力,但可能与企业的经营目标不相吻合,或者企业缺乏进入该细分市场的资源条件,那么企业将不得不放弃经营此市场。因此,企业在选择目标市场时,必须明确自身的经营目标,对企业的资源状况和资源潜力有一个清晰的判断,选择进入那些自己有能力创造卓越顾客价值并且可以获得比竞争对手更多的相对优势的细分市场。通常,大企业和小企业在选择目标市场时各有优势,企业可以通过投资那些能够带来差异化优势的关键技术来改变其在细分市场中的地位,毕竟目标市场一旦选择失误将直接导致企业丧失应有的市场竞争地位。

目标市场选择策略

在完成对细分市场的评估后,营销人员对准目标市场也有了一个清晰的认识,鉴于企业资源和能力的差异性,企业可以选择一个或少量细分市场作为自己的目标市场,如集中营销策略;也可以通过实施无差异或差异化营销策略将某一产品的市场整体作为自己的目标市场。

◇ **无差异营销策略**　由于细分市场的共性特征显著大于个性特征,企业可

以忽略细分市场的差异性,向整个市场提供一种产品或服务。无差异营销策略的优势在于能够通过大规模营销创造最大的潜在市场,单一的产品线控制了研发、生产、运输、广告和产品管理成本,较低的成本导致较低的价格和较高的利润,规模效益明显。但是随着市场竞争的激烈和顾客需求的日益多样化,一种产品长期被所有顾客接受变得越发困难。如果竞争对手针对不同细分市场提供了差异化的产品和服务,那么采用此策略的企业必然受到重大冲击,这也是为什么更多采用无差异营销策略的企业开始重新细化市场,转而实施差异化的目标市场营销策略。

资料阅读

可口可乐是全世界消费者最喜欢的汽水品牌之一,同时也是全世界认知度最高的品牌之一。早在 1886 年,美国药剂师约翰·彭伯顿用他的智慧精选原料,配制出畅爽怡神的可口可乐,而第一杯可口可乐是在亚特兰大的雅各药店内出售的。1899年,可口可乐公司的分销网络开始遍布全美,并于 1906 年开始走向世界。

零度可口可乐是可口可乐公司 2005 年上市的产品,至 2007 年品牌年销售额即超过 10 亿美元。零度可口可乐在保留经典味道的同时,给消费者无糖无热量却依旧畅爽的体验。

雪碧是可口可乐公司 1961 年上市的产品,是全球最大的柠檬味汽水饮料品牌。雪碧在全球超过 190 多个国家销售,目前是全球第三大软饮料品牌。

芬达汽水于 1940 年上市,1960 年被可口可乐公司收购,自此风靡全球,深受消费者喜爱。芬达针对青少年沟通好喝又好玩的品牌理念,打造开心快乐的芬达玩乐世界。芬达拥有多种好喝的水果味,其中橙味、苹果、蜜桃等为主要口味。

美汁源果粒橙是可口可乐公司在中国的果汁饮料品牌,"含有真正果肉"是其最大特色。每一瓶美汁源果粒橙,都含有真实的果粒。喝一口,饱满多汁的口感随之而来,咬一下,果汁与果肉在嘴里迸发,感受自然真实的美味,果粒一下享自然。美汁源果粒橙自 2005 年率先在中国市场上市以来,深受消费者欢迎,每年有十多亿人次享用美汁源系列产品。2010 年底,美汁源果粒橙已成为可口可乐公司第 14 个价值超过 10 亿美元的品牌。

冰露纯悦包装水来自可口可乐公司,值得信任的品质保证,带给您每一滴值得信赖的纯净。全新包装,让饮用体验更舒适,口感更清冽;同时我们致力于公益事业,回馈社会。冰露纯悦让您放心和最爱的人分享,为您带来身心的愉悦。

资料来源:可口可乐中国官网

◇　**差异化营销策略**　相对于无差异营销策略,差异化营销策略则更注重于细分市场之间的差异性。企业根据自身的资源和能力条件选择所有或多个细分市场作为自己的目标市场,并为每个细分市场制定不同的市场营销方案。企业希望通过为每一细分市场提供不同的产品和服务获得更高的销售额,并力争在每一个细分市场占据更有利的市场地位。尽管差异化营销策略在一定程度上能够更好地满足不同顾客的需求,也可以降低企业的经营风险,但必须注意的是,差异化营销策略在创造更高销售额的同时也增加了市场研究、销售分析、生产组织和促销计划等方面的成本,另外企业资源的过度分散也会导致有的细分市场得不到充足资源的支持而失去发展机会。因此,在决定使用差异化营销策略之前,企业必须衡量增加的成本与增加的销售额之间的关系。

针对差异化营销策略的不足,企业可以考虑通过产品专门化或市场专门化来发展细分市场之间的联系以实现范围经济效益。产品专门化是企业将某一特定产品提供给若干个不同的细分市场,其优点是通过生产和技术上的优势有利于在该产品领域发展良好的品牌形象,但须谨防产品可能被全新的技术所代替导致销售量急剧下降的风险。当企业为某一特定顾客群体提供多种产品和服务时,即为市场专门化。采用市场专门化的企业因其能够为该顾客群体的多种需求提供服务而赢得了良好的口碑,并且逐渐成为顾客群体获取更多所需产品的可信任渠道。但由于集中于某一类顾客群体,当这类顾客群体的购买行为受到影响而缩减购买规模时,企业也将面临销售下降的风险。

◇ **集中化营销策略** 企业选择集中化营销策略的出发点是努力在一个相对较小的市场上收获更高的份额,而不是追求在竞争激烈的大市场中获取较小的份额。因此,集中化营销为那些小企业提供了释放能量的空间,使它们能够将有限的资源集中到那些大企业无意或无暇顾及的细分市场上进行专业化的经营,该市场也被称为利基市场或补缺市场。集中化的营销能够使企业深入洞察顾客需求以调整产品、价格和营销计划,通过提供更加精准的产品和服务获得顾客高度赞誉从而在市场中取得强势地位。集中化营销策略由于其生产、分销和促销的专门化的确能够帮助企业获得更高的投资回报率,但是对于一个企业来说,仅仅依靠一个或很少的几个细分市场来支撑企业的全部业务可能要承受更高的风险。由于细分市场容量相对较小,如果有强大竞争对手进入,购买者偏好发生转移或购买力下降,企业就可能在细分市场衰退时遭受重创,这时竞争对手可能会借助更多资源优势进入相同的细分市场,这也是很多企业倾向于服务多个细分市场的主要原因。

成功实施集中化营销策略的企业首先需要发现补缺市场,并能够保护和不断发展此补缺市场。理想的补缺市场应具备以下特征:

- 具有足够的利润、规模和市场潜力，对主要竞争对手不具有吸引力；
- 顾客具有独特的需要，并愿意为满足他们需要的企业支付额外的费用；
- 企业具有占有此补缺市场所必要的资源和能力，能够以多种途径为自己构建防护壁垒；
- 企业既有的声誉足以对抗竞争对手，确保企业健康持续发展。

　　在现实市场当中，有时企业很难发现一个具有规模的顾客群体。因此，营销人员也更多地开始强调小众市场，这些市场的顾客在人口统计、生活方式、价值观或态度等方面表现出明显不同的偏好。而相比过去，技术的发展使得企业能够以更低成本、更加高效的方式满足更小细分市场的需求。

> **知识分享**
>
> 　　商业巨头们能够照顾好自己，而我们和其他人必须找到自己的小众。我的建议是在找到发放问卷调查表的社会学家或交流工具之前，把视角缩小一些，从而确保你具有别人很难在其他地方发现的特点。当你确实要展示或讲述一些东西的时候，发现一群真正相信这些内容的受众，然后邀请他们去发展你想要表达的东西。在这一阶段，数量可以比较小，但质量比数量更为重要。
>
> 　　为了保护你的小众，你必须树立起自己的权威。去了解所有事物，也就是去了解小众，并且在你的受众中培养鉴赏家。如果你可以为商品加上与众不同的环境、一个具有丰富素材的空间，那么这个空间就会变成人们理解与体验商品的中心，同时它也允许崇拜者们尽可能深入地探索。《星球大战》绝不仅仅是一部电影，它还是相关书籍、电脑游戏和动作人物的集合体。《星球大战》体现的不仅是推销的把戏，它具有更加丰富的背景故事，崇拜者们可以完全沉浸其中。能够讲述出一个令人信服的故事，是培养小众的重要部分，因为故事能够解释这些东西为什么聚集在一个地方。否则，你就要冒着小众被掠夺、商品被吞并的危险。毕竟，任何能够被轻易吸收、轻易满足的事物，都会成为损人利己之人的猎物。
>
> 　　你可以利用紧随在后的受众，让他们帮忙宣传你的产品，你也可以更加努力地去满足他们的需求。通常，真正有价值的东西并不是你正在制作的产品，而是产品的附属品以及一些内部信息，这些信息对于每个想要成为群体一分子的人来说都是必要的。这些人需要建立一个立足点，或者在这个立足点被削弱或吞并的时候，更换一个立足点，然后回到原来的环境中，试图适应。每个人都想与众不同，但我们是生活习惯不断更新的唯一物种，我们真正有能力摆脱困境。这是真正把人类与其他物种区别开的特点，我们所要做的一切就是转换我们的小众。
>
> 　　资料来源：詹姆斯·哈金.小众行为学：为什么主流的不再受市场喜爱[M].张家卫，译.北京：时代出版，2015

　　◇ **个人营销策略**　集中营销的极致表现是一对一营销，也被称为大规模定制,是根据个体顾客的需求和偏好量身定制其所需的产品和服务。随着数据库、自动化生产、柔性制造系统及交互式沟通等技术平台的不断成熟,企业在大众需求的基础上个性化地设计产品、服务、促销活动和信息互动的能力越发得到增强。正如 20 世纪是大众营销时代,而 21 世纪大规模定制将成为一个重要的营销准则。如今,越来越多的企业开始为个体顾客实施定制化的营销方案,从艺术品、耳机、球鞋到摩托车。向个体营销的转变反映了顾客自我营销的发展趋势,顾客希望在购买何种产品和品牌时拥有更多的自主权。他们查阅市场研究报告,加入产品和服务论坛,而移动互联网的发展更让他们能够随时随地定制所需要的产品和服务。MINI Cooper 的在线"配置"几乎可以让潜在买家选择和尝试新款 MINI Cooper 的许多功能选项。这样的变化使得营销人员不得不采取新的营销方式来影响他们的购买行为,那就是让购买者有机会更多地参与到产品研发和购买过程中以实现自我营销。

知识分享

个性化营销的早期开拓者唐·佩珀斯和玛莎·罗杰斯提出了四步骤营销框架:

确定你的潜在顾客和主要顾客。不要企图追随每一个人,利用所有渠道和消费者接触终端的信息来建立、维护并挖掘每一个富有潜力的消费者数据库。

根据消费者需求和消费者对公司的价值将消费者区分开来。为最有价值的顾客花费相对较多的精力。运用作业成本会计法并计算顾客生命周期价值。

与客户交流来提高关于其个人需求的知识并建立更牢固的顾客关系。构思可以以个人化的方式进行沟通的定制产品。

为每一个顾客定制个性化的产品、服务和信息。通过公司呼叫中心和网站促进客户交流。

资料来源:菲利普·科特勒,凯文·莱恩·凯勒.营销管理[M].何佳讯,于洪彦,牛永革,等译.上海:格致出版社,2016

资料阅读

美女裁缝开着特斯拉上门来为你量体裁衣,7 个工作日后就可以收到专属你的定制服饰,价格则是传统的高端定制服装的 30%～50%。听上去是不是很棒?据悉,这家以高端服装定制为主业的衣邦人正式的名字为杭州贝嘟科技有限公司,是一家互联网公司。它的创始人方琴则是一个纯理工生,此前从事的工作与传统的服装行业没有半毛钱的关系,但这些在方琴看来都没有任何妨碍。作为一个连续创业者,她在浙大硕士毕业后参与创办卡当网(一家专做礼品定制的网站),2007 年年底出任卡当网 CEO 并实现连续 5 年公司业绩翻三番。

方琴测算,中国的高端定制客户大约有 9000 万人,如果按照理想人口数和人均年消费 5000 元的推测，整个市场容量可以达到 4500 亿元。她在 2014 年 12 月创业初期时，曾在大众点评这样的网站搜寻过男装定制的店铺，当时的统计是这样的：门店在上海有 84 家，杭州、无锡等二线城市有 6 家左右，三线城市平均 4 家，四线城市平均 2 家。

在海外，所谓的高端定制即是一对一，专门有裁缝量体裁衣全程服务。那些奢侈品牌如香奈儿、爱马仕等至今也保持了这样的传统，前来选购预订的顾客除了要支付昂贵的费用，还需要花费一定的耐心等待最终的成品到手。在国内，服装定制让人想到 20 世纪早期的培罗蒙、荣昌祥、亨生等名店。一位熟悉培罗蒙的业内人士告诉记者，当年像培罗蒙这样的服装定制店，在为客户量体后，会标明客户的姓名、地址、电话，最后由专人统一保存。

林明山是海彦男仕礼服的董事长，这家老牌的定制店在衡山路设有专卖店，专门为小圈子的人定制礼服。接受记者采访时，身着杰尼亚定制西装的他承认，传统的高端定制不可能大批量生产，"虽然我现在也在做连锁店，但唯有在上海这样的城市是定制的，因为好的裁缝人手不够。其他的外地店铺，我们会做一些成衣进行销售"。方琴正是看到了这一点。衣邦人的野心是要颠覆传统的服装定制行业。她要用"网络营销十美女顾问上门服务"改变传统高定店的价格高昂和服务高冷，让白领们足不出户就可以买到高性价比的定制男女西装、衬衫、裤子等，花的钱只有传统门店的 30%～50%，而且交货期缩短到了 7 个工作日。

资料来源：一财网·健康生活，刘晓颖，2015 年 09 月 10

以上目标市场的选择策略有着各自的优缺点，企业需要综合考虑企业资源、产品特点、市场特点、产品寿命周期和竞争者策略等多方面的影响。如果企业实力雄厚，可以采用差异营销策略或无差异营销策略服务于整个市场，但若企业资源能力有限，则应集聚有限的资源于一个或少数几个细分市场，采取集中营销策略以更好地服务于目标市场。一般在新产品投入初期，品种有限且竞争不是很激烈，可采用无差异营销策略，也可以集中营销策略先占领一个细分市场，待成功后再伺机延伸目标市场。在成长期和成熟期，竞争者之间竞争加剧同时顾客的需求向更深层次发展，这时企业应采取差异营销策略来更好地满足顾客的需求，而进入衰退期后，企业可通过集中营销策略收缩市场或退出市场，并快速转入新的细分市场。相对于竞争对手的策略选择，当其采用无差异营销策略时，企业可以同样选择无差异营销策略，也可以关注特定细分市场的需求采取差异营销策略或集中营销策略。当然，如果竞争对手非常强势并且已采用了差异营销策略或集中营销策略，那么企业则应该实施更有效的市场细分，通过差异或集中甚至个人营销策略向市场的精细化方向发展。值得注意的是，不论企业如何进行选择,都不能忽视社会市场营销观念对企业的基本要求。当营销人员选择了容易受伤害的儿童群体或弱势的贫困人口群体,并推广可能对目标群体有害的产品时,企业的行为必将引起社会的争议和担忧。如高脂肪、高热量食品对儿童健康的不利影响,存在安全隐患的儿童玩具可能会引发身体上的伤害,而互联网的发展也导致不健康信息、图片、视频以更快更直接的方式触及弱势群体。因此,选择目标市场的关键问题不仅仅是选择谁,更要清楚选择它的原因是什么。市场营销的社会责任要求营销人员在选择细分目标市场时不能只考虑企业自身的利益,同时需要考虑目标顾客的利益以及社会的长远利益。

目标市场开发路径

市场营销的本质在于企业如何吸引、保留和加强其与顾客的关系,并通过成功传递顾客价值促进企业的持续健康发展。营销人员必须努力识别、评估和选择市场机会,依据现有业务、关联业务及新业务的顺序确定目标市场开发路径。

◇ **密集型成长** 营销人员首先评估现有业务是否存在改善发展的机会。一个有用的分析工具是产品/市场扩展方格(见图 3-1),即在现有产品和市场以及新产品和市场交互之间存在的机会。

	现有产品	新产品
现有市场	市场渗透	产品开产
市场开发	市场开发	(多样化)

图 3-1 产品/市场扩展方格

首先考虑市场渗透。与选择竞争品牌和从未使用过该产品的顾客相比,现有顾客更加了解品牌并有着更为积极的评价。企业由于拥有顾客购买的历史记录及其个人信息,能够以较低的成本向他们提供定制的产品和服务,而争取新顾客往往需要更高的成本,这也意味着企业留住顾客的成本比获取顾客的成本要少。尽管保留和发展现有顾客很重要,但企业欲实现长期的发展就必须不断获取新的顾客。一方面可以争取竞争对手的顾客,因他们与企业现有顾客有着类似的需求而增加了被说服的可能性;另一方面就是争取从未使用过该类产品的顾客。识别哪些顾客在什么时间可能接受该类产品,通过强化产品类别和推广策略以引导他们最终选购本企业的品牌产品。营销人员可以采用的营销组合策略包括降低产品的价格,拓宽分销渠道以加大在现有市场中的覆盖面,利用大规模的促销突出宣传本企业产品独特的优势。

其次可以考虑使用市场开发为现有产品寻找新市场,包括将现有产品推向不同的地区市场或不同的购买群体。如星巴克通过人口细分鼓励老年消费者走进星巴克,同时借助地理细分在非美国市场特别是亚洲市场实现了快速扩张,已从 1987 年全美 11 家门店发展到 2017 年全球超过 2.5 万家。在开发具有不同购买行为和要求的市场时,采用的营销组合策略也应有所不同。进入新的市场经常需要改进基本的产品形式,使用不同的分销渠道或在促销努力方面有所变化。同时,由于要寻找新顾客,企业必须了解顾客的人数、动机和购买方式,必须考虑自身的优势及对新市场的适应能力,以便评估成功的可能性和制定营销计划。

之后考虑是否可以通过向现有市场提供新产品而实现企业的成长。如果营销人员发现现有顾客在其他相关的产品类别中尚有未被满足的需求,那么这将促进企业开发新类别产品。当然,有的时候企业进入新的产品类别并不是因为满足顾客的需求,而是为了更好地利用企业的富裕资源。在企业进入一个新的产品类别时,必须明确自身的独特优势以及为顾客创造价值的方式,清楚自己有多大把握能够比竞争对手更好地服务目标顾客。营销人员应重点考虑:获得盈利所必需的市场规模和容量、竞争者反应的程度和时机、新产品对现有产品的影响、企业将新产品推向市场的能力。

◇ **一体化成长**　企业可以通过后向、前向或水平一体化的方式整合与现有业务有直接联系的市场机会来拓展业务以增加销售和利润。后向一体化是企业向其上游供应系统发展,一方面是为了利用其上游系统出现的机会,另一方面则是要避免供应商可能对企业经营造成的限制或威胁。如葡萄酒企业为了确保原材料的品质,采用自建或租用的方式向上游的葡萄种植延伸。前向一体化是企业向其下游销售系统发展以实现产销一体化。当企业的销售领域具有企业可以利用的市场机会或对企业的发展构成了威胁,这时企业可以考虑向下游的销售领域扩张实现前向一体化。如格力专卖店通过多年经营,逐渐形成了以城市为中心、以地县为基础、以乡镇为依托的三级营销网络,提升了在空调市场格力自建渠道对供应链终端市场的掌控能力。水平一体化是企业通过联合或兼并一个或几个竞争对手的方式,以达到提高企业竞争地位和实现企业扩张的目的。

资料阅读

炼油是石化产业发展的基础,采取炼油、乙烯、芳烃一体化联合布局,原油加工产品附加值可提高 25%。同时,按照炼化一体化模式发展,可在供水、供热、供电、节能、环保及安全等公用工程及辅助设施方面实现共享,节省建设投资 10% 以上,提高节能减排效果 15％左右。发展炼化一体化可实现经济和环境效益最大化,是国内外石化产业发展的趋势,也是我国石化产业"十三五"期间加快转变发展方式的关键。

经过十多年的努力,我国石化产业炼化一体化发展取得了一定成效。国家产业政策明确提出的基地化、大型化、一体化、园区化发展要求,推动了我国炼化一体化发展进程。全国相继建成投产了福建炼化、新疆独山子石化、天津石化、镇海炼化、四川石化等以千万吨级炼油、百万吨级乙烯基地联合布局为标志的紧密型一体化企业,加上通过老厂改造扩建,陆续形成了以上海、扬子、茂名、燕山、齐鲁、吉林、抚顺、大庆、武汉石化等千万吨级炼油、百万吨级乙烯为代表的一批一体化企业。

结合《石化产业规划布局方案》的实施,未来我国炼化一体化应成为石化行业结构和布局调整的首要任务。应明确规定新建石化项目必须进行炼化一体化配置,严格控制燃料型炼油项目,鼓励现有燃料型炼厂向燃料-化工型炼化企业转型,油品质量改扩建项目也应统筹规划乙烯、芳烃生产能力。充分利用炼油装置产出的重石脑油、轻石脑油和芳烃资源,力求"宜油则油、宜烯则烯、宜芳则芳",适当加快乙烯、芳烃发展速度,力争 2020 年全国炼化一体化率提高到 15％,2025 年达到 20％以上。

资料来源:《流程工业》,杨上明,2016 年 07 月 08 日

◎ **多样化成长** 企业还可以使用多样化的方式来探寻在现有产业之外的新市场开发新产品的机会。根据企业对现有资源的利用情况,多样化发展可分为同心多样化、水平多样化和集团多样化。许多企业采用这种目标市场拓展方式来利用感知到的成长机会,但它也是一种高风险的发展方式。好的机会意味着该产业市场非常有吸引力,同时企业具有获取此市场机会的业务优势。成功的多样化依赖于企业在以新产品进入新市场时,所具有出色的营销专长和广泛的分销系统,如星巴克在从饮料、食品、原豆咖啡到咖啡用具以及音乐制作的广泛的产品范围内取得了成功。同心多样化强调企业充分发挥现有的技术条件和营销资源优势开发新业务,水平多样化则着眼于利用与现有市场有关的机会运用新技术开发新业务,而集团多样化是企业向与现有技术、产品、市场无关的产业领域拓展业务的一种方式。

从以上不同目标市场开发的路径中可以看出,企业在拓展目标市场时应首先在现有产品市场上寻找扩展业务的途径,之后考虑与当前业务有紧密关系的后向、前向或水平一体化的市场机会,最后可在当前业务之外的产业领域寻求突破。在做加法的同时,对于不能适应环境发展变化而影响企业经营目标实现的细分市场则要做减法,通过市场前景评估实时调整或剥离落后业务,将有限的资源投放到必要的目标市场拓展上也是一种目标市场选择决策。

品牌优势定位

市场细分、目标市场选择和定位简称"STP(Segmentation、Targeting、Positioning)战略"。当企业锁定目标细分市场后，紧接着就需要确定每个细分市场的定位，明确目标顾客和目标竞争对手，并比竞争对手更有效地满足顾客的需要和欲望。成功的定位能够创造以顾客为中心的价值主张，这也正是目标顾客为什么会购买该产品的理由。一个好的定位不仅是企业"现实的立足点"，更是企业"未来的起点"。

差异化和定位决策

定位是企业以了解和分析顾客的心理需求为中心和出发点，设定企业或产品、服务独特的与竞争者有显著差别的形象特征，以引发顾客心灵上的共鸣，力求顾客心目中的企业或产品形象与企业期望的一致，所以定位又叫"抓心策略"。顾客在购买决策过程中，面对同质化程度不断上升的不同品牌的产品，顾客最终的选择往往是那些在其潜意识中品牌印象最为深刻且多为第一印象的产品。因此，营销人员在进行定位时一定要从目标顾客的心理需求出发，通过塑造鲜明的个性以在顾客心目中形成强烈的烙印，顾客才能够在第一时间识别出与竞争对手产品不同的地方。随着这种印迹的不断深入，必将带来顾客对企业产品的偏爱、信任进而发展为忠诚顾客，定位的本质是基于顾客心理的差异化。那么我们应从何处入手来实现差异化？定位决策的核心要素是目标顾客、竞争对手、价值主张和信服理由。

◇ **确定目标顾客**　之前我们已经讨论了市场细分和目标市场选择的问题，清晰认识目标顾客群体是定位的第一步。营销人员需要能够描述这些目标顾客购买产品的类型及其使用方式，他们所具有的人口统计特征，以及他们希望通过购买的品牌实现的目标。一般情况下，企业限于资源条件不可能对所有潜在顾客全情投入，它必须选定主要目标顾客并投入优势资源以实现顾客目标。有两个关键问题会影响目标顾客的选择：一是目标顾客应当是容易被接触的；二是个人从中获利却并不实施购买。有时目标顾客很容易被观察到，因为它很可能也是竞争对手要寻找的目标。因此，深入洞察目标顾客及其所追求的目标才能使定位打破常规，不走寻常路。

◇ **选择竞争对手**　企业面对的竞争对手既有当前的或潜在的竞争者，也有直接的或间接的竞争者，以竞争的市场观念使得企业在定义竞争者时更加拓宽了视野。从层次的角度上分析，涉及最低的层次上以相似的价格向相同的顾客提供类似的产品和服务的竞争企业,比较低的层次上所有生产相同产品或者同类产品的竞争企业,比较高的层次上所有生产能够提供相同服务的产品的竞争企业,以及更高的层次上所有彼此争夺顾客手中钞票的竞争企业。企业在分析竞争对手造成的潜在威胁时应注意观测市场份额、心智份额和情感份额三个变量。市场份额是竞争对手在目标市场所占的份额,心智份额是在回答"在本行业中令你想起的第一个企业"时,提到竞争者顾客的比例,情感份额是在回答"你会倾向于购买哪个企业的产品"时,提到竞争者顾客的比例。显然,那些能够稳步获得心智份额和情感份额的企业必将赢得更高的市场份额。在营销人员通过竞争者分析识别出主要的竞争者及其竞争战略后,需要进一步就以下问题做出回答。例如:竞争者的整体产品结构、价格政策、销售模式及主要卖点是什么?竞争者的核心目标和战略目的、目标顾客群和竞争优势及下一步的行动方案是什么?我们的竞争者能够做什么及我们的竞争者将要做什么?对竞争对手的深入剖析能够让我们认识到彼此的共同点,也为企业品牌产品在市场上获取与众不同的定位提供了必要的准备,这将使得本企业品牌产品的差异点更容易与目标市场顾客联结起来。

◇ **设定价值主张** 营销人员在分析了目标顾客市场和竞争者特征后就可以定义合适的共同点和差异点联想。共同点是顾客购买某类产品的必要条件而非充分条件,是那些被顾客认为在特定产品或服务类别中所不可缺少的基本属性。差异点是本企业品牌带给目标顾客不同于竞争者品牌的独特属性或利益,这个差异点可能是在产品多重属性的基础上提炼出来的。如果产品的差异点很抽象,或者这种差异点是建立在形象的基础上,那么支持这种差异点就可能需要与企业长久以来形成的形象联系起来。

顾客价值和差异化优势是企业设定价值主张的基础,但并非所有的差异化都是有效的,营销人员在选择差异化特征时应遵循以下原则:

- 重要性:能够为目标顾客提供较高的价值或利益;
- 优越性:能够以更优越的方式提供同等利益;
- 独特性:能够以独特且竞争对手没有的方式提供服务;
- 可感知性:能够通过观察和使用感知到其特殊性;
- 难模仿性:不能够轻易被竞争对手模仿或复制;
- 可支付性:顾客有能力获取该独特价值;
- 可盈利性:该差异能够给企业带来收益。

◇ **提出信服理由** 价值定位能否得到目标顾客的认可并有能力兑现承诺也是定位的重要内容,企业必须具备独特资源以在顾客心目中创造并维持品牌联想。营销人员可以通过大数据、企业的认证资格及卓越绩效等信息来支持所设定的价值主张。如某水泥厂针对"接到订单后 30 分钟内送到"的价值主张,提出的信服理由是"每辆卡车上都配有全球卫星定位系统,计算机软件将卫星输出的卡车位置和顾客订单结合起来计算最佳路线,这样可以使卡车在途中改道"。令人信服的定位陈述应该是清晰的、真实的、有说服力的以及可持续的,此外随着竞争者和顾客目标发生转移,定位也需要重新调整或再定位。

识别可能的竞争优势

　　赢得并保持顾客的关键在于比竞争对手更加懂得他们的需要和欲望。如果企业能够向目标顾客提供差异化的顾客价值,那么企业就可以获得相对的竞争优势。通常企业可以在与顾客的每一个接触点上实现差异化,具体表现为产品/服务差异化、渠道差异化、人员/形象差异化。

　　◇ **产品/服务差异化**　　通过产品差异化,品牌可以在特征、性能或者款式和设计上让自己的产品区别于竞争对手。如 OPPO R11 在 R9s"这一刻,更清晰"的基础上强调"前后 2000 万,拍照更清晰",表明了 OPPO R11 的前后摄像头均为 2000 万。同时,R11 将是 OPPO 首款使用双摄像头结构的手机。此外,企业可以通过快捷、便利或周到的配送服务,安装和维修服务获得产品支持的服务差异化。如为了吸引顾客,越来越多的商家提出了终身保养服务的承诺。而对于服务业的企业来讲能否为顾客提供超乎寻常的差异化服务更是其立足竞争市场的法宝。例如,提到火锅店,我们都会为海底捞的特色服务点赞。去过海底捞的顾客都知道,在等待区等待就餐的顾客可自取免费水果、饮料和零食;如果是几个朋友一起,服务员会主动送上棋牌等;点餐时,皮筋、手机袋、围裙都已经全部送到手边,饭后还会送上口香糖。海底捞的服务因人而异,许多特别服务感动了很多人。如果顾客中有孕妇,服务员会为你送上柔软的靠枕,有小孩的会送上小礼物。每个去过海底捞就餐的顾客都亲身体验并享受到其高品质的服务,难能可贵的是海底捞持之以恒并不断创新服务项目。

◇ **渠道差异化** 企业可以在渠道模式、渠道专业化和渠道政策方面寻求差异化优势。尽管电商和数字化的急速发展给零售实体店带来巨大冲击,但从"方便性"来看,实体店仍然占有绝对优势。埃森哲的一项最新调研发现,四成中国消费者认为零售商最需要改进的购物渠道是网购;同时,表示实体店购物"非常方便/方便"的客户达到93%,远远高于网络和移动设备。因此,如何重新定位实体店在多渠道中的角色,将会是零售商的机会之一。在考虑实体店铺收缩与扩张的问题之外,零售商需要更大程度地在无缝零售环境下发挥实体店的作用。实体店与线上渠道绝不是非此即彼而是互相支持的关系,二者的协同能使零售商有更多影响消费者、方便消费者的触点,进而满足消费者不间断购物的需求。

资料阅读

　　在近日由中国商业联合会和国美电器共同主办的市场分析发布会上,国美电器发布的《国美电器零售变革报告》从全渠道、新场景、强链接三个方面,诠释了国美电器今年以来为应对消费升级和变化,在推进零售业变革方面所进行的有益尝试和成效,展现了国美电器正从原来的单一家电零售商向"家电系统服务集成商、家庭系统解决方案提供商"转变的发展愿景。

　　《国美电器零售变革报告》显示,针对目前我国零售市场正在从以商品经营为主升级到用户经营和商品经营为主的现状,国美电器围绕粉丝经济,积极构建全渠道生态圈,从线下门店、PC端和移动端推出以及供应链、物流和后服务市场打造上入手,增强竞争优势。在新消费场景塑造方面,国美电器根据现阶段消费市场的变化,即80后、90后是消费主体,购物时间碎片化,多渠道、价格透明、需求多样化,关注产品品质以及喜欢分享、在意体验等,突出线下实体店的体验优势。对大型卖场进行了全新布置,推出了厨房烘焙、影院、餐饮、家居家装、智趣空间、电竞游戏等众多场景,让消费者在实景体验的同时,感受到家电升级对品质生活的提升所带来的直观感受,满足客户的多样化需求。在强链接方面,国美电器一方面通过国美购物店加强与客户的链接与互动,挖掘购买潜力;另一方面,通过公司已有的物流网络以及与海尔物流体系共建的联盟,在干线、仓储和配送方面培育新的竞争优势,力争树立行业新的物流服务标杆,一日达182个城市,半日达403个城市,次日达922个城市。

同时,国美电器还推出了电商旗舰店项目,以此形成新的流量入口,与线上顾客实现链接。而国美电器的管家服务则打造了一个开放式服务平台,形成了维修、保养、清洗、回收闭环服务,实现了用户数据的电子化。国美电器在此基础上进行大数据分析而形成的国美智能云,有助于其开展精准营销,增强用户黏性。

在全渠道战略的带领下,国美电器13个季度连续盈利,并荣获了2014年度诺贝尔经济学家中国峰会"商业模式变革金奖";2014年度中国商业联合会"中国商业创新十佳模式";2015年度中国连锁经营协会"中国零售创新大奖";2016年度"世界零售大会最佳全渠道消费者体验"大奖。

资料来源:《中国质量报》,郑建玲,2016年10月10日

◇ **人员/形象差异化** 企业可以精心选择工作人员并通过全面培训使他们成为"懂得顾客的人",能够在为顾客提供服务的过程中做到专业、友好、敏捷、诚实。对于旅游、金融、运输等服务市场的企业营销人员来讲,当有形产品的展示很难与竞争对手实现明显差异时,采用人员差异化打造竞争优势就显得尤为重要。形象差异化借助视觉感传递产品或服务独有的特点和定位。尽管竞争品牌产品或服务看起来没有更多差别,但顾客可能因企业或产品品牌的形象差异化做出不同的判断。有效的形象必须具有感染力,能够触动顾客的心,它不仅需要创造力更是一项艰苦的工作,因为企业是不可能借助几个广告就能够将一种形象根植于顾客心目中的。形象差异化可以通过一些标志、人物和其他形象元素借助媒体信息渠道与顾客沟通并加以展示,如麦当劳的金色拱门、谷歌的彩色标志及苹果的缺口标志有效地提升了企业或产品的品牌形象认知度。

选择合适的竞争优势

当企业从产品/服务、渠道以及人员/形象中识别出可能的竞争优势后,就需要确定其中哪些差异是企业可以用来推广的,这些差异化优势将成为企业定位策略的基础。

◇ **推广差异选择** 选择合适的差异化优势可以帮助一个品牌从众多竞争者中脱颖而出,但我们必须清楚,并不是所有的差异对品牌都是有意义或有价值的,也不是每种差异都能够被利用。每一种差异在可能增加顾客价值的同时也会带来企业成本的增加,所以,营销人员需要甄选能够区别于竞争对手且可推广利用的差异化优势。很多营销人员面对多样化的差异优势选择感到困惑,这时可以从经典的差异化优势即技术、成本、质量、服务选择入手以简化选择工作,因为先进的技术、更低的成本、卓越的质量和精准的服务对于顾客是永远不会过时的。周鸿祎曾这样描述:"乔布斯从1975年出道到今天,干了35年。最近这3

年仿佛是把 35 年的功力一掌击出——他用一款 iPhone 超越了诺基亚,之前用 iPod 超越索尼,再回过身来用 iPad 撼动微软和英特尔。"

资料阅读

　　星巴克发展早期,我们一直醉心于将它打造为咖啡界的行家。的确,我们当时真的以为自己做出了伟大的咖啡,我们也相信,建立起伟大的公司需要伟大的产品。所以,当我有一次出差看到三封抱怨星巴克客户服务的投诉信时,我一下子就从迷梦中惊醒过来,这些信成了最好的警示。这些信都和咖啡无关——它们谈的都是"人",它们避而不谈星巴克的其他表现,只是在不断地抱怨和"人"有关的问题。其中一封信尤其具有代表性,他说:"我爱你们的咖啡,我每天都会去你们的店。但是,我希望我能像一名重要人物那样受到款待。遗憾的是,客人对你们来说,显然并不重要。"

　　这使我们开始意识到星巴克不仅是一家咖啡企业,我们还是一家服务于人的企业。我们开始懂得"好的服务是手脚勤快,但伟大的服务却是奉献真心"。我们决定邀请给我们写信的那三位客人和信里提到的那几家分店的经理,邀请他们一起坐下来好好谈谈。

　　当客人们畅所欲言的时候,我们的收获无疑是令人激动的,而且是相当可观的。其中的道理不言自明:我们太关注咖啡了,我们太迷恋自己所掌握的那些和咖啡有关的知识了,以至于我们一直都游离于真正的业务之外——这就是关于"人"的业务。就咖啡而言,我们毫无保留地表现了对它的热爱;但就"人"而言,我们并没有很明白地表现出对客人的关爱,甚至是对自己的爱。也就是说,我们为产品准备好了自己的激情,但却没有为"人"准备好激情。无疑,这次谈话成了星巴克历史上最重要的时刻,它使我们了解到,关心很重要,而且我们绝不能事事都想当然;它还提醒了我们,应该为哪些东西去操劳和忙碌。

　　资料来源:霍华德·毕哈,珍妮·哥德斯坦.星巴克 一切与咖啡无关[M].徐思源,译.北京:中信出版社,2008

　　◎ **定位策略选择**　营销人员在选择定位策略时,首先需要对以下问题做出回答:谁是可能的竞争对手,它们目前在市场上占有什么样的地位,它们的竞争优势是什么? 目标市场顾客有什么样的需求与偏好,他们如何看待竞争者的产品和服务? 如果有的话,我们的品牌在目标顾客的心目中有什么样的定位,在此基础上,营销人员需要进一步分析我们的产品和服务想要拥有什么样的定位? 如果我们拥有这样的一个定位,竞争者可能会有什么样的行动,而我们是否拥有足够的营销资源来维持这个定位? 通常有两种基本的定位策略——迎头定位和避强定位。迎头定位是将自己的产品定位于竞争对手的旁边,与之竞争。选择此定位策略的条件是市场容量大,市场定位与企业资源实力相吻合,并且企业在资源方面优于先进入市场的竞争对手。避强定位强调独辟蹊径,为自己的品牌产品赋予新的特色。选择该策略要求产品特色符合目标顾客的需要,且市场有较大容量;企业在资源方面具备生产经营这种特色产品的条件,而且生产经营这种产品在经济上可行,能够给企业带来满意的收益。

◇ **定位沟通与传播**　成功的定位有赖于选中的定位必须清楚地与目标顾客沟通。企业一旦确定了自己的品牌定位,接下来要做的就是通过有效的沟通手段将定位的价值主张传递给目标顾客,让他们了解和接受品牌定位的价值主张,并相信企业有能力通过整合营销策略实现该主张。品牌定位是否能够真正走进顾客的心关键在于找到触及顾客内心需求的诉求点,将理性的定位陈述转化为帮助顾客解决问题,并能够创造明显高于竞争对手的顾客价值,由此引发顾客购买的强烈兴趣和向往。很多时候品牌定位特色存在于顾客的潜意识里,这就需要营销人员通过定位的沟通与传播使顾客对企业产品的特色有怦然心动之感,能够在瞬间打动购买者,这时你塑造的品牌定位就成功了。

定位的建立是一个漫长和昂贵的过程,而花费很长时间建立起来的定位却可能很快失去。因此,企业一旦确定了合适的定位,就必须通过协调一致的表现来呵护这个定位,切记避免频繁改变定位使目标顾客感到困惑而失去定位特色。市场中的定位应该是可持续的和有利可图的,企业需要随时关注目标顾客需求的转变及竞争对手定位策略的调整,循序渐进地、适时地调整定位方向以适应不断变化的市场营销环境。

品牌资产经营

资料阅读

5月10日,我国迎来首个"中国品牌日",央视财经联合国家发改委、国家工商总局、国家质检总局等部委,在京举行"CCTV中国品牌榜"启动仪式,公布首批"CCTV中国品牌榜"入围名单。

经国务院批准,自2017年起,将每年5月10日设立为"中国品牌日",加强自主品牌建设,发展品牌经济,打造中国品牌的意义。此次公布的入围品牌名单,来自于目前最一手、最核心、最独家、最全面的大数据的支撑,是根据央视财经频道独家取得的全国重点大型零售企业商品销售统计和天猫、京东、苏宁等主要电商平台日销售数据,经过国际通行的数据统计和模型计算而甄选出的。同时,还依托于由国家部委人员、行业协会组织人员、高校专家组成的专家委员会完善计算维度和演算模型,评估发布品牌名单,确保"CCTV中国品牌榜"权威、公正、客观。

资料来源:《消费日报》,2017年05月12日

品牌及品牌资产

品牌是用于识别一种产品或服务的生产者或销售者的名称、术语、标记、符号、设计或者上述这些的组合。品牌的本质功能是帮助购买者识别不同的供应商,它帮助我们节约时间,简化购买并确保质量。如今,随着消费者的生活和工作变得越来越繁忙且复杂,品牌在我们的购买生活中扮演着越来越重要的角色,品牌所具有的简化决策以及降低风险的能力就成了无价之宝,但品牌的发展使它的作用远远不止于此。品牌所反映的差别不仅体现在与该品牌产品性能有关的功能性、理性或有形性方面,更体现在与该品牌所代表的或所蕴含的象征性、感性或无形性方面。品牌表达了顾客对一个产品以及其性能的认知和感受,表达了这个产品或服务在顾客心中的意义。因此,品牌是顾客对一个产品、一项服务或一家企业所持有的感知或联想的集合,与其说品牌属于企业,不如说品牌是属于顾客的。凯珀夫认为一个品牌的丰富内涵可以从六个方面来体现,即品牌属性、品牌利益、品牌价值、品牌文化、品牌个性和品牌使用者。品牌最持久的含义是它的价值、文化和个性,而具有了这些特征的品牌才称得上是一个深度品牌,这也是品牌赖以生存和持续发展的基础。尽管竞争者可能模仿优势品牌产品的设计,但是却难以取代品牌多年经营在顾客心目中所积累的价值形象。关于品牌,已故的伦敦 WWP 集团的斯蒂芬·金曾有过如此描述:"产品是工厂里制造出来的东西,而品牌则是消费者所购买到的东西。产品是竞争者可以复制的,但品牌却是独一无二的。产品可能很快就会过时,但成功的品牌却是永不过时的。"

对于企业来说,强势品牌代表了价值巨大的品牌资产,它能够影响购买者的行为,更是企业未来持续获取收益的有力保障。一项研究表明,相对于竞争性的品牌来说,72%的消费者愿意为他们喜欢的品牌多支付 20%的溢价,40%的消费者愿意多支付 50%的溢价。关于对品牌资产的解释,学者们从不同的角度进行了广泛而深入的研究:

• 法奎哈:与没有品牌的产品相比,品牌给产品带来的是超越其使用价值的附加价值或附加利益。

• 阿克:与品牌、名称和标识等相关的一系列资产或负债,可以增加或减少通过产品或服务给企业或顾客的价值。

• 科勒:消费者由于品牌知识的不同对品牌的市场营销行为的不同反应,而品牌知识由品牌知名度和品牌形象组成。

• 科特勒:品牌资产主要分为四个层次:品牌认知度、品牌接受度、品牌偏好和品牌忠诚。

• 尼特梅耶:顾客愿意为自己所偏爱的品牌支付超过本身价格的额外费用,而这种偏爱的品牌是因为对品牌或产品的钟爱。

知识分享

表 3-8　品牌价值构成维度

阿克	品牌忠诚度(品牌溢价、品牌满意度)、品牌认知度(品牌领导性/品牌普及度)、品牌联想度(品牌价值、品牌个性、企业组织联想)、品牌知名度
科勒	品牌知晓(品牌回忆、品牌识别)、品牌形象/品牌关联(品牌特征、品牌利益、品牌态度)
尤奥	感知质量、感知忠诚、品牌关联/品牌知晓、广告投入、产品价格、分销密度
瑞兹莫	感知质量、品牌关联
尼特梅耶	感知质量、感知价值的成本、独特性和愿意溢价支付的内在一致性和有效性

资料来源:乔均.品牌价值理论研究[M].北京:中国财政经济出版社,2007

从表 3-8 可以看出,研究人员基于不同的角度来研究品牌资产价值,这其中的共同点就是关注购买者的偏好和忠诚度。当购买者对品牌产品的反应比竞争者品牌产品表现得更加积极时,这个品牌就具有积极的品牌资产。如在世界品牌实验室(World Brand Lab)发布的 2016 年(第十三届)《中国 500 最具价值品牌》分析报告中,国家电网以 3055.68 亿元的品牌价值荣登本年度品牌价值榜首。占据榜单前五名的还有腾讯(2875.92 亿元)、工商银行(2748.32 亿元)、中国人寿(2536.28 亿元)和海尔(2218.65 亿元),它们都是中国的"国民品牌",也都迈进了世界级品牌阵营。因此,基于顾客的品牌资产主要有三个方面:①品牌资产来源于顾客反应的差异。没有任何差异的品牌产品只是一种大众化产品,此时的竞争主要围绕价格展开。②反应的差异源自顾客所拥有的品牌知识,即与该品牌有关的所有想法、感受、印象、体验和信念。③品牌资产体现在感知、偏好和行为等与品牌营销有关的所有方面。品牌越强大,带来的收益越高。

资料阅读

由世界品牌实验室(World Brand Lab)独家编制的 2016 年度(第十三届)《世界品牌 500 强》排行榜于 12 月 26 日在美国纽约揭晓。苹果(Apple)总体表现强劲,一举击败谷歌(Google)重返宝座。谷歌(Google)退居第二,亚马逊(Amazon)因为电子商务在全球的普及,以创新的服务继续保持季军的位置。而中国入选的品牌共有

36个，其中入围百强的品牌有国家电网、工商银行、腾讯、CCTV、海尔、中国移动、华为、联想。

连续十三年发布的《世界品牌500强》排行榜评判的依据是品牌的世界影响力。品牌影响力（Brand Influence）是指品牌开拓市场、占领市场并获得利润的能力。按照品牌影响力的三项关键指标，即市场占有率（Share of Market）、品牌忠诚度（Brand Loyalty）和全球领导力（Global Leadership），世界品牌实验室对全球8000个知名品牌进行了评分，最终推出了世界最具影响力的500个品牌。

2016年《世界品牌500强》排行榜入选国家共计28个。从品牌数量的国家分布看，美国占据500强中的227席，继续保持品牌大国风范；英国、法国均以41个品牌入选并列第二；日本、中国、德国、瑞士和意大利是品牌大国的第二阵营，分别有37个、36个、26个、19个和17个品牌入选。中国虽然有36个品牌入选，但相对于13亿人口大国和世界第二大经济体，中国品牌显然还处于"第三世界"。

分析中国品牌入选数量少的原因，剑桥大学制造业研究院斯蒂芬·埃文斯教授认为，"中国制造大而不强，必须技术和品牌两条腿走路"。哈佛大学商学院约翰·戴腾教授认为，"中国品牌的原产国战略应尽可能避免，美国90%的鞋都是中国制造，但都贴的还是美国品牌。应该将品牌建立在消费者所关心的品质之上，而不是原产地"。世界品牌实验室主席、诺贝尔经济学奖得主罗伯特·蒙代尔教授分析说，"现代经济的一个重要特征就是品牌主导，我们对于世界经济强国的了解和认识大都是从品牌开始的。政府官员应该和企业首脑一样，加强品牌策略研究，因为品牌是区域经济中鲜活的生命体，也是其核心竞争力的最直接体现"。

世界品牌实验室自2003年开始就对世界50个国家的4万多个主流品牌进行跟踪研究，并建立了最大的世界品牌数据库。世界品牌实验室是全球领先的品牌咨询、研究和测评机构，由1999年诺贝尔经济学奖得主罗伯特·蒙代尔教授担任主席，全资附属于世界企业家集团。世界品牌实验室致力于品牌估值、品牌战略、品牌命名、品牌设计、品牌保护，其专家和顾问来自哈佛大学、耶鲁大学、麻省理工学院、牛津大学、剑桥大学等世界一流学府，其研究成果已经成为许多企业并购过程中无形资产评估的重要依据。

资料来源：http://www.worldbrandlab.com/world/2016/

品牌资产经营是一项耗时且昂贵的过程。企业要维持并不断提升其品牌价值，就必须精心经营才不至于贬值。为此，营销人员经常会投入高额的广告费来宣传品牌定位以获得顾客的偏好和忠诚，但是，品牌并不是通过广告活动维持的，而是要靠品牌体验。品牌接触是顾客或潜在顾客对品牌、产品品类或其市场的任何信息关联体验，不管是正面的还是负面的。任何一种品牌接触都会影响顾客的品牌知识和他们的思考、感受和对品牌采取行动的方式。如今，顾客通过更广泛的联系和接触点来认识并了解一个品牌,除了广告,还有品牌体验、口碑、企业网站、公众号、移动 APP 等。企业需要努力通过各个接触点一致地传达品牌定位以强化品牌资产,如品牌的核心利益是什么？它将满足顾客什么样的需求？品牌能够带给顾客的独特联想是什么？是否我们所有的接触点都支持这个品牌定位？品牌定位是否得到了营销活动的持续支持？我们需要通过品牌认知和品牌联想在顾客心中建立起积极的品牌质量和价值感知,而品牌质量和品牌感知的一致性将对形成品牌忠诚具有积极作用。

创建品牌权益

品牌权益意味着顾客对某一品牌满意和对品牌有良好的联想而产生的在功能性利益之外,品牌为产品或服务带来的附加价值。对于品牌的拥有者,这种价值有两个优势:一是品牌权益提供了竞争优势,二是消费者对于具有品牌权益的产品和服务愿意支付更高的价格。品牌权益并不是经常发生的,它源于顾客对品牌的感知、认可和忠诚而根植于顾客的心中,它的建立需要持续与顾客联系的营销计划和品牌经营来实现。这个过程需要经历四个阶段:品牌识别、品牌内涵、品牌反应和品牌关系。品牌识别需要在顾客心中发展一种积极的品牌感知和品牌熟悉,让顾客看到你或听到你,知道你是谁？品牌内涵需要让顾客知道你意味着什么？借助与绩效相关的功能维度和与形象相关的抽象维度建立起强大的、有利的、独特的品牌关联。耐克在整合营销计划中,不断通过新产品开发以及和世界顶尖的体育赛事相连接来建立品牌的内涵。品牌反应需要引用正确的顾客对于品牌的认知和内涵的反应来判断你的品牌怎么样？在这里,认知是建立在顾客对一个品牌的所想和所感基础上的。所想是关注于一个品牌的感知质量、可信度以及相对于竞争品牌的差异化优势;所感则是顾客对于一个品牌的情感接受。腾讯公司通过互联网服务提升人类生活品质,使产品和服务像水和电一样融入我们的生活并带来便捷和愉悦,其关注不同地域、群体,并针对不同对象提供差异化的产品和服务。品牌关系需要在顾客和品牌之间建立一种强烈的、互动的忠诚关系,这种深层次的心理关系描述了你和我将会怎么样？宜家的产品设计简单但质量很高,信息充分以及颇具瑞典风格的外观和感觉,都意味着宜家在提供大多数顾客都买得起的家具。

品牌是企业与顾客之间的承诺。品牌不能没有顾客,顾客也离不开品牌。品牌是零售商和渠道中间商借以吸引能够获取价值顾客的诱饵,顾客则作为品牌的有形的利润引擎,使得品牌价值货币化。拥有品牌权益的品牌所有者能够为企业提供对需求的可预测性和安全性,同时建立的壁垒使得其他竞争对手难以进入这个市场与其竞争,这种权益相对于竞争品牌在竞争优势、创造收入和有形资产如厂房、设备等方面能够获得更高的回报。

> **知识分享**
>
> 　　竞争对手可以复制或者压制一种功能性利益。但是,通常品牌的其他方面却不容易被复制,这包括那些可以建立超越功能利益的客户关系的方面以及促使新品类或子品类形成定义的方面。
>
> 　　丰富品牌的一个关键是让品牌和品类及子品类的定义所传递的不仅仅是功能性利益。如果品牌可以成为标杆,并围绕品牌和品类或子品类建立丰富的联想,这样的品牌就很难与之竞争或超越。需要匹配的联想越多,竞争对手就越难作为新品类或子品类的参与者获得信誉度,他们更可能会从中发现自己的缺陷,这意味着他们想要建立相关性的努力可能会白费。如果缺陷不是基于功能,而是基于共同的兴趣、个性、对品类或子品类的激情、组织的特性、企业社会项目这些要素的组合,竞争对手就更容易受挫。
>
> 　　当一个品牌有能力成为一个品类的标杆,竞争对手需要赶超的就是整个品牌,而不仅是功能上的表现。品牌的复杂性将有助于建立标杆的优势。iPhone、Zara、无印良品、赛百味、全食超市、Zipcar租车公司等这些品牌都以标杆品牌的身份发展了一系列联想来定义自己的品类或子品类。品牌的丰富性和复杂性使其标杆地位更强大。
>
> 　　超越功能性利益让一个品牌变得丰富的方法包括共同的兴趣、品牌个性和组织的联想。顾客和品牌能真正共享的兴趣可以给竞争对手设置壁垒,比如帮宝适和婴儿护理。品牌及其品类或子品类可以形成自己的个性,就像 Zara 可以表达社会性和自我表达性利益。一些品牌所形成的像全球化、创新、质量导向、顾客导向、热心社会事务或绿色价值主张等这样的组织联想不是轻易就能打造的。
>
> 　　资料来源:戴维·阿克.品牌相关性[M].金珮璐,译.北京:中国人民大学出版社,2014

第四章　整合市场营销策略

制定产品策略

　　市场营销的最终目标是满足顾客的需要和欲望,而一个能够带给顾客更高价值的品牌必须得到产品的有力支持。产品策略是市场营销组合策略的基础,任何企业的市场营销活动都是从确定向目标细分市场提供什么产品开始的,营销人员需要在与顾客建立关系的过程中,创建和管理连接顾客的品牌产品。

营销学中的产品

　　提到产品,我们通常会想到的是诸如手机、电脑、服装、家具、食物等各种形式的有形实体产品,但市场营销学中的产品概念则更加广泛,它强调凡是能够向市场提供的,引起注意、获取、使用或消费以满足顾客需要的任何东西都是产品。因此,从广义角度定义的产品涵盖了实物、服务、事件、体验、人物、地点、财产、组织、信息、观念或者上述这些的组合。

　　◇ **实物**　实物产品在顾客的日常购买中占有很高的比例,企业需要为我们的衣、食、住、行提供种类丰富的实物产品以满足购买的需求。从一枚曲别针到家用电器、重型装备都是社会经济活动的需求品。C919飞机是我国首款完全按照国际先进适航标准研制的单通道干线客机,具有我国完全自主知识产权。最大航程超过5500千米,载客量为158~168人,与目前常见的空客320、波音737相当。随着中国商用飞机有限责任公司与光大金融租赁股份有限公司30架C919大型客机购买框架协议的签署,C919大型客机国内外用户已达24家,订单总数达到600架。

　　◇ **服务**　随着社会经济的发展,服务在经济活动中的比重不断上升。如今,互联网的发展为交通、金融、咨询、教育、租赁等领域的在线服务提供了技术支持和保障,进一步提升了这些领域的服务效率和服务水平。被公认为战略管理咨询领域先驱的波士顿咨询公司(BCG)是一家全球性管理咨询公司,客户遍及所有行业和地区。BCG 与客户密切合作,帮助他们辨别最具价值的发展机会,应对至关重要的挑战并协助他们进行业务转型。2017 年中国连锁经营协会与波士顿咨询公司在上海联合发布《2017 中国便利店发展报告》,中国连锁品牌化便利店门店数已接近 10 万家,年销售额达 1300 亿元。

◇ **事件**　营销人员通过如贸易洽谈会、世博会、奥运会、锦标赛等重大事件的营销向合作伙伴或利益相关者传递价值主张、企业或品牌产品信息,借助事件的影响力改变并提升自身的社会地位和形象。

> **资料阅读**
>
> 　　还有不到 170 天的时间,2008 年北京奥运会就将拉开帷幕。作为奥运会筹备工作中的重要一环,北京奥运会市场开发工作已经取得了显著的成果。北京奥组委市场开发部部长袁斌女士介绍说,自 2003 年 9 月北京奥运会市场开发计划启动以来,北京奥组委坚持"开放办奥运"的方针,市场开发工作吸引了中国境内外企业的积极参与。她说:"在 2007 年的 7 月份,我们全面完成了北京奥运会赞助企业的征集工作,通过国际奥委会的全球合作计划、电视转播商计划,还有北京奥组委的市场开发计划,为北京奥运会的组织、运行工作获得了充足的资金、物资、技术和服务支持。"
>
> 　　从前几届的奥运会看,市场开发工作既可以为举办奥运会筹措资金、物资及相关服务,也可以促进赞助和合作企业的发展。记者从北京奥组委市场开发部了解到,作为第一家加入国际奥委会全球合作伙伴计划的中国企业,自 2004 年以来,中国联想集团的品牌总体认知度从 62% 提高到了 68%,美誉度从 53% 提高到了 62%。北京奥运会市场开发计划的实施,进一步提高了全社会保护知识产权的意识,为赞助企业创造了良好的市场氛围。
>
> 　　除了中国境内外企业积极参与外,在北京奥运会的市场开发计划中,与普通公众关系最密切的就要算特许商品计划了,因为这个计划所涉及的是每个人都能看得见、摸得着、买得到的奥运商品。袁斌女士表示北京奥运会特许商品琳琅满目,种类繁多,既有传统样式的奥运纪念物商品,又有瓷器、丝绸等具有中国特色、北京特色的产品。同时,北京奥组委还根据会徽发布、口号发布、吉祥物发布等一系列重要事件适时推出了相应的限量版商品。这些艺术价值和内涵丰富的商品掀起了一波接一波的奥运特许商品收藏热。袁斌女士认为,奥运特许商品销售热潮与中国境内外公众对奥林匹克精神的追求和热爱和对北京奥运会的支持和关注是分不开的。她告诉记者,北京奥组委还将继续创造便利条件,让公众在北京奥运会期间购买奥运特许商品更加容易。
>
> 　　资料来源:国际在线专稿,马维辉,2008 年 02 月 21 日

◇ **体验**　营销人员通过创造和展示吸引顾客亲临现场,以顾客的亲身参与

和感官感受实现对体验的销售。例如在乡村旅游项目中增加的果蔬采摘、垂钓、打糍粑、做陶艺等项目,不仅满足了游客亲近大自然的要求,更使他们在体验中享受到无尽的乐趣。如玩逸生活"陶艺 DIY"特别推出陶艺 DIY、瓷泥 DIY、彩色瓷泥 DIY、软陶定制、素坯彩绘及陶瓷彩绘等特色产品的 DIY 项目,专业陶艺师现场教授指导,使顾客在从创意到陶艺制作的全过程中体验其中的乐趣。

◇ **人物**　专业的团队和经纪公司为运动员及从事艺术的人员提供专业化的服务,帮助他们获得更高的知名度,同时通过他们的优越表现为公司创造满意收益。2002 年 6 月,在姚之队(姚明商业规划团队)的努力下,姚明成功登陆NBA,并与休斯敦火箭队签下了为期 4 年、总额 1780 万美元的合同,是 NBA 历史上金额最高的新秀状元合同。2002—2005 年,面对姚明和拥有 13 亿人口的中国市场,海内外数以千计的企业纷纷邀请姚明出任他们品牌的形象代言人。经过姚之队的严格挑选,最后,VISA 信用卡、苹果电脑、百事可乐、锐步、麦当劳、中国联通等著名品牌被选中,它们为姚明带来了可观的经济效益。为了挖掘姚明的商业价值,姚之队将"姚明"的品牌形象定位为:一个球技精湛、朝气蓬勃、勤奋好学并且有社会责任心的中国新青年。在确立品牌特征后,姚之队便采取了有条不紊、循序渐进的市场开发战略。

◇ **地点**　从国家到城市,从开发区到写字楼、居住区、旅游景点,需要在市场营销观念的指导下强化相对优势以提升整体形象,持续吸引投资方、公司总部、居民和游客。2017 年 6 月在以"开放的中国:精彩吉林 相约世界"为主题的全球推介活动中,吉林展区从重点产业和创新驱动、生态环境和旅游风光、战略定位和开发开放、人文历史、民族和谐等方面向中外各界人士推介吉林。吉林是中国重要的老工业基地、商品粮基地和边境省份,也是"一带一路"向北开放的重要窗口。通过推介会,各界人士不仅能够领略到吉林的锦绣河山、发展成就,也将对吉林未来的发展前景充满信心。

◇ **财产**　财产是对有形资产如房地产或金融资产如股票和债券的无形所有权。这些财产同样需要通过购买和出售的交换活动实现其市场价值,而交换正是市场营销的核心。如 2017 年记账式贴现国债发行结束后,根据财政部通知,本期债券于 2017 年 6 月 14 日起在证券交易所上市交易。

◇ **组织**　不仅企业组织广泛开展市场营销活动,政府机构、学校、博物馆、红十字会等非营利组织也通过营销管理手段来提升自己的公众形象。慈善基金会宣传慈善基金文化,让慈善意识深入社会公众,设计善款筹集主题活动,开发慈善义演、义卖、公益产品销售等慈善项目。联合国儿童基金会(UNICEF)是致力于保护和促进儿童权益的联合国机构,基金会所有资金都来自于自愿捐赠。2016 年,UNICEF 驻华办事处可支配资金中的 90% 用于在中国开展各项儿童援助行动,帮助困境儿童获得卫生保健、清洁饮用水以及高质量的教育,保护他们免受虐待、剥削、灾难和疾病的侵害。

◇ **信息** Wiener 认为,"信息就是信息,既不是物质也不是能量。信息是人与外界相互作用的过程中所交换的内容的名称。"互联网的发展及各种数据库的出现为我们获取信息提供了更加快捷的通道,而信息的价值也在市场交换过程中得以充分体现。塔塔资讯是中国最具价值的经济信息供应商。塔塔资讯与众多权威数据发布机构、行业协会、研究机构、财经媒体单位紧密合作,全面汇集、整合国内外经济领域的研究成果和经济信息于一体,旨在为关注中国及世界经济发展的研究人员了解宏观、区域、行业、企业、财经等领域的经济运行状态、结构变化、发展趋势及政策效应等提供最快、最准确且最具价值的经济信息。塔塔资讯数据库主要包括中国宏观经济数据库、中国区域经济数据库、中国金融数据库、对外贸易数据库、中国行业数据库、产品产量及销售数据库、中国产品价格数据库和世界经济数据库共八大经济数据库。

◇ **观念** 行为源于观念。观念反映了一种主张,或对某事物的看法及态度,其可以通过一定的推销手段或社交媒体传递给公众,在沟通交流中影响公众并最终得到他们的认可和支持。39 岁的中间派候选人埃马纽埃尔·马克龙赢得 2017 年法国大选,成为法国历史上最年轻的总统。让我们来看看马克龙在竞选中的政治主张是什么?在欧洲问题上,马克龙建议德国大选结束后,在全欧发起民主协商,最后达成一个被全体成员国接受的条约。在移民问题上,马克龙承诺把审查难民身份时限及上诉缩短至半年。他还承诺一个企业雇主招聘一个困难地区的年轻人可获得 1.5 万欧元奖金,持续 3 年。在税收方面,马克龙预计在 3 年内免除 80% 家庭的住房税,把富人税转化为房产税。此外,马克龙主张到 2025 年法国将减少 50% 的核能。

尽管广义上的产品具有多样化的形式,但企业不论经营什么产品都需要具有产品整体的概念,即从核心产品、形式产品到附加产品。营销人员在设计开发产品时,首先要清楚顾客购买产品的根本目的是什么,这也是产品能够带给顾客的根本利益。顾客购买护肤品的根本目的是在对年轻、美丽追求的同时增加自信。其次要解决实现核心利益的产品形式,包括产品的特色、款式设计、质量水平、品牌名称和包装,这些元素整合后将向顾客传递出产品所具有的核心价值。最后还要考虑产品能够提供的额外利益和潜在价值。每一位顾客在心理上都希望自己所购买的产品优于竞争对手的产品,能够有一种意想不到的效果,也愿意相信其将来发展得更好进而创造更高的顾客价值。

服务产品营销

一个产品可以在纯粹的有形商品和纯粹的服务间定位。相对于实物产品,服务产品的最大特点就是它的无形性。菲利普·科特勒曾这样描述:"服务是一方能够向另一方提供的基本上是无形的任何行为或利益,并且不导致任何所有权的产生。它的生产可能与某种物质产品相联系,也可能毫无联系。"

◇ **服务产品的特征**　服务产品具有无形性、易变性、不可分性和易消失性四个特征。无形性指顾客在购买之前看不到、尝不到、摸不到、闻不到,无法借助感官来判断服务质量的优劣。为了降低不确定性,顾客需要通过可视的如服务地点、服务人员、服务设备等来了解此项服务的质量水平,因此,一个有效的办法就是让服务变得有形,借助有形的展示向顾客系统地、诚实地展示其提供服务的能力。

服务的易变性强调服务的质量取决于提供服务的人员、时间、地点和方式,这意味着相同的服务项目可能因服务提供的人员或服务提供的地点、时间、方式的改变而产生不一样的结果,顾客或因满意而再次光顾也会因不满进而传播负面信息,并且不再接受企业的服务。为了降低顾客选择服务的风险,服务企业可以采取三种措施来提升质量控制能力:投资构建优秀的雇用和培训程序、规范组织内部的服务实施流程、监控顾客满意度。如丽嘉酒店把自己定位成为一个提供难忘体验的地方,让你充满活力,让快乐悄悄地融入你的生活,甚至满足客人们没有表述出来的愿望和需要。

不同于实物产品生产与销售相分离,服务不可能从提供者那里分割开来。如果此项服务需要服务人员现场提供,那么,在服务人员和服务设备之外,服务人员与顾客的互动交流也会影响到服务的效果。由于顾客经常参与到服务过程中,服务提供者与顾客之间的交互就成为服务营销的一种独有特征。而互联网技术的发展也使得越来越多的服务可以通过在线方式完成,如很多顾客无须去银行而选择电子银行来办理更多金融业务。

实物产品可以被储存以备将来出售或使用,服务的易消失性特征决定了服务的生产规模更加难以控制。春运期间交通压力非常大,运输服务部门为了保证旅客的出行需要采取多种措施,在增加必要运力的同时通过调配运输工具、增加班次、延长服务时间等方式来满足旅客对交通服务的需要。所以,只有在适当的时间、适当的地点,适当的服务以适当的价格提供给适当的顾客,才能获得最大的收益。如针对顾客的差别定价、互补性服务及预订系统,以及针对服务提供方采取的兼职人员、鼓励顾客参与及共享服务就能够比较好地解决服务需求与供应之间的匹配问题。

◇ **服务质量感知要素**　通常过去的经验、口碑和广告形成了顾客对服务的期望,如果感知服务低于期望的服务,顾客就会感到失望。营销人员总是努力为他们的顾客提供额外的服务,以高于顾客期望的服务价值来满足顾客的需要。研究人员确定了五个服务质量的感知要素,它们依次如下:

(1)可靠性:可靠而准确地履行承诺并进行服务的能力;

(2)响应性:帮助顾客并提供及时服务的意愿;

(3)保障性:员工的知识、礼仪以及传递信任和自信的能力;

(4)移情性:提供关照并且个性化地关注顾客;

(5)有形性:实体设施、设备、人员和沟通工具的外观等。

依据这五个服务质量感知要素,研究人员进一步开发了涵盖 22 个测量项目的服务质量测量模型 SERVQUAL(见表 4-1)。与此同时,研究人员也注意到在服务提供的实际过程中存在着一个容忍范围,就是说在这个范围内的顾客服务感知是满意的,他们愿意接受服务并且相信企业有能力提供服务的最低水平。之后的研究进一步扩展了原有模型,服务质量的动态过程模型认为顾客对服务质量的感知和期望会随着时间的推移而发生变化。但是有一点是明确的,那就是对服务的期望和实际获得的服务感知共同决定了服务的满意度。

随着公共事业、医疗保健、金融和保险等服务项目的不断推出,顾客也更加关注对服务的感知经济利益与经济成本的比较。也就是说,我们需要考虑在支付一定服务成本的情形下,是否可以充分享用所购买的服务。另外,在服务消费中,顾客越来越看重享用服务的自主性和便利性。自助服务技术在降低成本的同时也使服务更准确、更方便、更快捷,而各种手机应用软件的发展更使得顾客能够通过自助平台随时随地实现自我服务。如"买单吧"APP 是交通银行为其信用卡持卡人开发的一款官方应用程序,能够提供交行活动资讯、账务通知、生活优惠、网络办卡等业务服务。"买单吧"以支付和生活为定位,将碎片化优惠资源、服务有效整合,用以满足顾客关注的吃、喝、玩、乐等生活消费、信贷与理财等金融需求。

知识分享

表 4 – 1   SERVQUAL 模型的属性指标

可靠性	提供所承诺的服务	移情性	给予顾客特别的关注
	处理顾客服务问题时诚恳可靠		员工对顾客关心
	初次提供服务的正确性		将顾客的最大利益放在心上
	在承诺的时间提供服务		了解顾客需要的员工
	保持无差错的记录		方便的营业时间
响应性	员工具有回答顾客问题的知识	有形性	现代化的设备
	让顾客知道自己将在何时获得服务		有视觉吸引力的设施
	向顾客提供快速而及时的服务		有着整洁职业外表的员工
	帮助顾客的意愿		有视觉吸引力的、与服务有关的材料
	随时准备响应顾客的要求		
保障性	向顾客传递信心的员工		
	使顾客对交易放心		
	始终保持礼貌的员工		

资料来源:菲利普·科特勒,凯文·莱恩·凯勒.营销管理[M].何佳讯,于洪彦,牛永革,等译.上海:格致出版社,2016

新产品开发

产品市场生命周期给企业带来的最大挑战就是所有产品最终都会走向衰退,而科学技术的迅速发展和顾客需求的不断变化则加速了产品市场生命周期的缩短,为此,企业必须持续开发新产品替代过时产品以不被市场所淘汰。每年我们都可以看到有大量新产品上市,但真正能够被市场所接受并存活下来的并不多,可见新产品成功的概率是非常低的。总结新产品失败的原因可以发现,不仅仅是产品本身的问题,还有其他一些问题,例如:构思不错但对市场规模的估计过高;定位错误、定价过高,没有开展有效的营销活动;主管无视不利的市场调研结果而强力推行他喜爱的产品构思;产品的开发成本高于预算;竞争对手的激烈反击超出了事先估计。因此,成功的新产品开发必须系统考虑产品创意、概念发展、营销策略、商业分析、产品开发、市场测试、商品化等问题。我们看到,那些富有高度创新性的企业对创新和冒险持肯定态度,能够识别并迅速抓住新的市场机会并使创新过程惯例化。

　　世界范围的新产品。这是所有新产品中的一小部分。它们是同类产品中的领先者,并且开拓了一个新市场。它们通常是在技术上有重大发展的发明,或者以另一种方式运用现有技术推出前所未有的新设计。

　　新产品线。虽然对市场来说不是新产品,但对某些特定的公司来说是新的。它们为公司提供了首次进入一个竞争市场的机会。

　　现有产品线的新增功能。公司在该市场已有产品线,这种新产品明显地不同于目前供应的产品,但并没有独特到成为一种新产品线。

　　对现有产品的改进和修改。这些新产品在公司的产品线中是现有产品的替代物。这类新产品在新产品中占有相当大的比例。

　　降低成本。在降低成本的同时,可以提供功能相似的产品的能力意味着巨大的附加价值。毫无疑问,通常是这类新产品为公司带来最大的利润。改进的制造工序和不同的原材料的使用是关键因素。

　　资料来源:保罗·特罗特.创新管理和新产品开发[M].吴东,译.北京:中国人民大学出版社,2005

　　◇ **产品线和产品组合**　企业提供给目标市场的所有产品可以用产品组合来表示。一个产品组合包括多条产品线,它是一组功能类似并通过同类渠道销售给同一顾客群体,或处于特定价格范围内的产品。产品组合特征可以通过四个维度即产品组合的宽度、长度、深度和关联度来体现。产品组合的宽度反映了企业具有多少条不同的产品线,宽度越大表明企业涉及的服务领域越广。基于现代生活解决方案的新思想,海尔积极拓展业务新领域,从家居、家电、饮食到旅行运动、空气净化、环境监测等,以创新独到的方式全面优化生活和环境质量,引领现代生活方式新潮流。产品组合的长度是指产品组合中全部产品线上产品项目的总数,长度体现了企业对目标市场的覆盖程度。如联想旗下 ThinkPad 品牌的产品系列分别有 SL 系列、Edge 系列、T 系列、X 系列、W 系列和 L 系列。产品组合的深度指的是产品线中每一产品所提供的型号数量。例如,联想的 X 系列轻薄便携且颜色多样,提供 11.6 英寸、12.1 英寸、13.3 英寸三种规格并有黑、白、红三种颜色,那么 X 系列的深度就是 9。产品组合的关联度体现了不同的产品线在最终用途、生产要求、分销渠道或其他方面的关联程度。由于宝洁的产品都是消费品,并且通过相同的分销渠道销售,就这一点上是有较高关联度的,但对顾客来讲产品功能存在差异,所以在最终用途的匹配度上关联度较低。

　　产品组合的四个维度使得企业能够从不同的路径开发新业务。企业可以通过增加新的产品线来拓宽自己的服务领域,也可以在每一条产品线中增加产品项目以延长产品线,或者补充每一产品的型号数量增加产品组合的深度以达到进一步细化市场。最后,企业可以考虑提升或弱化产品的关联度,这取决于企业是希望在少数领域还是多个领域确立强有力的市场地位。

◇ **新产品开发路径**　让我们来看这样一个情景:如果市场上出现了一个竞争品牌产品,企业采用降价的策略去应对,那么传递给现有顾客的信息就是企业这么多年一直在多收他们的钱,在给企业声誉带来负面影响的同时也承认了竞争对手产品的质量与自己是等同的。所以,面对市场上出现的竞争对手产品,比简单降价更有效的方式是开发具有竞争力的新产品。营销人员在选择新产品开发项目时可以从产品组合的维度考虑,以现有产品为基础寻求新产品开发的企业机会和市场机会,在满足顾客需要的同时也帮助企业获得更大收益。

产品线延伸指企业面对竞争品牌产品时,采用向上延伸、向下延伸或双向延伸来开发新产品。向上延伸推出比企业原有产品质量略优且价格也略高的新产品,向下延伸则推出另一款与原有产品质量相同或稍显简单的产品,这款产品的价格可以降低或保持不变。产品线延伸的新产品开发路径通过对现有市场的重新定义来吸引不同细分目标市场顾客,使企业能够充分利用其已建立的品牌优势向顾客传递更高的感知价值,此时顾客也愿意以新的价格购买优势品牌的原有产品或以更高价格购买企业的新产品。采用产品线延伸策略要求企业评估三个方面的能力:开发低价格新产品的成本领先能力、开发高价格新产品的技术创新能力以及新产品开发的市场快速反应能力。对于重新定义的不同细分市场,新产品的开发必须以顾客价值创造为核心。经济价值强调成本更低、效率更高,功能价值意味着产品具有更多、更强的应用,而心理价值则是品牌形象能够带给顾客的情感联系。企业应选择价值维度最强的方向进行延伸拓展,努力将现有顾客向价值链上方移动,由此在创造更高顾客价值的同时企业也将获得更高回报。

产品线补充是在现有的产品线范围内增加更多的产品项目,即增加产品组合的深度。企业选择此种新产品开发路径的原因主要如下:获取额外的利润、满足因产品线内产品不全而损失销售额的经销商要求、充分利用剩余生产能力、成为产品线完备的领导型企业、竞争上的防卫需要等。无论增加新产品的理由是什么,在采取这种行动时必须评估三个问题:新产品与现有产品间是相互替代、相互补充还是其他关系?企业是否有足够的资源来导入和维持这一新产品?新产品是否具有可行的市场,顾客是否愿意和有能力购买将决定市场是否存在?产品线补充如果导致自我蚕食或顾客对品牌的混淆,那么补充就过度了。一般情况下,如果对以下这几个问题的回答是"很小"或"不",那么补充的新产品就不应该去开发——新产品未来的销售潜力如何?对产品组合总体获利能力的贡献有多大？对产品组合中其他产品的销售有多大贡献？通过补充新产品企业可以获得多少回报？对分销渠道成员和购买者会有什么影响？因此，补充的产品必须是能够满足市场的需求，而不应该是简单地引入以满足企业的内部需求。

除了垂直方向的产品线延伸和补充，企业还可以选择水平方向的新业务拓展路径。如果在现有业务领域外企业发现有更好的市场机会，同时自己又具有获取此机会的资源条件和关键技术，则可以通过扩充产品线以增加产品组合宽度进入新的市场领域。另外，从提升品牌产品的市场声誉考虑，可以采用整合产品线的方式在产品的最终用途、生产条件或分销渠道等方面进一步提升产品组合的关联度。

制定价格策略

提到价格，我们首先就会想到附着于产品上的数字标签，并由此来判断这款产品的价位是高还是低或比较合适。因此，狭义上讲，价格是一种产品或服务的标价；但从广义上，价格是购买者为了换取获得和使用产品或服务的利益而支付的价值，即价格应是价值的具体体现。企业的定价决策很大程度上决定了组织的顾客和竞争者的类型。对于营销策略，定价既是一门艺术，更是一项高风险的赌博，定价决策方面的任何一个错误都将会导致其他营销组合活动完全失败。

资料阅读

不做推销，不打广告，没有促销，坐在家门口，经销商就来抢货。不上市、不贷款、不融资。别的企业到处找贷款、拉融资、想上市，老干妈却多次拒绝政府的融资建议。现款现货，经销商要先打款才发货，现金流充足得令人结舌。老干妈口味的各种特色菜遍布大小餐饮饭店。

价格往往决定着品牌和目标人群的定位。价格变动，不只是企业利润和销量的变化，更是品牌定位的转移，尤其是企业具有领先市场份额的情况下，提价往往是给对手让出价格空间。老干妈深得其要领。

以老干妈的主打产品风味豆豉和鸡油辣椒为例，其主要规格为 210 g 和 280 g，其中 210 g 规格锁定 8 元左右价位，280 g 占据 9 元左右价位（不同终端价格有一定差别），其他主要产品根据规格不同，大多也集中在 7～10 元的主流消费区间。基于老干妈的强势品牌力，其他品牌只能选择价格避让，比如，李锦记 340 g 风味豆豉酱定价在 19 元左右，小康牛肉酱 175 g 定价在 8 元左右，要么总价高，要么性价比低，都难与老干妈抗衡。

这就造成了整个调味酱行业定价难，低于老干妈没利润，高过老干妈没市场。老干妈的价格一直非常稳定，坚守价格定位，价格涨幅微乎其微，不给对手可乘之机。

在老干妈本身强势的品牌力下,竞争对手们要么为了低价导致低质,要么放弃低端做高端,而佐餐酱品类又很难支撑高端产品。

资料来源:亿邦动力·领袖,变革家,2016 年 10 月 8 日

定价决策的关键因素

影响企业定价的因素既有外部因素也有内部因素,营销人员需要在研究企业营销战略目标的基础上,综合分析其他影响定价决策的相关因素。战略目标决定了价格的走向,如市场份额最大化的目标会选择走低价格路线,而最大化利润目标则更多选择走高价格路线。战略目标一旦确定,接下来就要进一步分析具体的影响因素。

◇ **成本**　成本对于价格的确定具有重要作用,它是企业制定产品价格的下限。企业希望所制定的价格在补充生产和销售成本的同时,能够为企业带来满意的利润。产品成本包括固定成本和变动成本,固定成本如管理费、租金等在一定时期内不随产量的变动而变动,变动成本如原材料费、库存费、运输费等随产量的变动而变动,每单位产品的变动成本是固定不变的。产品价格与变动成本之差为边际收益,即补偿变动成本后剩余的价格部分。因此,如果产品价格低于变动成本,边际收益就是负的,显然对企业是不利的。只有在面临产能过剩、激烈的竞争或顾客需求发生变化的情况,企业可以考虑所定价格能够补偿变动成本和部分固定成本即可,此时,生存是企业追求的主要目标。

成本导向下的定价方法主要有成本加成定价法和目标利润定价法。成本加成定价法是最基本也是最简单的一种定价方法,即在产品成本上增加一个标准的毛利率来确定价格。除使用简单,这种方法的好处在于相对于市场需求,销售者更关心成本;当全行业的企业使用这种定价方法时,价格大致相似,价格竞争也会因此被弱化。但由于忽略了市场需求和竞争对手的影响,此种方法有时候会导致定价偏离正常标准。如销售状况良好时,企业会随着平均成本的降低而降低价格,导致可获利润被损失;当销售状况不景气时,企业反而提高价格以弥补平均成本的上升,结果库存压力进一步加大。另一种以成本为基础的定价方法是目标利润定价法,其运用盈亏平衡原理制定能够实现企业目标利润的价格。该方法的主要不足在于没有考虑价格和需求之间的关系,以及预期销售额在不同价格水平下实现的可能性。

◇ **顾客感知价值**　顾客对产品的价值感知不仅与产品功能有关,同时涉及服务水平、品牌名称、企业声誉、竞争产品以及其他一些因素。当顾客购买某产品时,他们需要通过支付一定的费用来获取拥有或享用此产品的权力价值,这时

企业要做的就是兑现承诺的价值,并通过广告、销售人员及社交媒体等努力传递使顾客感知到所提供的价值。感知价值定价的关键在于准确捕捉顾客心中的感知价值,感知价值高低直接影响顾客对产品的价格敏感度,后者受企业营销活动的影响会发生变化。通常在以下几种情境,顾客的价格敏感度会比较低。

- 产品具有比竞争对手更多的独特价值,顾客对价格越不敏感;
- 顾客对替代品很少了解,或难以对替代品的质量进行比较,对价格越不敏感;
- 购买产品的支出在顾客收入中所占比重越小,或此项开支在最终产品的成本费用中所占比例越低,对价格的敏感性越低;
- 如果所购产品与以前购买的产品合在一起使用,对价格的敏感度会降低;
- 顾客认为产品质量更优、声望更高或是更高档,对价格的敏感度就越低;
- 如所购产品无法进行储存,顾客对价格的敏感性会降低。

相对于成本导向定价,顾客感知价值定价需要解决好三个问题——产品价值创造、顾客价值评估、产品价值获取。产品性能、交付渠道、质量保修及供应商的可信度等都可以成为价值创造的基础,营销人员应在确保顾客正确评估产品或服务的价值下,制定供需双方都能够获取满意价值的一个价格。如果营销人员知道顾客需要什么,就知道他们为什么需要,从而知道如何创造更多的价值去满足顾客的需求。最重要的是,你知道如何定价以获取这一目标市场。

知识分享

　　一般企业家们可以使用两种方法来传达自己商品所具有的价值。他们要么可以使用最高级词汇,比如用"No.1、世界级、最高荣誉、最好的"来形容他们的产品;要么会把信息中"夸张"的成分去掉,因为他们相信自己的产品自己会说话。两种方法,无论哪一种都不是很理想。买家们可能会轻视公司对于自己产品的宣传。宣传得越好,买家们反而会越怀疑。相反地,一个谦虚的营销信息会使买家们想:既然厂家自己都不觉得这个产品怎么样,我为什么要对它感兴趣。

　　很多公司在设计他们的营销信息时都犯了第三种错误——他们谈论的是自己做了什么,而不是顾客们能得到什么。听起来熟悉吗?"我们拥有独一无二的工序,可以提高生产量及生产率,从而节约你的资金。"那些是你真正想要的东西吗?当然不是!你想要把自己的对手打得落花流水。你希望自己生产出来的产品可以打败他们,把他们的顾客全部吸引过来。那些广告说"最一流的设备、量身打造顾客计划满足你的需求、训练有素的员工引导你进行整个计划"的健身俱乐部又怎样呢?你想要一流设备吗?你想要顾客计划吗?你想要训练有素的员工指导你吗?我很怀疑。你可能想要减掉20磅,这样看上去会更年轻,自己也感觉更健康。问题是"你应该怎样避免这些错误?"其关键存在于你所使用的语言中,这种语言必须:以顾客为中心、以结果为导向、让人感觉兴奋、对于所提供的价值恰如其分。

资料来源:戴尔·富特文格勒.向定价要利润[M].白岚,译.北京:经济科学出版社,2012

◇ **竞争者** 在顾客感知价值价格上线和成本价格下线之间,企业需要考虑竞争者对定价的影响。通常在产品生命周期的早期成长阶段,由于需求强劲和竞争对手较少,价格相对较高。但随着顾客对产品的认识和新的竞争者的加入,价格压力随之增大。当产品逐渐进入生命周期的成熟阶段时,企业之间为了销售更多的产品或从竞争对手那里夺取顾客使得价格竞争更加激烈,而较低的市场进入成本和较高的市场退出成本则进一步加剧了事态的发展。最终的结果将是弱势企业难以维系退出市场,同时优势企业在竞争中得以成长更好发展。

竞争导向的定价是依据竞争者的战略目标、产品价格、成本及销售量来确定价格,但企业不应过度关注竞争对手的价格,正确的做法应当是努力在单位价格产品上提供比竞争对手更高的价值,通过提供卓越的产品和服务而不是优越的价格击败对手。在竞争市场环境下,没有哪一家企业能够游离于竞争之外,营销人员经常需要就降价或提价问题进行决策。如针对竞争对手的降价,如果品牌能够提供比竞争产品更高的功能和心理收益,那么竞争对手的降价就不会对企业产生什么影响。有时企业的主动降价是受以更低的成本来抢占市场的愿望的驱动,而成本提高或需求过度又会促使企业提高价格。

不论竞争对手是降价还是提价,分析其改变价格的主要原因及真实目的是非常必要的。是设法增加市场份额还是提高利润?是转变定位的战略性调整还是短期的战术行为?有一点需要注意,对于任何一个目标市场,企业必须保证自己的价格位于主要竞争对手的价格范围之内,通过创建品牌权益使得不同品牌产品的比较变得更加困难。

除以上三个主要的影响因素,分销渠道的选择也会对价格制定产生影响。分销渠道主要有直接渠道和间接渠道两种形式。如果企业选择直接分销方式,省略了中间商环节但因为需要承担原中间商的功能而导致成本增加;若选择间接分销方式,则必须在顾客接受的价格条件下考虑与中间商分享销售收益。另外,企业可能同时选择直接与间接的分销方式,这时就需要研究不同渠道中的定价问题,以确保价格对不同渠道中的顾客有一定的一致性。

新产品定价策略

对于首次进入市场的新产品,有两种价格制定导向:市场渗透定价和市场撇脂定价。市场渗透定价希望通过较低的价格迅速吸引大量购买者,较高的销售量可以降低成本使企业能够进一步降低价格。采取这种定价的条件是价格敏感度高,成本随着销售量的增加而下降,低价能够有效阻止竞争者进入。市场撇脂定价选择较高价格推出新产品以实现利润最大化。如果存在以下条件,可以考虑选择此种定价方式:产品的质量和形象能够支撑高价位,有足够的购买者且需求较大,小批量生产的单位成本不能抵销高价位带来的利润,竞争对手不能轻易进入市场。如果新产品属于产品组合的一部分,这时营销人员就需要考虑一个组合定价,使整个产品组合的利润最大化。

资料阅读

　　当 1983 年唐纳德·特朗普想到在纽约第 56 街和第五大道交界处建一栋 58 层的摩天大楼时,他就决定将整栋楼定位成奢侈品的港湾:楼下是奢侈品牌的商店,楼上是豪华公寓。

　　为了给整套综合设施赋予声望,特朗普先生着实冒了一番风险。他尝试着以远高于市场价格的价格出售他的豪华公寓:一间四居室公寓定价为 500 万美元,这在 1983 年可是一笔天价巨款。特朗普先生的理论是:最高端市场的消费者并不会特别在意价格,却很在意自己拥有多大的公司和多高的社会地位。他赌这惊人的高价会引起那些顶级富豪们的注意,这样的公寓就如同天鹅绒做成的绳子般罕见,拥有它则会更加彰显自己的身份,因为这些价格已经远远超越了商品价值衡量的意义。事实上,对于这一阶层的人来说,过多支付也有助于筛选掉不够格的人,从而进一步形成一个特别的权贵氛围。

　　特朗普先生赢了。美国著名钢琴演奏家列勃拉斯第一个买下了楼里的一套公寓,紧随其后的是美国著名喜剧演员约翰尼·卡森。与明星和富豪们为邻很快成为上流社会争先追逐的目标。特朗普先生的计划成功了,而"Trump"也因此成了房地产行业里的闪亮品牌!

　　资料来源:贾格莫汉·拉古,张忠.让顾客自己来定价[M].刘媛媛,译.北京:中国人民大学出版社,2012

◇ **产品线定价**　企业通常会开发多款产品而非单一产品。产品线定价要求营销人员针对同一产品线中的不同产品确定相互间的价格差别。价格差别不仅需要考虑不同产品间的成本差别,更要关注顾客对不同产品的感知价值以及竞争对手产品的价格。一般情况下,同一产品线中如果两个成功产品的价格差别比较小,顾客通常会购买性能更先进的产品;如果价格差别比较大,顾客一般会购买不怎么先进的那一款产品。

◇ **备选产品定价**　为了更好满足顾客的需要或提供整体解决方案,企业有时会开发与主体产品配套的备选产品或附件。备选产品定价要求营销人员在主体产品和备选或附件产品之间进行选择,以确定哪些产品属于基本的主体产品价格范围,哪些可以作为备选产品单独定价。为了刺激顾客购买或促进部分备选产品的销售,营销人员经常会将主体和备选产品整合,制定一个相对优惠的"套餐价"。在汽车销售市场普遍采用这种定价方法,销售商提供了丰富的备选产品如倒车雷达、导航系统、内饰、播放系统等供顾客选择或组合。

◇ **附属产品定价** 如果企业开发的产品必须与一个主体产品同时使用,这时就需要考虑附属产品的定价问题,如剃须刀的刀片、打印机的墨盒等。附属产品定价的做法是将主体产品的价格定得较低以刺激顾客购买,而通过较高价格的附属产品获取更多收益。但营销人员也应注意不可将附属产品价格定得过高,否则顾客在抱怨上当的同时也将放弃该品牌产品或转向竞争品牌产品,更糟糕的情境是有些顾客甚至会选择价格较低的假冒伪劣产品,由此影响了市场的良性发展。

◇ **产品组合定价** 如果不同产品线产品在使用上具有较高的关联性,如家电企业的电视、冰箱、洗衣机、空调、热水器、微波炉等,营销人员可以将多种家电产品整合后制定一个组合价格,或两机或三机或更多,以更优惠的"捆绑价"方式促进销售量的增加。产品组合定价的关键是制定一个足够低的组合价,这样才能够最大程度刺激顾客产生冲动,购买了本无计划或不可能购买的产品。

价格调整策略

在企业的营销活动过程中,营销人员需要针对不同的目标市场人群、地理区域、购买量或购买时间进行必要的价格调整,目的是通过一个综合了多因素的价格体系反映出所服务目标市场的顾客价值。

◇ **地理定价** 由于目标顾客所处地理位置不同而导致运输费用存在差异,这时营销人员需要在较高价格补偿运费和较低价格吸引顾客之间进行选择。除由顾客或企业完全承担运费外,企业还可以有其他几种定价选择。统一交货定价向所有顾客收取包括平均运费的统一价格,忽略送货地点差异;区域定价对于划分后的市场采取同区域同价格方式,近区域支付低价格,远区域则收取较高价格;基点定价以某一城市为基准点,运费根据顾客所在地与基准点城市间的距离计算,不考虑货物运输的实际距离。

◇ **折扣和折让定价** 针对顾客的更多或更早等购买行为,企业将给予顾客多种价格奖励方式。现金折扣是对于及早付款顾客的一种价格优惠,如 10 天内付款可享受 2% 的折扣;数量折扣是给予批量购买顾客的价格减让,如整箱或整捆购买可获 8 折优惠;功能折扣是因渠道成员分担了部分渠道功能而享受的价格优惠;季节折扣是对于购买非当季商品或服务的顾客提供的价格优惠。此外,为了鼓励经销商更多参与销售活动或补贴他们在开发顾客市场方面的付出,企业为参与方提供必要的额外折让。典型的方式如针对耐用品的以旧换新、经销商参与广告和销售活动的促销折让。

◎ **促销定价**　营销人员有时会暂时制定一个较低的价格来刺激顾客实施购买。特殊事件定价:选择某一特定时间制定特殊的价格以吸引更多的顾客,如周年庆回馈顾客活动;特殊顾客定价:专门针对特殊顾客群体提供优惠价格,如会员日特卖活动;现金返还:对于在特定时间段购买的顾客提供现金回扣,如商业银行对于周末信用卡消费的顾客给予5%的现金返还;低息贷款、终身维护可以吸引更多顾客购买以增加销售量。

◎ **差别定价**　在产品或服务的市场销售过程中,营销人员会针对不同的购买群体、不同的产品款式、不同的销售地点对供应物的基础价格进行调整。顾客细分市场定价:针对不同顾客群体制定不同价格,如旅游景点门票学生半价、70岁以上老人免费;产品形式定价:采取不同规格、包装的产品价格不同,但与其成本差异不成比例;地点定价:因产品或服务提供的地点不同而制定不同的价格,如瓶装水在酒店、超市或自动售货机的销售价格是不同的。

采用差别定价策略时必须满足以下条件:市场必须是可以细分的;子市场成员不能有机会重新以高价销售产品;竞争者不可能在同一子市场以更低的价格进行销售;市场细分的费用不能超过通过价格差别带来的收益;差别定价的做法不会引起消费者的不满;子市场定价必须符合法律。

设计和管理营销渠道

产品策略和价格策略解决了顾客价值创造的问题,接下来我们要讨论的是如何传递顾客价值。尽管有企业直接将所生产的产品或服务销售给最终顾客,但更多的情境是企业通过建立营销渠道将产品或服务推向市场。营销渠道的选择不仅决定了企业目标市场的可达性,而且影响其他营销策略实施的有效性。这是因为促销策略的有效性部分取决于渠道中间商销售、做广告等促销活动的能力和意愿,价格策略受中间商加成比例和折扣政策的影响,产品策略可能因中间商的品牌政策、存货和定制产品意愿、通过提供安装或维修服务增加产品价值的能力等因素的影响而执行受阻。如今,营销渠道的组织以及渠道的构成已经成为企业获取竞争优势和提高盈利能力的重要工具。

营销渠道及其功能

营销渠道也称分销渠道,是产品或服务被生产出来后转移所经过的路径,由参与产品或服务转移活动以被最终顾客购买和使用的所有组织构成。适当的营销渠道不仅表明企业了解顾客想购买什么,而且更理解顾客想如何购买。在营销渠道的定义中包含以下几层含义：①营销渠道不是一家企业在市场中开展营销活动，它是制造商、批发商及零售商等相互依存组织的协作系统，每个渠道成员都将依赖其他成员的活动完成自身的营销工作目标。②营销渠道反映的是一个过程而不是一个事件，即使销售工作结束，但企业与最终顾客的关系仍将继续，如终身维护、保养等服务。③营销渠道成员的共同目标是满足顾客的需要，只有最终顾客才能决定是否给渠道注入新的资金，促进整个渠道的运营并获取相应回报。

在市场营销活动过程中，营销渠道成员履行着一系列重要的功能，消除或缩小了供需双方产品或服务在数量、种类、时间、空间方面的差异，使产品从生产者转移到顾客的过程更加顺畅、高效。

◇ **信息** 收集和整理有关顾客、竞争者及营销环境中的其他影响者或影响力量的信息，并通过各种途径将信息传递给其他渠道成员，用于制定计划和帮助交易。

◇ **促销** 渠道成员开发有说服力的信息并以顾客乐于接受的、富有吸引力的形式传播给顾客。

◇ **接洽** 生产者或经营者寻找潜在购买者并与之进行联系，如接受或争取订单的活动。

◇ **匹配** 根据顾客的购买要求对产品在分类、分等、装配与包装上进行组合、搭配，以满足顾客的购买需要。

◇ **谈判** 供需双方就有关产品的价格及其他交易条件进行协商，本着互利互惠合作原则完成所有权或使用权的转移。

◇ **物流** 实体产品的运输和储存活动，通常由物流、仓储服务公司负责完成此项工作。

◇ **融资** 渠道成员为履行渠道功能或补偿渠道运行成本所进行的资金融通活动，这些资金将用于渠道成员之间的货款支付、组织的运转开支和劳动者工资。

◇ **风险承担** 渠道成员共同承担因市场波动、政治动乱、自然灾害等不确定因素给产品或服务转移带来的市场风险。

由于受市场营销环境各种因素的影响，渠道成员及其所承担的功能也会发生相应的变化。我们可以通过调整营销渠道结构取消或替代一些渠道成员，这些被取消的渠道成员所发挥的功能将随之上移或下移，由其他渠道成员继续承担相应功能。

知识分享

关于营销渠道，有以下几个基本假设：

第一，虽然营销渠道不排除产销直接见面的直销形式，但一般而言，一条营销渠道多由两个或更多地在商品流通过程中发挥必要功能的机构或个人组成,如制造商、销售代理和零售商。通过这些机构或个人的活动,产品才能顺利上市,从生产者流向最终顾客。

第二,渠道成员一般是在功能上专业化了的,如专业化制造商、批发商或零售商,所以不同层次的渠道成员之间相互依存。

第三,营销渠道成员之间存在一个或多个共同的目标,有共同的服务对象,希望通过专业化与合作提高自己的市场竞争能力,所以在渠道的不同层次上成员之间存在着最低限度的合作。否则,这条渠道不可能存在。

第四,营销渠道涉及的活动主要发生在不同的法人之间,是组织间关系而不是组织内关系,所以营销渠道的管理与控制要比一个企业内部的管理与控制困难和复杂得多。

资料来源:庄贵军.营销渠道管理[M].北京:北京大学出版社,2012

营销渠道设计

不同企业的营销渠道在渠道长度、宽度、密度和中间商类别上存在差异,渠道管理人员需要综合考虑这些因素进行渠道结构设计以识别主要的渠道选择。

◇ **分析顾客需求**　顾客通常会依据产品价格、产品种类、购物的便利程度以及自己购物的目标选择适当的营销渠道,所以营销人员设计营销渠道首先要了解的就是目标顾客希望从渠道中得到什么。具体表现为顾客希望就近购买还是愿意去更远的购物中心购买?他们选择现场购买还是通过电话、电视或网站购买?他们希望种类丰富的产品组合还是更看重专业化?他们是否需要如送货、信贷、维修、安装等服务支持?显然,运输速度快、产品种类更加齐全及服务支持多样化,意味着营销渠道的服务水平更高,由此也会产生更高的渠道成本。但大量折扣店的经营成功说明很多时候顾客为了节约支出更愿意接受较低价格水平的服务。因此,渠道成员需要结合自身的资源和能力在能够提供的服务水平和顾客愿意接受的服务价格之间寻找一个平衡点。

◇ **确定渠道目标**　营销人员需要综合考虑服务水平、服务成本以及服务能力设定渠道目标。一般情况下,我们可以根据不同顾客对服务水平的需求识别细分市场,确定不同细分市场可以采用的最佳渠道,以在满足顾客服务需求的前提下实现总体渠道成本最低。另外,营销渠道目标也会受到企业性质、产品特性、竞争对手和宏观环境因素的影响。体积庞大的产品要求采用运输距离最短、搬运次数最少的渠道设计,需要安装或维护服务的产品通常由企业或特许经销商负责销售,而价值越高的产品很少经中间商来销售。有时经济环境和法规限制要求营销人员选择能够适应环境要求的渠道目标。如经济发展疲软时,生产商希望通过更短的渠道将产品推向市场,取消那些会提高产品价格但非必要的支持服务。

◇ **识别渠道方案**　营销渠道目标确定后,我们需要就中间商的类型、中间商的数量及渠道成员的责任做出抉择。不同种类的中间商能够承担的工作存在差异,销售人员虽能处理复杂事物但费用较高,分销商可以创造销售额但企业失去了与顾客直接接触的机会。一般情况下,若目标市场由易于识别的买主构成、人员促销是企业沟通计划的主要手段、企业向目标市场提供多种产品以及企业具有足够的资源来满足那些通常由中间商提供的服务时,企业经常会直接与最终顾客接触而不通过中间商。如果企业的分销需要借助中间商来完成,那么我们需要就以下问题做出回答。通过哪种类型的中间商可以提供最佳目标市场覆盖?通过哪种类型的中间商可以最好地满足目标市场的购买需求?通过哪种类型的中间商最能获利?渠道中间商的数量决定了营销渠道的密度,而选择哪种密度的渠道取决于顾客的购买行为、制造商对中间商的控制、中间商希望的独占程度以及中间商能够做出的营销努力。为了完成所设定的渠道目标,各渠道成员需要就价格政策、销售条件、分销商的地区权力和双方的服务与责任进行协商,并以书面形式签订合作协议。

◇ **评估渠道方案**　当我们识别出几种可能的渠道方案后,可以依据经济性、可控性和适应性的标准进行方案评估,选择最能够满足企业经营目标的满意方案。经济性标准比较不同渠道选择在投资与收益上的差异,控制性标准强调企业对中间商享有的控制权力,而适应性标准要求渠道选择综合考虑在市场地位、营销要素、中间商及环境影响上的适应性。

相对于国内市场营销渠道,处于国际市场的营销人员在设计营销渠道时会面临更多复杂的问题。这是因为,产品分销的起点与终点、最终所有权的转移发生在不同国家,而国外市场中一个或多个中间商的介入必然增加渠道成本,增加物流的风险。所以,营销人员需要根据国际市场营销环境的特点调整渠道选择以适应目标国市场的需求。

营销渠道管理

企业完成渠道方案的制定后,渠道管理工作随之开始。营销渠道管理工作主要涉及渠道成员的选择、激励、评估及调整等。

◇ **选择渠道成员**　在企业的营销活动过程中,有的企业很容易就可以寻找到满意的中间商,但也有不少企业需要付出很大努力才能挑选出合适的中间商。不论容易或困难,我们在选择渠道成员时都需要对渠道成员的营业状况、产品组合、目标市场以及合作意愿进行评估。

如中间商的市场覆盖范围是否符合企业的要求？中间商的销售管理是否规范、高效？中间商经销的产品组合与企业的产品是同类产品还是竞争产品或互补产品？中间商的目标市场是否与企业的目标顾客相吻合？中间商是否具有较强的促销能力和售后服务能力？中间商是否愿意与企业合作开发市场？企业能否寻找到符合要求的渠道成员将直接影响营销渠道方案的有效实施。

◎ **激励渠道成员**　管理也是激励。作为企业的顾客，中间商同时扮演着买方与卖方的角色，中间商的努力工作对于企业开拓市场、提升顾客满意度具有重要影响。因此，我们需要了解中间商的需求，为他们量身打造激励方案，从提供适销对路的产品、合理分配利润，到促销支持、资金支持、共享市场情报等。在平等、互利、互惠原则基础上，通过合作实现最终顾客满意的共同目标以共享市场收益。

> **知识分享**
>
> 渠道权力（channel power）是指改变渠道成员行为的能力，从而使他们采取本不会采用的行为。制造商可以动用以下权力来鼓励合作：
>
> 强制权力（coercive power）：制造商威胁，如果中间商不合作，就收回资源或终止合作关系。这种权力可能很有效，但行使此权力会招致中间商的不满，从而使他们组织起反抗力量。
>
> 奖励权力（reward power）：中间商执行特定活动或功能时，制造商给予其额外奖励。行使奖励权力的效果通常比强制权力更好，但每当制造商想促成某一活动时，中间商可能都期待得到奖励。
>
> 法定权力（legitimate power）：制造商依据合同规定要求中间商实施某种行为。只要中间商将制造商视为合法领导者，法定权力就生效。
>
> 专家权力（expert power）：制造商拥有中间商看重的专门知识。不过，一旦中间商掌握了这项专门技术，专家权力就弱化了。制造商必须不断开发新的专业技术，只有这样，中间商才会想要继续合作。
>
> 借势权力（referent power）：制造商广受尊重，因而中间商以与制造商合作为荣。
>
> 强制权力和奖励权力客观上是可以观察到的；而法定权力、专家权力和借势权力则更为主观，依赖于各方识别并认可这些权力的能力和意愿。
>
> 资料来源：菲利普·科特勒，凯文·莱恩·凯勒.营销管理[M].何佳讯，于洪彦，牛永革，等译.上海：格致出版社，2016

◎ **化解渠道冲突**　在营销渠道运营过程中，若某一渠道成员的行为阻挠或干扰了其他成员实现自己的目标或有效运作；或者以损害另一渠道成员的利益为代价而获取稀缺资源，这时就会发生渠道成员冲突。在渠道成员的相互合作过程中，不可避免地会出现矛盾或冲突。比如由下游客户引起的策略性冲突：终端用户成长后希望与供应商直接联系、分销商规模变大并且改变了权利平衡、分销商开始从事生产等。有时则是因为上游供应商引起的策略性冲突,比如供应商为了更有效地到达终端用户而进行直销、供应商增加新的分销商以便更好地渗入市场。导致渠道冲突产生的原因主要有角色界定不清、资源稀缺、决策分歧、目标不一致和沟通障碍。因此,化解渠道冲突的有效途径就是基于共同目标和政策,明确渠道成员的权利和义务,建立长效沟通机制,合理使用渠道权力。

◇ **评估渠道成员**　根据渠道成员的责任目标,我们需要定期对渠道成员的工作业绩进行评估,目的是清楚渠道成员是否完成了所设定的目标,他们为此做出了怎样的努力,或没有完成目标的根本原因是什么。不论目标完成与否,都需要 360°全方位考察而不能仅以销售额高低就此判定渠道成员业绩的优劣。一般来讲,需要评估的内容包括销售额完成及销售增长、产品的销售范围及市场占有、向顾客交货的速度快慢、平均存货水平、对损坏或损失商品的处理、对顾客服务的表现及在促销及员工训练方面的合作程度。

◇ **调整渠道成员**　基于对渠道成员工作绩效的评价并结合未来市场发展的需要,我们有时会对渠道结构进行必要的调整。调整的方式可能是增加或减少渠道成员,也许因现有的渠道成员不能适应渠道发展而被新成员替代。由于大多数企业的营销渠道都涉及多方参与者,渠道的高效运转要求渠道有一个相对稳定的组织结构,因此在进行渠道调整决策时需要认真考虑以下问题:

调整能否改进目标市场覆盖的有效性?调整能否提高顾客的满意度?调整后企业应承担什么营销职能?企业是否具有从事新职能的资源?调整对其他渠道成员有何影响?调整对企业长期目标的达成有何影响?

互联网特别是移动互联网技术的发展使顾客的购买行为发生了巨大变化,购物的方便性、顾客生活方式的变化以及顾客新技术的适应能力为企业传递顾客价值带来了新的机遇和挑战。因此,对于营销渠道的调整也从线下延伸至线上,如何整合线上线下渠道资源应是渠道管理研究的关键问题。正如国际零售咨询企业副总裁弗吉尼亚·莫里斯认为,从总的趋势看,零售业正呈现出一些新的特点:一是千方百计吸引消费者参与和体验;二是由都市化、数字科技等驱动的便利正被重新定义;三是销售商为消费者量身定制产品和服务;四是零售商通过提供各种专业化的信息、咨询和教育等服务提升自身的权威性和可信度,并根据消费者需求提供各种创意服务。

资料阅读

埃森哲最新调查发现,未来计划更多通过实体店进行购物的消费者比例从一年前的 18% 攀升至 26%。调研发现四成中国消费者认为零售商最需要改进的购物渠道是网购;同时,表示实体店购物"非常方便/方便"的客户达到93%,远远高于网络和移动设备。调查最重要的发现之一就是在消费者中出现了"重返实体店"的迹象,这似乎与许多零售商的认识相去甚远。

技术变革固然重新定义了零售商与消费者的连接方式,然而并没有改变消费者需求的本质——价格合理、产品种类丰富,以及多年积累的信任感,这些仍是消费者经常光顾零售店的主要原因。因而,掌控着传统零售商未来命运的,不是涌现的新兴技术,更不是"凶猛"的互联网电商,而是瞬息万变的消费者需求。

尽管各渠道的购物体验均在改善,但从"方便性"来看,实体店仍然占有绝对优势。因此,在考虑实体店铺收缩与扩张的问题之外,零售商需要更大程度地在无缝零售环境下发挥实体店的作用。实体店与线上渠道绝不是非此即彼,而是互相支持的关系。二者的协同能使零售商有更多影响消费者、方便消费者的触点,进而满足消费者不间断购物的需求。如何重新定位实体店在多渠道中的角色,将会是零售商的机会之一。埃森哲的调查显示,中国消费者对移动购物的热情显著高于全球平均水平,42%的中国受访者表示未来计划增加移动购物,同时超过一半的中国消费者正在使用或者迫切期待零售商在店内可以向手机推送购物券、积分、实时促销等。因此,对零售商而言,移动服务也可以成为店内个性化营销的一大利器。

虽然电商的崛起和数字化的无形之手逼迫零售商们不得不自省并开启转型之路。然而,真正驱动零售商们变革的仍是不断变化的消费者的需求。如今的消费者已经成为不间断购物的顾客。中国零售商必须回归零售的本质——从深入洞察消费者的需求与变化着手,把消费者体验洞察和商品推销策略结合起来作为其核心竞争力,通过引人入胜的商品、精心设计的服务打造不可替代的购物体验,才能在新一轮无缝零售战略转型中赢得先机。

资料来源:赢商网 http://www.winshang.com,2014 年 10 月 25 日

开发营销传播组合

从"酒香不怕巷子深"到"酒香也怕巷子深"的转变,从传统媒体到新媒体的广泛采用,都彰显出在今天竞争激烈的市场环境下信息传播的重要性。营销传播是企业试图向顾客直接或间接地告知、劝说和提醒其销售的产品和品牌信息的方法,其目的不仅仅是吸引顾客,更要达到售后满意,从而提高重复购买的可能性。正所谓有好产品无好的营销传播,会卖不好、卖不大;而有好传播无好的产品,则卖不久且后续越卖越差。因此,只有将两者合二为一,才能取得最大的市场成功。

如何进行有效营销传播

信息传播过程始于信息的发送者，经过编码、媒介、解码到达接收者，期间还可能有来自各方的干扰因素。可见，信息传播的有效性不仅与信息发送者的权威性、专业性有关，也与信息编码的质量、媒介选择是否恰当有关，而信息接收者的特征将直接影响如何解码信息，并决定他们的反应及以什么行为反馈于信息的发送者。因此，为确保营销信息传播的有效性，我们需要识别目标受众、确定传播目标、设计传播内容、选择传播渠道。

◇ **识别目标受众** 哪类顾客最需要产品或服务的信息，他们是企业的现有顾客还是有待开发的潜在顾客，他们的购买角色是决策者还是影响者。不同类型的顾客对于信息的需求是不同的，这关系到对顾客说什么、怎么说、何时说及何地说。对于目标受众的识别，我们可以借助市场细分变量中的购买行为变量，如购买者状况、购买动机、购买程度、购买阶段及忠诚度，识别出有不同信息需求的购买群体，以帮助信息传播者有针对性地实施信息推送。

◇ **确定传播目标** 营销信息传播的基本目标具体有四种类型。告知型目标：向市场提供新产品或新服务信息，描述新产品的用途或能够提供的服务项目，目的是建立市场的初步需求。说服型目标：通过改变顾客对产品价值的感知来建立品牌偏好，强调有选择性的需求并鼓励顾客转向企业品牌产品。需要注意的是，有时企业会直接或间接地与竞争对手品牌产品进行对比，结果导致竞争对手的不满甚至引发广告战。如加多宝停用"全国销量领先的红罐凉茶改名为加多宝"的广告语，推出新的广告语"全国每卖 10 罐凉茶有 7 罐是加多宝"就曾引发王老吉的强烈不满。王老吉认为，以"加多宝"三个字命名的产品是一个新品牌，只在市场上销售了几个月而已，"每卖 10 罐凉茶中有 7 罐是加多宝"的说法很明显是在混淆概念。提醒型目标是为了继续保持顾客关系，提醒顾客将来可能需要此产品以实现重复购买。此类信息传播在产品的成熟阶段非常重要，它在维持顾客关系的基础上也使顾客记住了这种品牌产品。强化型目标则通过事实活动来证明顾客购买的正确性，努力培养顾客的忠诚度。

◇ **设计传播内容** 作为信息的接收者，顾客关注的焦点是对他们有益的信息，这种有益的表现是多样化的，也许是基本的生理需要，或者是尊重、社交的需要，甚至可以是地位、身份的需要。在设计营销信息传播内容时，我们需要识别出能够成为信息诉求的顾客利益，将产品或服务的优点以差异化的方式展示出来，并且争取品牌产品定位与顾客价值追求是一致的。例如华为 P10/P10 Plus 将徕卡镜头带入前置摄像头领域，重新定义了手机人像摄影，将手机摄影带到艺术摄影的新高度。

◇ **选择传播渠道**　随着互联网特别是移动互联网技术的发展,营销信息传播渠道也变得更加碎片化和冗余化,如何选择触及率高又收效好的信息传播渠道成为我们今天的一项艰难抉择。信息传播渠道分为人员传播渠道和非人员传播渠道。人员传播渠道如口碑营销,人员销售的有效性主要来自个性化的陈述和反馈;非人员传播渠道也称大众传播渠道,如广告、公共关系等。营销人员在选择传播渠道时应充分利用两种渠道的优势,通过渠道整合实现信息的有效传播。

知识分享

从战略角度思考口碑传播或蜂鸣式营销,其推动力起源于大约 50 年前伊莱修·卡茨与保罗·拉扎菲尔德的著作。在他们的《个人影响力》(*Personal Influence*)一书中,两位学者把客户和客户接触的影响力与广告及其他大众媒体的影响力进行了对比,并假定这个过程通过一种“两步流动”来操作。被称作有影响力的人的特定个体,在接受了信息后传递给与他接触过的其他人。有影响力的人之所以有影响力,是因为他们接触到的人群是不大面对和吸收信息的人。在两步流动模型的一个为人熟知的例子中,辉瑞公司让卡兹、赫伯特·门泽尔和詹姆斯·S.科尔曼识别出在医生中间口碑传播四环素知识的医学意见权威的特征。慢慢地,这种思想被补充为随着信息在一个群体中的“扩散”,客户从最初仅仅意识到信息发展为最终被劝说接受一种产品。

所形成的这种病毒营销策略主要是寻找有影响力的人或早期的接受者。然后由他们传递信息,这种信息最终将促使目标客户群体中的其他人去购买这种产品。病毒营销传播的内容不仅仅是信息,它是非常类似病毒的事物——占领并改变客户思想的事物。它被轻易地接受,就像信息本身一样,更多的是人与人接触过程的一个结果。

资料来源:道恩·亚科布奇,博比·卡尔德.凯洛格论整合营销[M].邱琼,刘辉铎,译.海口:海南出版社,2007

◇ **确定传播预算**　对于许多营销人员来讲,投入多少来做营销信息的传播是一项两难的选择。投入少可能达不到信息传播的目的,无法实现传播目标;可过多投入对于企业又是一项巨大开支,压力大难以承担。如今,不论是大企业还是中小企业,信息传播的力度都要比以往任何时候大,传播预算也在不断增加。企业在确定传播预算时,应根据信息传播的目标任务要求,既考虑自身的实际情况量力而行,同时兼顾竞争对手在信息传播上的投入,综合内外影响因素获得满意的信息覆盖和顾客反应。

整合信息传播渠道

广告、公共关系、人员销售以及数字营销传播在营销信息传播中扮演着不同的角色。整合信息传播渠道强调不同渠道方式的相互支持与配合,在相互促进中打造品牌知晓度,建立品牌忠诚度,影响品牌购买意愿。因此,针对不同的营销信息传播目标,我们需要解决的问题是应突出使用哪种信息传播渠道,哪些渠道方式为辅助渠道,如何将传播渠道组合起来向目标市场传递信息,资源以何种方式在各种渠道活动之间进行分配,以及如何评估渠道整合的有效性并对其进行控制。

◇ **广告**　在《简明不列颠百科全书》中对广告有如此描述:广告是传递信息的一种方式,其目的在于推销商品、劳务,影响舆论,博得政治支持,推进一种事业,或引起刊登广告者所希望的其他反应。广告的信息通过各种宣传工具,其中包括报纸、杂志、电视、广播、张贴广告及直接邮寄等,传递给它所想要吸引的观众或听众。广告不同于其他传递信息形式,它必须由登广告者付给传播信息的媒介一定的报酬。从以上对广告的描述中我们可以发现广告具有告知、劝说、提示、增值、促进等多项功能,这也说明广告在信息传播中扮演着重要角色。通常营销人员需要根据目标市场的特点决定是否采用广告这种工具传递营销信息。当目标市场规模庞大且具体的目标成员又不确定时,广告就是一个很好的传递品牌信息的手段。相反,如果目标市场只是一个小众市场,那么人员沟通工具则更为有效。另外,品牌的信息价值也是决定是否采用广告的一个重要因素。如果一个品牌能够创造出比自身或竞争者现有产品更先进的东西时,信息价值就产生了。如 iPod 的广告信息价值是这种产品能够给消费者提供一种获取和随身携带音乐的新方式。当营销人员决定采用广告传递营销信息时,必须就以下问题进行决策:

我们想影响谁?我们想实现什么目标?目标受众应该获得什么信息?选择何种媒体沟通信息?广告预算是多少?如何测试并衡量广告效果?

尽管广告媒介不断细分,但线上广告渠道的丰富并未削弱传统线下付费广告渠道的信赖度。电视、报纸和杂志依旧是最受信赖的广告渠道。66%的中国受访者对电视广告完全信赖或部分信赖,杂志和报纸略低,信赖度达到61%和59%。数字广告能够带来许多好处,例如精准的广告投放,在投放过程中的实时改善以及更多的创意选择,并且受众对于数字与传统广告媒介的信赖度都很高。因此,营销人员应该考虑整合线上、线下广告渠道以获得更好的传播效果。

◇ **公共关系**　企业内外总是存在着对企业实现目标的能力有实际或潜在兴趣的各类公众。这就需要企业利用各种传播手段,有意识地与内外公众进行信息的双向交流,塑造良好的企业形象,建立稳定融洽的顾客关系,以有效促进营销目标实现。多数企业都设有公共关系部门,专门负责监控公众的态度,并传播信息来建立商誉。特别是当企业遭遇突发事件或重大事故,其正常生产经营活动受到影响,原有的良好企业形象受到破坏时,如何从公共关系的角度来应对和处理,降低负面事件对企业形象造成的不良影响就显得尤为重要。

公共关系部门的职能主要包括向新闻界呈现企业的新闻和信息,为特定产品举办各种活动,通过内外部信息传播促进对企业了解,游说立法者和政府官员促进或否决法律和法规,就公共议题、企业定位和形象向管理层提出建议。随着大众广告力量的削弱,营销决策人员开始使用营销公共关系来为新产品和成熟产品建立知晓度和品牌知识。公共关系通常能以较低的成本在公众知名度上产生极大影响力,而这往往是广告所不能比拟的。如果企业的好人好事被多家媒体报道,那么这种宣传的可信度比广告要高得多。当然,使用公共关系工具时必须整合广告和其他营销传播工具才能发挥其作用。

资料阅读

传统猫粮品牌 Meow Mix 决定追根溯源并重新使用它最具识别力的品牌元素之一,即一段伴随着不断重复的猫叫声的广告歌曲,这段广告歌曲已经停播了 16 年。营销者挑选了歌手和电视真人教练库洛·格林以及他的波斯猫 Purrfect 来出演广告。格林和 Purrfect 对唱这首广告歌的混音版本的视频在各个经销店中都获得了关注。新闻报道得到了 1200 个媒体投放和 5.35 亿次媒体曝光,包括美联社和电视娱乐新闻节目《走进好莱坞》的独家报道。该品牌的网站流量上涨了 150%,而且超过 10000 名粉丝下载了这首歌或它的手机铃声。每下载一次,Meow Mix 就向洛杉矶当地的一家宠物慈善机构捐赠 1 英镑。

资料来源:菲利普·科特勒,凯文·莱恩·凯勒.营销管理[M].何佳讯,于洪彦,牛永革,等译.上海:格致出版社,2016

◎ **人员销售** 相对于广告等非人员式的信息传播,人员销售是在销售人员和顾客之间建立双向的人际交流和沟通。销售人员通过详细了解顾客的问题,适时调整营销方案以满足不同顾客的需要。因此,人员销售在面对复杂的销售情况时往往比广告更为有效。优秀的销售人员是企业的一笔宝贵财富,他们对顾客关系有重大影响并直接作用于企业的收入和市场份额。对于某些顾客来讲,销售人员就等同于企业。

成功构建与顾客沟通的桥梁是一项复杂而困难的任务,在这个过程中销售人员需要完成多项不同的工作:发现、联系和挖掘潜在的顾客;了解顾客需要,提出解决方案,并展现自身的差异化优势;劝说顾客接受并签订购买合同;协调企业各部门资源使顾客订单顺利执行;与顾客保持联系确保产品让顾客满意,进而挖掘潜在商机。尽管面对面的人员销售能够提高营销信息传播的质量,但这种方式也是成本最高的一种信息传播途径。所以,人员销售方式更适宜于购买过程复杂、有针对性的目标顾客或产品。当顾客非常看重创造性地解决问题,或者产品需要根据顾客的特殊要求提供解决方案时,人员销售的信息传递方式将发挥更有效的作用。

> **知识分享**
>
> 人员销售也可以通过将销售职能业务外包出去来实现。企业可以不雇用销售人员,而是将全部或部分销售职能外包出去,与独立的个人或推销机构签订合同销售企业的产品和服务。如果企业属于下列情况,那么它应将销售业务外包出去:
>
> 销售机构拥有企业不具备的能力,如它与客户企业关键的决策者建立了坚实的关系;
>
> 企业希望快速进入一个市场;
>
> 企业的产品属于销售机构目前代理的产品类别;
>
> 销售机构可以将企业的产品与其他产品组合起来,从而为客户提供一个完整的解决方案;
>
> 销售机构有能力将产品销售给更多的客户,而这往往是企业负担不起的;
>
> 企业想要控制成本,降低风险,仅将销售费用直接用于提高销量。
>
> 资料来源:艾丽斯·M.泰伯特,博比·J.考尔德.凯洛格营销论[M].康蓉,吴越,译.北京:商务印书馆,2014

社交媒体下的营销信息传播

社交媒体是顾客之间或顾客与企业之间分享文本、图片、音频和视频信息的一种方式。社交媒体的出现改变着企业营销者和市场顾客间的沟通方式,也使市场营销成了一种时时刻刻毫不间断的活动。这就需要我们去评估并且参与包括电视、平面媒体、网络及社交媒体等各种信息沟通媒介,才能够以现有顾客和潜在顾客所希望的方式为他们提供信息服务。今天,企业是否应该采用社交媒体已经不是问题,营销决策人员需要考虑的是采用何种方式来利用社交媒体。因为所有的社交媒体都会影响企业的营销活动,使用社交媒体既有优势也有挑战。社交媒体的个性化和互动性,使其成为创立和参与顾客对话、倾听顾客反馈的理想场所,而即时性则可以随时随地将与品牌事件和活动相关的信息第一时间送达顾客。社交媒体的参与性和社交分享能力能够比任何其他沟通渠道让顾客参与到塑造、分享品牌内容和体验上。但是,正是由于顾客的参与使得顾客对社交媒体内容有了更多的控制,以至于看上去最无害的社交媒体也可能产生事与愿违的结果。毕竟无论企业是否选择参与社交媒体,互联网都会允许来自顾客和其他组织对企业的审查、批评或甚至是恶意中伤。正如一位社交营销人员所说,"几十万甚至上百万的人等着看到你的想法,然后撕碎或者分裂它以发现其中薄弱或者愚蠢的地方。"

今天,成功使用社交媒体的企业不再在各个社交媒体分散努力,而是整合一系列多样的媒体来建立与品牌相关的社交分享、顾客参与和顾客社区。以电影营销为例,随着社交媒体的普及和渗透,电影营销也正在从过去传统的曝光和活动转向与受众建立互动关系。以往的电影宣传推广只重视电视、户外和平媒等传统媒体以及门户、电影垂直网站的覆盖,而现在越来越多的影片更注重社会化媒体的传播,建立与目标观众群的互动机制,注重口碑传播的引导和管理。最早让社交媒体引起关注的是《失恋33天》,该片完全抛弃传统媒体,纯粹通过社交媒体发布信息,与目标观众进行对话和互动,最终取得了巨大成功。此后,以微博为代表的社交网络成为电影营销的重要阵地,几乎每一部新电影都会建立自己的官方微博、豆瓣小站、人人主页等,加强在社交网络中的传播。《致青春》官方微博于2012年3月2日上线,翌日电影正式开机。社会化营销早早介入,持续传递影片信息,与网友互动,逐步积累口碑。进入推广期以后,活跃度急剧上升,2013年4月26日电影公映当天达到了最多的50条。官微粉丝最多时达到18万人,这些潜在观众也将是影片口碑传播的火种,即使在电影撤下档期后两个月也依然有16万粉丝。可以看出,利用整合社交媒体平台在实现营销信息传播的及时性、准确性的同时,也使受众群体能够第一时间最大限度地分享并参与到信息的互动当中。

第二部分

营销理论应用论文

低碳消费行为动因及其推进策略探讨[*]

摘　要:伦理消费、绿色消费是人类社会可持续发展的根本要求。可持续发展不仅要求企业主动承担社会责任,降低企业生产经营活动给环境带来的不利影响,同时也要求消费者实现消费观念及消费行为上的根本变革。本文通过对伦理消费行为动因的理论分析,认为伦理消费行为的发生受到来自价值、信念及社会规范、法律制度等内外因素的综合作用,并提出实施伦理消费教育、伦理消费奖励制度以及社会团体参与的推进伦理消费行为策略。

关键词:伦理消费;消费行为动因;推进策略

一、引言

继 2003 年英国能源白皮书《我们能源的未来:创建低碳经济》首次提出"低碳经济"概念后,美国也于 2007 年出台《低碳经济法案》表明未来低碳经济将成为其重要的战略选择。低碳经济包括低碳生产与低碳消费两个方面。发展低碳经济,不仅要求生产企业积极开发更低碳、更环保的市场产品,同时更需要消费者能够实现消费观念上的更新及消费行为上的改变。低碳消费方式告诫消费者应该怎样拥有和拥有怎样的消费手段与对象,并且应该如何利用它们来满足自身未来生存和发展的需要。早些时候关于低碳消费行为的研究主要受到高油价和能源安全的主导,而 20 世纪 90 年代到 21 世纪初有关低碳消费行为的研究则更多地来自于可持续发展和气候变暖的影响,学者们开始更多地关注亲环境行为和可持续消费问题,如循环利用、购买高能效电器、废弃物的处理和绿色交通运输等。低碳消费是人类社会可持续发展的根本要求,也是低碳经济发展的必然选择。所以,如何引导并进一步推进低碳消费行为以实现低碳消费是目前需要探讨的关键问题。

二、低碳消费的内涵

在消费经济学理论中,消费方式是消费的自然形式与社会形式的有机统一。

＊　发表于《西安石油大学学报(社会科学版)》,2013,22(3):51-54

消费方式一定程度上反映了消费者同消费资料相结合的方式与方法,表现为消费者以何种身份、采用何种方式、运用何种方法取得并且消费这些物质产品和服务。低碳消费标志着人类同社会经济与自然环境的和谐共生发展,其实质是以"低碳"为导向的一种科学、健康、积极的生态化消费方式。这种方式一方面体现了后工业时代社会生产力发展水平和生产关系下消费者消费观念与消费资料供给、利用的结合方式,另一方面也反映出当代消费者以对社会和后代负责任的态度在实现消费的过程中努力实现低能耗、低污染和低排放。低碳消费方式是继绿色消费、生态消费、可持续消费之后提出的又一新的消费方式,它是人类社会与自然生态环境和谐共生、协调发展的最佳形式,也是应对全球气候变暖的迫切要求。

低碳消费有广义和狭义之分,狭义的低碳消费仅指低碳生活消费,广义的低碳消费包括了低碳生产性消费和低碳生活消费。广义的低碳消费具体包括以下内容:"恒温消费"强调消费过程中实现温室气体排放量最低,"经济消费"强调生产过程中实现最低的资源和能源消耗量,"安全消费"要求消费结果对消费主体和人类生存环境的健康危害最小,"可持续消费"提出对人类的健康可持续发展危害最小,"新领域消费"转向发展新能源,鼓励开发低碳技术和低碳产品,不断拓展新的消费领域。相对于广义的低碳消费,狭义的低碳消费主要体现在衣、食、住、行四个方面,例如:①低碳服装,要求选用总碳排放量低的服装、可循环使用材料制成的服装及创新服装利用率、减少服装消耗总量的方法等。②低碳食物,在食品生产和消费过程中,选用耗能低、二氧化碳及其他温室气体排放量少的食材。③低碳住宅,从建筑材料、建筑设备到施工建造及住宅使用的整个生命周期内,采用生态建筑、节能技术、生态材料等,实现较低的温室气体排放。④低碳出行,多步行、骑自行车,提倡公共交通,少开车。也许有人会认为低碳消费是原始消费的"复归",是与人们日益增长的物质文化需要相违背的。事实上,低碳消费并不等于禁欲主义,并不是寄希望于通过减少消费来达到低碳排放的目的,而是强调在满足消费需要的过程中积极倡导低排放、低能耗、低污染,强调在顺应和尊重自然规律的前提下充分利用自然来达到对人类物质需要、精神需要以及生态需要的满足。低碳消费方式实现程度的高低与整个社会经济发展阶段、社会消费文化和生活方式等众多影响因素有关,推进低碳消费方式是一个需要全社会不断深化的过程。

三、低碳消费行为动因的理论分析

社会心理学研究认为行为是情感、道德、社会和规范因素的集合体。一种行为的改变往往受到多种复杂因素的影响,所以行为的改变通常是比较困难的,但是一种行为又是能够通过适当的干预措施被改变的,而且往往会在环境趋势或个人的作用下有规律地改变。

生态价值理论与价值、信念、规范理论也从行为规范性和道德性角度出发,解析了消费者行为。生态价值理论认为相对于亲环境型的消费者,自利型消费者更有可能实施亲环境行为。价值、信念、规范理论将亲社会态度和个人道德规范作为亲环境行为的预测变量,提出个人价值、生态世界观、对价值对象的负面结果、对减少威胁的感知能力和亲环境的个人规范等五大变量将决定人们的亲环境行为。这其中信念使得个人价值转化为能够诱发环境行为的个人规范,也就是说信念能够改变亲环境的个人规范,而个人规范最终导致亲环境行为的发生。

态度-行为-情境模型认为个体行为受到个体态度变量与情境变量的双重作用。态度变量包含信念、规范、价值和行为趋向等因素,情境因素涉及经济刺激与成本、社会规范、制度与法律等。该模型指出,当情境因素比较弱或不存在时,态度对行为的影响作用最强;相反,当情境因素正向或负向影响强烈时,态度与行为之间是无关的。许多研究者在行为导向研究中分析了情境变量的作用,以期能够描述不同情境变量作用下外部环境对个体行为的影响。Guagnano 等对报纸回收利用行为进行研究后就指出,不论人们是否具有亲环境态度,当回收工具的获得非常困难时,是没有人愿意回收报纸的;而当回收工具的获得比较容易时,大多数人都会实施回收。

社会学习理论则认为人们的行为可以从他们自己的经验、社会模范和他人的学习中形成。例如,当有人看到其他人在进行废物回收利用时,他们也更加可能采取这种行为。另外,个人的行为也会受到社会符号的影响。符号论提出人们往往会追求某种符号或美德,不仅仅是为了这些符号或美德的实际价值,而是为了构建他们的自我认同感,并通过这些符号或美德向外部世界描绘他们的形象。正如一项对有机食品消费的调查发现,一般认为自己是"绿色消费者"的更有可能购买有机食品。

在研究影响行为的内部因素和外部因素时,人际行为理论特别强调了影响个体行为的习惯与规律变量。该模型试图解释某一特定行为的意愿与这种行为实际发生之间的关系,认为习惯性越强,个体对这种特定行为的思考就越少。在研究消费者的低碳行为如何形成、怎样才能发生改变以及会受到哪些因素的影响时,理论研究者和政策制定者应当综合考虑影响行为的内外部因素,特别是这些因素与社会和制度等情境因素之间的复杂关系。尽管人际行为模型不比其他简单模型如理性选择理论或合理行动理论应用广泛,但也已经引起了希望寻求低碳消费行为习惯化、日常化的研究者和政策制定者的浓厚兴趣。

四、低碳消费行为的引导与推进

根据以上关于低碳消费行为动因的理论分析,可以看出消费者低碳消费行为既有内在的价值、观念、态度的作用,也受到外部的社会规范、法律及制度等要素的影响。因此,在推进低碳消费行为过程中应积极引导消费者转变消费观念,在追求生活舒适的同时注重环境保护,节约资源和能源;同时加快资源使用、环境资源保护相关政策的制定与执行,对低碳消费行为实施有效激励。

(一)传播低碳消费信息,树立低碳消费观念

目前很多消费者都能够意识到节能减排、保护环境的重要性,但却不知道如何来实施低碳消费。因此,有必要向消费者提供与他们特定生活条件相适应的有关气候变化、环境污染的信息来改变人们的消费态度,促使亲环境或亲社会行为的形成。当消费者逐渐意识到资源枯竭和环境污染问题的严重性并亲身感受到这些危害时,他们的消费态度和消费行为倾向也会随之改变。例如"碳足迹"的计算就是一种具体有效的方式,消费者可以清楚地了解到使用 100 度电等于排放大约 78.5 千克二氧化碳;驾车消耗 100 升汽油大约排放了 270 千克二氧化碳;乘飞机旅行 2000 千米大约排放了 278 千克的二氧化碳等,通过确定自己的"碳足迹"来了解"碳排量",进而约束个人的消费行为以达到减少碳排放量的目的。作为市场经济的主体,企业在推进低碳消费行为中有责任寻求更加有效的方式,为消费者提供关于其产品碳足迹的更多信息,并帮助产品的购买者接受可持续性更强的消费行为方式。简明易懂的信息能够帮助消费者在购买决策时做出正确的选择。现如今已经有厂商将碳足迹数字标注在其产品包装上,碳足迹标志会注明该商品在生产、包装、运输和使用过程中产生的大致排放量,以此来引导消费者通过购买此类商品减少碳排放量。例如"联想"正在搜集自己的电脑在制造过程中的相关信息和资料,对碳足迹进行计算,进而为"联想"产品贴上一个"碳标签"。

(二)对低碳消费行为进行奖励

如果消费者获得的信息表明他是一名低碳消费者,他将会以一种更加积极的态度来继续他的行为方式。也就是说践行低碳消费行为,不仅有利于消费者获得来自社会、他人和自我的奖励,同时避免来自社会、他人和自我的惩罚;而且,低碳消费行为能够激励消费者形成积极的社会价值观,有利于个人的身心健康发展,最终导致消费者对低碳产品和服务的强烈需求。激励可以是经济的也可以是非经济的方式,消费者对能源节约行为带来的不同收益,如环境收益与经济上的节约赋予不同的权重。研究发现,通常消费者的能源价格意识要比环境

或社会责任态度对能源节约行为有更大的影响,所以激励应该让消费者明白,能源节约在可以获得生活舒适性的同时也能够实现经济上的节省。例如阶梯水价制度对定额以内的用水实行低价,对超过基本用水量的部分实行超量累进加价。与传统的单一计量水价制度相比,这种计价方式既能保障低收入家庭的水消费需求,又能够体现公平负担成本、合理保障收益、提高用水效率。另外日本在全国实施"环保积分制度",对购买符合节能标准的空调、冰箱和数字电视机的消费者返还"环保积分",所获积分可用于兑换消费券。

（三）发挥社会团体的影响力

社会团体通常具有分布广、与社会各阶层接触多、社会公益性强等方面的优势,因此可以借助社会团体的力量加强对消费者进行低碳消费行为的宣传。例如环保组织的宣传加强了消费者的环保意识,而且这些环保组织每年还吸引不少人士主动加入到环保宣传工作中来。参加环境保护组织的消费者可以相互观察组织中其他成员的行为,也更可能表现出亲环境的行为,并且容易实现长期的行为改变。环境保护组织为消费者提供了直接参与活动的机会,更为重要的是提供了他们行为的反馈。同时,社会团体因为可以承担政府难以深入的领域和社会层面的宣传工作,进而帮助政府完成引导并推进低碳消费中的一部分职能,有时还能进行更为专业和客观的评价工作。例如总部设在荷兰阿姆斯特丹的国际绿色和平组织由分布在 30 个国家的 43 个分会组成,在世界环境保护方面做出了自己的贡献,包括:禁止输出有毒物质到发展中国家;阻止商业性捕鲸;50年内禁止在南极洲开采矿物;禁止向海洋倾倒放射性物质、工业废物和废弃的采油设备;停止使用大型拖网捕鱼;全面禁止核武器试验等。

五、结论

作为一种新型的消费模式,低碳消费将环境保护与满足消费者需求统一起来,使人们在消费的过程中学会合理消费,减少温室气体排放和对环境的损害,并意识到环境质量是生活质量的重要组成部分,高品质的生活离不开良好的环境。低碳消费提倡适度、节俭和清洁的消费,反对"面子消费""炫耀消费""奢侈消费",强调通过改变消费结构使消费行为与消费结构更加科学化。低碳消费方式体现了消费者的一种心态、一种价值和一种行为,其实质是消费者对消费对象的选择、决策和消费的活动,在消费中实现物质需求与精神需求的和谐统一,最终促进人类的自由与全面发展。低碳消费方式是人类社会发展过程中的根本要求,其不仅局限于消费者的自我满足,更强调通过低碳消费行为获得更高的消费体验及更大的经济、社会、环境效益,追求人类与社会环境的共同满足与和谐发展。因此,低碳消费能否成为全社会共同认可的消费价值观、成为消费者自愿接受的消费方式,是低碳经济最终能否顺利发展的关键所在。

参 考 文 献

[1]　孙延红.低碳经济时代对低碳消费模式的新探索[J].山西财经大学学报,
　　　2010,32(2):63.

[2]　徐国伟.低碳消费行为研究综述[J].北京师范大学学报(社会科学版),
　　　2010(5):135-140.

[3]　陈晓春,张喜辉.浅淡低碳经济下的消费引导[J].消费经济,2009,25(4):
　　　71-74.

[4]　张浩,王永贵.低碳消费偏好机理及其引导路径[J].消费经济,2010,26
　　　(6):82-85.

[5]　李平.论低碳消费模式的构建[J].消费经济,2011,27(4):15-18.

基于顾客忠诚的顾客资产价值最大化研究[*]

摘　要:企业资源的有限性及消费需求的多样化迫使企业只能面向一定的市场建立顾客资产价值优势。本文在分析顾客资产概念内涵的基础上,从分析顾客角色的变化、竞争环境的特点等方面提出顾客忠诚是企业实施顾客资产经营的关键问题,应该以服务忠诚顾客为核心实现顾客资产价值最大化。

关键词:顾客忠诚;顾客资产;价值创造

一、引言

随着对顾客份额(一个企业为某一顾客所提供的产品和服务在该顾客同类产品和服务消费总支出中所占的百分百)竞争的加剧,越来越多的企业已不再把顾客作为社会的公共资产,而将其内部化为重要性等同甚至超越传统有形或无形等内生性资产的竞争性资源和战略性资产,即顾客资产。顾客资产一经提出,立即在营销理论界引起广泛的关注和认同,成为现代营销理论研究的焦点。

顾客忠诚是顾客资产形成的直接源泉,其行为特征表现为顾客对企业持久的情感上的相互依恋,完全是自愿的。由于受多种因素的影响,顾客忠诚的形成具有长期性和复杂性,企业需要长期投入产品、服务、品牌、渠道、促销等各种资源,但是顾客忠诚一旦形成,能够为企业增加当期利润、预期收益、品牌价值等各种核心价值或附加价值,从而成为企业赢得市场竞争优势的顾客资产。因此,基于企业资源的有限性和顾客需求的多样化,决定了企业不可能在广泛的市场上建立顾客价值优势,应该以忠诚顾客为核心实现顾客资产价值最大化。

二、顾客资产概念的内涵

现代信息技术和互联网的发展,把市场权利重新从企业转移到顾客手中,顾客拥有了前所未有的选择权和话语权。顾客权利性质的转变和双方地位的改变使顾客的选择变得更加主动、广泛和深远,顾客已成为决定企业成败的重要因素

　*　与王军合作发表于《西安石油大学学报(社会科学版)》,2008,17(4):39-43

之一。由于不同的顾客能够为企业带来的销售收入和利润是不同的,考虑到一个企业囿于资源所限不可能使所有的目标顾客忠诚于它,因此只可能锁住部分顾客,为与企业发展目标和能力最相容的顾客提供尽可能大的价值,而这部分顾客将给企业贡献最大的利润流,是企业生存与发展的"中流砥柱"。

"顾客资产"概念的提出,认为企业要真正实现以顾客为中心的经营思想,必须重视顾客的终身价值,把顾客作为企业最重要的资产进行经营,使其最大化。此观点指出顾客满意并不是维系顾客的唯一推动要素,企业不应无约束地服务所有顾客使其满意,因而不提倡使所有的顾客满意,也不提倡使顾客完全满意,而是主张在对所有顾客进行盈利性分析的基础上,有选择、有区别地服务顾客,不仅仅关注顾客当前的盈利能力,更关心企业将从顾客一生中所获得的贡献流的折现净值。

继 1996 年 Blattberg 和 Deighton 提出顾客资产的概念后,国内外不少学者对顾客资产的实质进行了研究。如美国的 Robert E. Wayland 和 Paul M. Cole 用"顾客权益"一词来描述顾客资产的实质是其价值,即由顾客的购买总量,包括其边际值和这种购买流的持续时间等来决定。国内以汪涛教授为首的课题小组对顾客资产的相关课题进行了研究,认为经营顾客资产的实质就是确定顾客的价值,建立顾客资产的评估机制。国内外学者的研究表明,顾客资产的实质在于企业与顾客之间关系的价值创造性,只有具备价值创造性的交易关系才值得企业与顾客去投资、发展和维系。

三、顾客忠诚是顾客资产管理的核心问题

(一)顾客角色的变化与交换双方权利的转移

Gersuny 和 Rosengren 于 1973 年提出"顾客角色"定位理论,认为顾客的角色有四个:顾客是资源,顾客是合作生产者,顾客是购买者,顾客是使用者。这种顾客角色的多元化理论拓展了顾客与企业之间的关系,即顾客不只是企业产品的购买者和消费者,还是企业资源的投入者和生产过程的合作者。

与以前的被动采购者和单纯的交易者不同,当今顾客在市场上的选择权和话语权日益增强。一方面,他们迫切希望通过与供应商建立起不同于传统销售模式的合作关系来获得更优异的价值;另一方面,企业也迫切需要正视顾客角色的变化,把顾客纳入到价值创造与交换活动中来,从顾客那里获取更多的货币收益和产品思想等非货币收益。而顾客与企业之间这种相互依存关系的进一步加强,使得顾客多元化角色作用得到淋漓尽致地发挥,顾客资产价值也因此得到最大限度的挖掘。所以,企业越接近顾客生活,增强与顾客之间的接触、沟通与联系,企业便越能够赢得顾客的好感与信任,由此获得极富有价值的顾客信息资

源。企业越是把顾客当作企业的"内部员工"来看待,并积极为顾客介入企业的决策过程和生产过程提供方向性指导、工作能力培训和工作动机激励,顾客也就越能无拘束地、全身心地投入到企业的经营活动中去。

(二)企业经营环境呈现出超强竞争的特点

随着顾客导向时代的到来,顾客作为企业生存与发展的生命线作用日益为人们所认同和重视。相应地,顾客变得日趋成熟,需求更加苛刻而多变,转移成本不断降低,顾客忠诚度日趋下降。在这种快速发展和高度竞争的市场环境下,竞争成败很大程度上取决于企业有效管理顾客的能力。因此,越来越多的企业开始重视顾客关系和顾客资产,营销重心逐渐从以产品为中心的"交易导向"向以顾客为中心的"顾客资产导向"转化,企业关注的焦点也从价格、产品、促销和渠道等驱动因素,转向更关键的战略性资产——顾客资产,实施了完全不同的营销决策评价范式,并把顾客资产和顾客关系作为其市场营销绩效评价的核心。

1996 年,忠诚营销的创始人 Reichheld 提出的顾客终身价值(Customer Lifetime Value,CLV)计算方法进一步体现了企业与顾客之间这种资产型关系。Reichheld 认为顾客终身价值是指在维持顾客的条件下,企业从该顾客持续购买中所获得的利润流的现值,主要取决于三个因素:一是顾客购买所带来的边际贡献(a),二是顾客保留的时间长度(t),三是贴现率(i)。其计算公式为

$$CLV = \sum at(1+i)^{-t}$$

由计算公式可以看出,企业要想提高顾客资产价值,必须提高顾客通过购买所带来的边际贡献,延长顾客保留的时间。由于企业获取一名新顾客的成本远高于保留一名老顾客所花费的成本,因此良好的顾客关系会促使顾客反复购买企业的产品,并降低对价格的敏感度,企业顾客保留率越高,企业的利润率越高。

(三)忠诚顾客对顾客资产价值的贡献

更可靠的顾客忠诚、更好的顾客关系以及更有利的交易与合作能够给企业带来巨大收益。因为随着市场的日益成熟,市场上的不确定因素和风险也越来越大,从而使得企业获取顾客和顾客选择企业所面临的风险和产生的成本也越来越高。由此,企业越来越重视维系顾客而不是获取顾客,而顾客也愿意忠诚于自己所喜欢的企业。忠诚顾客是一个企业成功的合作伙伴。他们不仅积极参与和配合企业的顾客沟通与交流活动,而且积极介入企业的经营决策过程与生产活动过程。因此,以建立长期关系为目的的顾客资产形成的基础是"忠诚顾客",其核心是"顾客终身价值"。

Oliver 认为,顾客忠诚是顾客对偏爱企业的产品和服务的承诺,并在未来持续一致地重复购买和光顾,不受情境和营销力量的影响,不会产生转换行为,因

此产生了反复购买同一企业同一品牌或品牌系列的行为。高水平的顾客忠诚表现为顾客对于该企业产品或服务保持强烈的选择偏好与高频率的重复性购买，甚至将该企业产品或服务视为唯一的购买选择；低水平的顾客忠诚表现为选择偏好不强、重复购买的频率较低。顾客忠诚度与顾客资产质量成正相关关系，即顾客忠诚度越高，顾客资产质量越好，顾客给企业贡献的价值越高，同时，顾客忠诚度越高，给企业贡献的价值成分也越趋于多元化。忠诚度最高的顾客贡献了顾客购买价值、顾客信息价值、顾客口碑价值、顾客知识价值、顾客交易价值，而忠诚度最低的顾客只给企业贡献顾客购买价值和顾客信息价值。因此，经营顾客资产，实际上就是一个企业对它已经构建起来并维系着的忠诚顾客关系在企业内外部进行运作，以最大化地追求和实现顾客资产价值。

四、忠诚顾客的识别标准

资源约束使任何企业都不具备为所有顾客提供服务的能力。企业选择顾客的目的就是要为被选择的顾客提供理想的顾客价值，进而在特定的顾客群体中产生明显的顾客价值优势，提高企业为顾客服务的获利能力。

（一）服务难易程度与本企业的能力

特定顾客群体对服务要求的标准比较高，但为此类顾客服务的盈利空间较大，其他企业进入竞争的障碍较高，不过服务的难度也较大；反之，顾客服务要求较低，企业满足其需求的难度较低，但可能面对的竞争压力却比较大。企业在选择合适的服务对象时，必须考虑为特定顾客群体服务的难易程度和企业自身的能力。值得注意的是，企业不仅要关注顾客的显在服务要求，而且要关注顾客自身尚未察觉到的潜在服务要求；不仅要考虑到企业目前的服务能力，更要考虑到服务能力的进一步发展。因为凡是具有很高能力能够让顾客价值丰富的供应商，都自然地在寻找那些能够利用和评估供应商能力的顾客。所以，企业必须注意自身能力与顾客需求之间的匹配性。

（二）服务的成本与盈利性

为顾客提供具有竞争力的顾客价值的最终目的是获得顾客对企业的经济支持，实现企业自身的持续发展。在现实经营活动过程中，为某些顾客服务虽然也能带来销售收入的增长，但是若考虑到为他们服务的成本，服务的净收益却是负的。很显然，企业应当服务的是那些服务成本相对较低而收益较大的顾客。在分析服务成本与盈利性时，要评估顾客可能的终身价值，而不只是评估通过一张订单的交易或在一定时期内为顾客服务可能获得的收益。顾客购买额、顾客服务的成本和效益是随着为特定顾客服务的时间长短而变化的。一个顾客的终身价值不仅与其保持与企业关系的时间长短和购买频率有关,顾客与企业保持合作关系的时间越长,购买频率越高,单位购买量越大,则终身价值越大;同时与服务成本有关,在顾客购买后企业提供的后续的免费服务越多,时间越长,则顾客的终身价值越小;而且与企业提供的不同产品或服务的连带性有关,连带性强,顾客购买一种产品产生良好印象后会带动另一种产品的销售,从而可以产生较大的间接贡献。顾客终身价值观点强调要考虑顾客在有生之年能够为企业提供的利润。

(三)顾客的市场前景及其需求的可能变化

在分析、选择顾客的过程中,不仅要关注顾客的现状,更要关注顾客的未来。顾客的市场前景决定着顾客的未来,从而也决定着作为供应商的企业的未来。关注顾客的市场前景,就是要分析顾客所面对的市场需求的稳定性及其可能面临的市场竞争的状况,分析企业满足其顾客需求的能力及竞争力。具有稳定的市场前景的顾客无疑是很有价值的顾客。

(四)顾客的资信及财务状况

分析顾客的资信及财务状况,就是要了解特定顾客是否具备从事某种商务活动的资格、能力和良好的商业信誉,力求避免财务风险和商誉风险。分析顾客的资信和财务状况,不仅要发现那些愿意与本企业合作的顾客,而且要重点培养、关照那些有能力与本企业合作、能够通过与其合作为本企业带来利益的顾客。例如美国 AT&T 公司顾客服务中心,当顾客呼叫中心时,顾客服务中心能迅速甄别出顾客类型并将顾客呼叫转接到不同的服务中心。对于高盈利顾客,顾客呼叫的服务时间没有限制,唯一的目标是满足顾客的需要。而对于低盈利顾客,目标是使顾客呼叫的服务时间长度最短,降低成本,尽量保持该类型顾客能够盈利。为了不使低盈利顾客感到他们被匆促挂线,公司专门对与该类型顾客打交道的服务代表进行培训,从而使这些顾客感到享受到的仍然是高水准的服务。

五、基于顾客忠诚的顾客资产价值提升策略

(一)情感营销

顾客忠诚应该是建立在相互承诺和信任基础之上的对称、平等的伙伴式合作关系。因为不对称、不平等的顾客关系是无法在企业和顾客之间建立起相互承诺和信任的,而缺乏相互承诺和信任基础的顾客关系又是难以维系的。Jenkinson 将真正的顾客忠诚定义为:"即便是存在一个或多个竞争性替代选择的情况下,一个顾客对某个供应商所表现出的忠诚、坚贞不渝的偏爱(情感依恋)关

系。"可见,只有建立在承诺、信任和情感联系基础上的顾客维系,才能达到顾客忠诚的理想境界。因此,企业在与顾客交往的过程中,要能够设身处地地为顾客利益着想,真诚地关心他们,让他们感觉到与本企业的交易是值得的,进而增强与本企业进一步交易的信心。

(二)个性化营销

顾客资产价值具有层次性,不同的顾客给企业带来的价值是不同的,要求企业制定符合层次性特征的顾客策略。从顾客的行为特征和创造价值能力的大小出发,将构成顾客资产的顾客分为灯塔顾客、跟随顾客、理性顾客和逐利顾客四类。灯塔顾客是潮流的领先者,对新生事物和新技术非常敏感,对于此类顾客有效的营销策略是实施定制营销,为其提供专门设计的个性化产品和服务,同时将企业的发展与顾客的个人发展联系起来,确立企业与顾客之间共享的价值观和利益点。跟随顾客紧跟潮流,是真正的感性消费者,在意产品带给自己的心理满足和情感特征,对于跟随顾客可考虑制定顾客主动接触计划,通过电话、短信息、直邮及顾客联谊会等多种方式与顾客进行沟通和交流。理性顾客在购买决策时小心谨慎,他们对产品质量、承诺以及价格都比较敏感。对于理性顾客采取的策略是建立顾客关系数据库。逐利顾客对他人的影响力较低,而且其传达的信息也集中于价格方面。对逐利顾客应采取"低价收割"策略,主要目的是减轻企业的库存压力,实现企业业务收缩。

(三)互动营销

与顾客进行有效的沟通与交流使得企业能够进一步发掘他们内心的渴望,站在顾客的角度重新审视自己的产品和服务。如企业借助品牌社群营销,不仅满足了顾客社会交往、信息分享、个性表达的需要,而且使得企业能够有效地将品牌顾客聚集在一起,获得许多积极的信息反馈,包括产品的优势和不足、顾客对新产品和竞争对手活动的评价等,这将有助于企业更准确地把握顾客需求,提供个性化的产品和服务,进而提升顾客的忠诚度。因此,创建品牌社群是企业维系和发展顾客关系、提升顾客资产价值的有效途径。

六、结语

顾客资产经营要求企业实施顾客资产战略和可持续满意战略,提倡在盈利的条件下去满足顾客需要,通过建立忠诚顾客关系获得最大的顾客资产价值,把满足顾客需要和创造企业价值放在同等重要的位置。顾客资产观强调企业与顾客之间的关系是企业经营收入的真正提供者,体现了一种以价值共享为特征的越来越理性化的交易关系。因为一味地强调顾客满意,"取悦"消费者,追求无约束的顾客需要满足,不是一种健康的可持续的营销观念。

参 考 文 献

[1] 刘建新,陈雪阳.顾客资产的形成机理与增值策略[J].商业经济与管理,2005(3):42 - 49.

[2] 陈雪阳,刘建新.基于顾客忠诚的顾客资产及其管理研究[J].科技管理研究,2007(5):109 - 112.

[3] 汪涛,徐岚.顾客资产与竞争优势[J].中国软科学,2002(1):52 - 56.

[4] 张国军,陈传明.顾客资产研究的关系视角[J].中国工业经济,2006(7):103 - 109.

[5] 于坤章,谢峰.顾客资产的实质与特性[J].湖南大学学报(社会科学版),2005(1):53 - 57.

品牌依恋作用下的消费者信任修复问题探讨[*]

摘　要：市场营销环境的复杂多变性以及企业自身经营规模的不断扩张，使得企业掌控全局并有效控制的难度不断上升，从某种程度上也导致了负面营销事件的频发。本文从品牌依恋的理论分析入手，提出了消费者品牌依恋对负面营销事件的双向作用，要求企业必须重视顾客关系管理，不断完善信任修复途径以应对负面营销事件的不利影响。

关键词：品牌依恋；信任修复；管理控制

一般情况下，如果某品牌产品出现质量问题，顾客对该品牌产品的依恋度就会下降，甚至可能会转而购买其他品牌产品。例如，福特曾因点火开关存在短路隐患，召回 790 万辆汽车；因巡航控制开关不良，召回 450 万辆汽车，这些召回事件都给企业带来极大的信任危机。可见，在负面营销事件发生后的消费者信任修复对于企业显得更为重要。信任可以让消费者在广泛收集信息之前就对企业有比较清晰的认识并且产生正面判断，有利于提升对企业产品的品牌依恋度，因此，有关消费者信任方面的研究也得到众多学者的关注。

一、品牌依恋的理论分析

品牌依恋作为一个新的营销学概念，既植根于心理学的经典依恋理论，又表征着消费者心理活动的本质。依恋理论在研究人际关系情境向营销关系情境转移的过程中提出，消费者不仅会对自身的所有物产生依恋，而且也会对购物地点、品牌产品以及其他所喜欢的各类产品产生依恋。与此同时，Thomson，MacInnis 等就品牌依恋所反映出的消费者与品牌之间"富有情感的独特纽带关系"也进行了相应的理论分析，认为消费者与品牌之间的情感联系和人与人之间的情感关系具有相似之处。而 Thach 和 Olsen 则将消费者与品牌产品之间的依恋关系归于品牌形象，品牌形象意味着品牌功能利益之外能够带给消费者的附加价值，这种价值将为企业带来更大的竞争优势。

另外，品牌关系理论从品牌关系角度分析了消费者对品牌的态度与品牌对

＊　发表于《现代商业》，2015(8)：21 - 22

消费者的态度之间的互动关系。通常,消费者与品牌之间关系的建立需要经历一个由品牌识别、品牌熟悉到品牌忠诚的过程,这一过程也反映出消费者会更倾向于那些与自我观念与态度相吻合的品牌产品。具体表现为消费者会对与自己个性相吻合的品牌产品持有比较积极的态度,对产品的依恋比那些与自身个性不相吻合的品牌更加强烈。因此,消费者往往会在自我观念与品牌形象之间进行一种心理上的比较,如果消费者接受该品牌形象,就会将其融入自我形象并赋予行动中,进而有助于提升对品牌产品的依恋度。

二、品牌依恋对负面营销事件的双向作用

负面营销事件发生以后,消费者的品牌依恋会对该事件产生弱化或强化的作用。归因理论认为,消费者通常会从三个方面寻找原因,即原因是内在的还是外在的、是偶然存在的还是持续存在的以及是处于能力控制范围之内还是控制范围之外。如果消费者认为负面事件是由企业自身内部可控原因造成的,那么消费者必然会非常不满意并且对该企业产生更多的抱怨,由此影响到消费者的购买态度。反之,当负面营销事件是由不稳定的外在原因引发时,该事件对消费者的购买态度及行为的负面影响就比较小。可见,当消费者对该品牌产品的依恋度比较高时,消费者通常会认为负面事件属企业的偶发事件,不能代表企业经营的真实绩效,并认为事件发生的原因是外部不稳定的因素造成的,尤其是当负面营销事件发生的真实原因还不够清楚时。所以,基于品牌依恋与负面营销事件的关系,当品牌依恋度较高的产品遭遇负面营销事件时,消费者通常不会去过多关注负面信息,并且基于前期购买对品牌产品的积极评价还会主动对负面信息进行必要的解释与说明,以积极的态度对品牌产品进行重新认识,继而弱化了负面营销事件的影响。

相对于品牌依恋对负面营销事件的弱化作用,期望破灭理论解释了品牌依恋对负面营销事件的强化作用。消费者一般会认为拥有高品牌依恋度的企业能够提供高质量、低风险的产品和服务,这种期望又被看成是企业向消费者传递的一种隐性承诺。如果企业的产品或服务发生负面营销事件,消费者自然会非常失望,认为企业严重违背承诺,打破了他们的美好期望。同样,运用贝叶斯学习理论也可以解释品牌依恋对负面营销事件的强化作用。学习理论认为顾客在实施购买之前已对产品质量有了一定的评价,并且会根据积累的信息与前期评价的差异来修正此次评价。也就是说,品牌依恋度高会使消费者对产品质量有较高的评价,当企业产品发生质量问题或暴露缺陷等营销事件时,顾客的评价落差就会很大,从情感和行动上都会积极去修正前期的正面评价。因此,相对品牌依恋度较低的产品,消费者对品牌依恋度较高的产品的感知质量下降会更大,品牌

依恋进一步强化了负面营销事件的不利影响。因此,负面营销事件对品牌依恋度较高的产品产生的影响更大。

三、品牌依恋作用下的信任修复途径

品牌依恋对负面营销事件的强化作用说明,当消费者对企业和产品的信任度降低时,就迫切需要进行信任修复。然而,由于企业内外部原因,相对于最初建立起来的信任,修复过程必然会更加困难。尤其需要注意的是,需要消费者增加的信任量要远远大于初始的信任量。因此,在消费者信任修复过程中不仅要修复已经形成的负面影响,更需要再建积极的评价,重建美好的预期。

负面营销事件发生后,企业所采取的行为直接关系到这种强化作用的大小。事件发生后,如果企业能够在第一时间坦诚面对消费者,主动积极采取补救措施,争取得到消费者的理解或谅解,就能够最大限度地降低不必要的损失。因为与顾客进行有效的沟通与交流使得企业能够进一步发掘他们内心的渴望,站在顾客的角度重新审视自己的产品和服务。相反,面对负面营销事件给消费者造成的伤害,企业若不能采取有效应对措施,企业的信任度就会急剧下降,特别是当消费者认为企业应该对负面事件全权负责时,企业即使合理应对也仍然要承受负面事件所带来的不利影响。由此可见,在与顾客交往的过程中,企业要能够设身处地地为顾客利益着想,让他们真正体会到一个负责任企业的道德准则,因为只有建立在承诺、信任和情感联系基础上的顾客关系,才能达到顾客忠诚的理想境界。

另外,良好的社会形象有利于帮助企业降低负面营销事件带来的不利影响进而达到信任修复。这就提示企业在开展市场营销活动过程中必须重视并主动承担相应的社会责任,要将企业利润、消费需要和社会利益三方面统一起来,将企业利润看作是企业为社会做贡献所获得的报酬。如果企业能够使消费者认识到该企业不但有能力保证员工福利和消费者利益,而且在努力履行其应尽的社会责任如热心公益事业、积极进行慈善捐赠等时,将有助于建立起消费者及社会公众对企业的积极评价,进一步提升消费者对企业的喜爱和信任。

四、结论

品牌产品之间差异化程度的进一步缩小使得市场竞争愈加白热化,这也导致企业更加难以通过自己的独特性来获得消费者的忠诚。特别是一旦企业品牌产品出现负面营销事件,必将带来顾客的大量流失,因此,在激烈的市场竞争中持续赢得消费者信任已成为企业的一项长期任务。总之,基于品牌依恋建立起来的顾客关系,能够维系并不断发展关键取决于品牌能够给顾客创造的价值。

品牌在竞争中获胜不单是因为它们传递了一种特殊的利益、可信的服务或创新的技术,更重要的是来自于与企业文化建立的深厚联系。

参 考 文 献

[1] 贾雷,涂伟红,周星.消费者信任修复研究评介及展望[J].外国经济与管理,2012(1):57-63.

[2] 姜岩,董大海.品牌依恋理论研究探析[J].外国经济与管理,2008(2):51-59.

[3] 王晓玉,晃钢令.企业营销负面曝光事件研究述评[J].外国经济与管理,2009(2):33-39.

[4] 王晓玉.负面营销事件中品牌资产的作用研究综述[J].外国经济与管理,2010(2):45-50.

[5] 张正林,庄贵军.基于时间继起的消费者信任修复研究[J].管理科学,2010(2):52-56.

[6] 田阳,王海忠,陈增祥.公司形象对消费者信任和购买意向的影响机制[J].商业经济与管理,2009(9):65-71.

浅议消费心理与顾客关系[*]

摘　要：市场开拓成本及吸引新顾客难度的不断增加，使得企业越来越重视维系顾客，强调高度的顾客服务、顾客参与及顾客联系。本文从分析消费心理的两种特性入手，剖析了消费过程中的心理活动，认为情感营销、个性化营销及互动营销有助于企业维系进而发展顾客关系，提升顾客忠诚度。

关键词：消费心理；顾客关系；营销策略

市场营销的本质是为顾客创造价值并建立牢固的顾客关系。由于市场开拓成本及吸引新顾客难度的不断增加，市场营销的核心已从交易转移到关系，企业越来越重视维系顾客，即更为强调保持顾客，强调高度的顾客服务、顾客参与及顾客联系。因此，企业营销的任务不仅仅是争取顾客和创造交易，更重要的是如何通过对消费者心理活动的研究，使企业营销与顾客需求双方都达到最佳效果，以维系和发展已建立起的顾客关系，实现顾客忠诚。

一、消费心理的两种特性

消费是一种行为，消费者的消费行为不仅表现在购买、使用及消耗各种物质产品，同时也表现为对精神等非物质产品的需要和追求。随着社会经济的迅速发展和消费者心理活动的日益复杂，消费活动总体水平不断提高，消费内容也日趋多样化，物质产品和非物质产品的消费，在总消费中各自所占比重也将出现较大幅度的变化，这种变化趋势同整个社会消费环境的变化趋向是一致的。

无论在什么环境下，消费者的消费活动都不会表现为一种简单的机械性行为，而是表现为对某种需要的行为冲动，这种由需要引起的行为冲动，总是在各种不同的心理、社会诸因素影响下产生、发展和变化的，其具体可分为本能性消费心理与社会性消费心理。本能性消费心理作为人类生存与发展的基础，是人类心理活动的自然流露与反映；社会性消费心理则是由人类特有的社会性功能反映出的源于本能又高于本能的心理活动，它是以本能性消费心理为基础，以社

---

*　发表于《现代商业》，2014（24）：22－23

会政治、经济、文化环境为条件,具有特定内涵的、高级的心理活动。因此,本能性消费心理与社会性消费心理的关系不是平衡的、对等的,而是相互依存、相互联系的。前者表现为基础的、初级的心理活动,后者表现为发展的、高级的心理活动;前者是后者的前提与基础,后者是前者的发展与提高。本能性消费心理取决于人的生理因素,而社会性消费心理取决于社会经济发展水平。因此,在社会经济文化高速发展的今天,消费者本能性消费心理反应已越来越被社会性消费心理活动所掩盖,而以一种隐性的、内在的形式发挥其本质和基础的作用,社会性消费心理则成为显现的、主流的表现形式。

二、消费过程中的心理活动

消费者购买行为中的心理活动,主要发生在每次产品和服务的购买及使用过程中,这一过程中所产生的心理感受,将成为下一次购买活动的心理起点。所以,掌握消费者心理变化及发展规律并将之渗透于企业营销活动中,将有助于顾客关系的建立与发展。

充分理解和认识顾客需要。一个企业虽可容易地定义其目标市场,但未必能真正理解顾客需要,因为顾客希望企业将他们的需求看成一种关系,而不仅仅是在单一交易范围内的关系。为了做到这一点,企业必须以比竞争对手更强的欲望去理解和认识顾客需要,同时必须比竞争对手更好地运用这种理解去满足顾客需要。顾客的需求受个人经验、企业口碑、时间等多种因素影响,关注顾客需求变化,分析顾客需求变化的规律,以顾客为导向就成为建立顾客关系最根本的原则。顾客导向不仅仅是一种思想观念,更是一种运作方式,它要求企业在设计产品和服务之前必须努力识别顾客需要,在向顾客推销产品和服务之前必须倾听他们的心声,从顾客利益角度而不是从产品特点角度来宣传产品,在产品销售出去后要用以顾客为基础的衡量指标来评价产品和服务是否成功。

有效满足顾客需要。对于企业来讲,准确把握顾客的真正需要是与顾客建立良好关系的第一步,而长期有效满足顾客的需要则是维系和发展这种关系的关键。企业营销的责任不仅是给予承诺,更重要的是履行承诺。在竞争性市场中,企业营销的一个关键要素就是提供顾客所需要的产品和服务。然而顾客通常购买的并不仅仅是某种有形产品或者某种狭义的服务,他们所要购买的是与企业的全面关系,即一种产品和其联系的服务。特别是服务不受企业规模、技术水平、生产条件、行业类别的严格限制,所有产品、所有企业都可参与服务竞争,上至高精尖技术的设备,下至普通的家庭、个人用品,都可进行服务的较量。随着顾客需求千变万化、层出不穷,与之相配套的服务也随之不断更新、扩展、延伸,高质量的服务有助于提高企业与顾客关系的质量,提高那些可能有反应的顾客的忠诚度。

重视顾客信息反馈。"做成一次生意"和"不只做一次生意"是两种截然不同的观念。前者考虑的仅是销售额价值,后者则考虑与顾客保持长期关系能带来的巨大收益和贡献。保持顾客的关键在于使其满意,企业不仅要经常通过顾客反馈信息测试顾客的满意程度,而且更要对投诉做出及时正确处理,这将会使95％的满意顾客继续购买企业的产品,并向5个以上的人宣传自己所受的待遇。相反如果企业忽视顾客的不满或因小事与顾客发生争吵,那么不满意的顾客中就会有13％的人将他们的不满告诉20个人。即使与顾客保持良好关系的企业也难免会出现失误,但通常顾客不会立即考虑更换企业,因为顾客了解企业曾有过提供良好关系服务的经历。顾客的这种行为不仅为企业提供了纠正失误的机会,而且也为企业采取补救措施提供了时间。所以一旦出现问题,企业必须迅速、全力、圆满地解决并向社会公众通告问题的处理结果。

三、基于消费心理的营销策略

情感营销。顾客关系应该是建立在相互承诺和信任基础之上的对称、平等的伙伴式合作关系。因为不对称、不平等的顾客关系是无法在企业和顾客之间建立起相互承诺和信任的,而缺乏相互承诺和信任基础的顾客关系又是难以维系的。因此,只有建立在承诺、信任和情感联系基础上的顾客维系,才能达到顾客忠诚的理想境界。企业在与顾客交往的过程中,要能够设身处地地为顾客利益着想,真诚地关心他们,让他们感觉到与本企业的交易是值得的,进而增强与本企业进一步交易的信心。

个性化营销。与标准化产品相比,消费者对个性化特征的产品具有更高的价值感知和满意度。对于企业而言,个性化产品不仅能够有效改善产品的市场表现、提升销售绩效,而且在促进基于消费者参与的产品创新、培养顾客忠诚、形成差异化竞争优势方面具有重要的战略意义。如今越来越多的企业加入到定制化行列中,为顾客提供专门设计的个性化产品和服务,将企业的发展与顾客的个人发展联系起来,确立了企业与顾客之间共享的价值观和利益点。

互动营销。与顾客进行有效的沟通与交流使得企业能够进一步发掘他们内心的渴望,站在顾客的角度重新审视自己的产品和服务。如企业借助品牌社群营销,不仅满足了顾客社会交往、信息分享、个性表达的需要,而且使得企业能够有效地将品牌顾客聚集在一起,获得许多积极的信息反馈,包括产品的优势和不足、顾客对新产品和竞争对手活动的评价等,这将有助于企业更准确地把握顾客需求,提供个性化的产品和服务,进而提升顾客的忠诚度。

社会经济文化的发展以及顾客权利性质的转变使得顾客的选择变得更加主

动、广泛和深远,顾客已成为决定企业成败的关键因素。基于消费心理建立起来的顾客关系,有助于企业树立正确的以顾客为中心的经营思想,了解并掌握顾客的消费心理,在按照消费者的愿望组织生产和销售的同时,引导消费进而创造新的市场需求。

参 考 文 献

[1] 张国军,陈传明.顾客资产研究的关系视角[J].中国工业经济,2006(7):103 – 109.

[2] 于坤章,谢峰.顾客资产的实质与特性[J].湖南大学学报(社会科学版),2005(1):53 – 57.

[3] 金立印,邹德强.定制化购买情境下的消费者决策研究综述与展望[J].外国经济与管理,2009(6):32 – 38.

从"丰田召回"事件看品牌依恋的双向作用[*]

摘　要：企业营销环境的复杂性、动荡性以及经营规模的不断扩张进一步加剧了企业营销管理控制的难度,也是企业负面营销事件频发的主要原因。本文从品牌依恋入手,分析了品牌依恋对负面营销事件的双向作用,要求企业必须重视内外环境建设以应对不利事件。

关键词：营销负面事件；品牌依恋；管理控制

一、引言

"由于油门踏板和脚垫的原因,丰田在国内将召回大约 7.5 万辆 RAV4,加上美国和欧洲的召回车辆,两周内,丰田召回已超过 346 万辆,这将是丰田 20 年来遇到的最大一次信任危机。"面对沸沸扬扬的丰田"召回门",有着较高品牌依恋度的丰田市场是否会受到严重冲击? 在关于"你是否会购买丰田车"的一项调查中,有 50% 以上的顾客表示不会购买,但也有 66% 的丰田车主表示未来再次购车时可能会或肯定会选择丰田车。

负面营销事件是指企业营销过程中发生的对消费者不利的事件,包括产品或服务失败、暴露出缺陷或对消费者造成伤害等事件。通常情况下,某品牌产品出现质量问题,顾客对该品牌产品的依恋度就会下降,甚至会转向其他品牌产品。但上述调查数据反映出 60% 以上的丰田车主仍然愿意继续购买丰田产品,"召回门"事件并没有对他们产生太大影响。那么,顾客对品牌的依恋是否也会对负面营销事件产生反作用? 是强化还是弱化? 本文将就此问题进行探讨。

二、品牌依恋及其内涵

对于品牌依恋的定义,学者们有着相同或相近的解释,即品牌依恋是消费者与品牌之间的一种情感联系。如 Thomson、MacInnis 和 Park 将品牌依恋定义为消费者与品牌之间"一种富有情感的独特的纽带关系",认为消费者对品牌的依恋和人与人之间的依恋具有相似之处。而 Thach 和 Olsen 则认为消费者与

　　* 　发表于《西安石油大学学报(社会科学版)》,2011,20(1):48-51

品牌之间形成的情感联系源于品牌形象,品牌形象是建构在消费者所感知的"品牌代表的是什么"的基础上的,而不是对产品属性的描述。

其后,许多研究都表明,消费者不仅会对所有物产生依恋,而且对地点、产品、品牌以及其他特定类型的或者所喜欢的对象也会产生依恋。由此,依恋理论研究实现了从人际关系情境向营销关系情境的转移。而品牌关系理论则认为品牌关系是消费者对品牌的态度与品牌对消费者的态度之间的双向互动。如Fournier 将消费者与品牌的关系类比为人际关系,并采用相互依赖、个人承诺、爱与激情、自我联结、亲密感、伴侣品质和怀旧情结来进行描述。另外,消费者的自我一致性需求导致其偏爱那些与自我概念相吻合的产品或品牌。自我一致性理论指出,消费者会在自我概念与产品形象之间进行一种心理比较,如果他认同产品形象,就会体验到高度的自我一致性,对产品的态度就更为积极,与产品的关系也更为密切。基于自我一致性理论,Aaker 指出消费者偏爱那些能满足其自我一致性需求的品牌。实证研究发现,消费者对与自己个性相吻合的品牌持有比较积极的态度,对产品的依恋比那些与自身个性不相吻合的消费者更加强烈。

从以上的理论研究可以看出,消费者自我概念与品牌个性的一致性程度对品牌依恋的形成具有重要的影响。消费者会对能够满足自我的体验性消费、实现自我的功能性消费以及丰富自我的象征性消费的品牌产生依恋。

三、品牌依恋对负面营销事件的弱化作用

Weiner 的归因理论认为,当某一事件或行为发生以后,顾客会从三个方面去寻找原因,即控制点(原因是内在的还是外在的)、稳定性(原因是偶然存在的还是持续存在的)和可控性(原因处于能力控制范围之内还是之外),而归因的结果最终会影响人们的认知、情绪和行为。也就是说,当负面营销事件是由不稳定的外在原因引发时,该事件对消费者的认知、情绪和行为的负面影响就比较小。相反,如果消费者认为该事件是由企业内部可控原因造成的,那么消费者则会非常不满并对企业产生更多的抱怨,由此导致消费者的态度和购买意愿发生较大偏移。因此,根据归因理论,如果消费者对该品牌比较依恋,消费者则会认为这一负面事件是对常规绩效的偶然背离,不太可能再次发生,会把其发生的原因归为不稳定的因素。特别是当事件发生的真实原因还不明确时,消费者更倾向于事件是由外在原因造成的。在《北京青年报》与某公司联合进行的调查中可以发现,当被问及"是否会购买丰田有召回史的汽车"时,56%的被访丰田车主表示召回事件对他们没有产生任何影响,更有 66%的丰田车主表示未来再次购车时可能会或肯定会选择丰田车。

Ahluwalia 的研究进一步发现，由于消费者对发生负面营销事件的品牌产品比较依恋，当接触到该品牌产品的负面信息后，他们首先会对这一信息的可靠性、真实性产生怀疑。如果曝光信息是真实的且无法否定，他们则会努力降低被曝光产品属性在决策中的重要性并隔离负面营销事件以降低曝光信息的影响。

所以，就品牌依恋与负面营销事件的关系来说，当品牌依恋度较高的产品遭遇负面营销事件时，消费者通常不会去过多关注负面信息，并且基于前期对该品牌产品的积极判断还会对负面信息进行解释，将自己对产品的新评价引导到积极的方向上去，从而弱化了负面营销事件的影响。而对于品牌依恋度较低的产品，由于消费者前期对产品品牌基本没有什么积极的判断，因此当发生负面营销事件时，可以被整合到新评价中的积极判断就比较少，这样就难以弱化负面营销事件的不良影响。可见品牌依恋能够弱化负面营销事件的不良影响。

四、品牌依恋对负面营销事件的强化作用

按照 Rhee 和 Haunschild 的期望破灭理论，顾客对品牌越是依恋，顾客对企业及其产品的期望也就越高，这种期望又被视为企业向消费者传递的一种隐性承诺。顾客一般会认为拥有品牌依恋的企业能够提供高质量、低风险的产品和服务。一旦企业的产品或服务发生负面营销事件，消费者自然会非常失望，认为企业严重违背承诺，打破了他们的美好期望。因此，顾客对品牌的依恋越加强化了负面营销事件的影响。同样，贝叶斯学习理论也认为，顾客在实施购买决策之前，已对产品质量有了一定的评价，并且会依据新信息与前期评价的差异来修正评价。当品牌依恋度较高时，顾客必然对产品质量具有较高的评价，因此，当发生产品暴露出缺陷或失败等负面营销事件时，顾客的评价落差就比较大，从而修正前期评价的意愿与可能性也就比较大。因此，相对品牌依恋度较低的产品，顾客对品牌依恋度较高的产品的感知质量下降更大。也就是说，顾客品牌依恋会进一步强化负面营销事件的影响。

另外，媒体对负面营销事件的关注程度决定了负面营销事件的影响大小。发生同样的负面营销事件时，具有较高品牌依恋度的产品更容易引起媒体的关注，导致负面营销事件传播得更快、更广，这样不仅使更多的顾客了解到这一事件，而且会增加顾客接触相关信息的次数，这些都可能提高顾客对负面营销事件的重视程度。因此，负面营销事件对品牌依恋度较高的产品产生的影响更大。

对于此次召回事件，92.2%的中国车主认为"召回说明丰田汽车质量出了问题"，"日系汽车是否还值得信任""丰田汽车在安全性上是不是出了问题"等也是顾客关心的问题。毕竟消费者购买汽车时，主导他们采取购买行为的是他们对这一品牌形成的良好评价。而电子油控系统和脚垫问题，让消费者对丰田的质

量管理体系产生了质疑,但丰田损失更大的是消费者对其品牌持久的信心。正如调查中所显示的,当被问及"是否会购买丰田有召回史的汽车"时,60.6%的女性表示肯定不会购买,男性中则有32%表示肯定不会购买。而对于"再次购车会选择哪些品牌"这个问题,50.6%的受访者选择了欧系车,选择丰田和其他日系车的只占11.9%,甚至低于选择自主品牌的人群。

五、降低负面营销事件中品牌依恋的强化作用

品牌依恋在负面营销事件中对消费者的强化作用表明,当负面营销事件发生时,企业所采取的行为直接关系到这种强化作用的大小。Dean 的研究表明,当企业对负面营销事件的处理措施不合理时,消费者对高声誉企业的态度会下降,如果消费者认为企业应该对负面营销事件负责,那么高声誉企业即使合理应对,也仍然要承受事件的负面影响。根据调查,对于此次召回事件,消费者最关心的问题是"丰田将采取哪些措施挽回影响",比例为 75.6%。对于丰田在此次召回事件中的表现,69.7%的消费者认为"丰田的表现只是美国政府及舆论压力下的被动行为",66.9%的人认为"从召回开始,丰田反应迟缓",56.2%的人对丰田的表现失望,但也有 45.5%的消费者认为"整个过程中,丰田公司的表现很负责任",更有高达 76%的丰田车主表示"对丰田在召回事件中的表现基本满意或非常满意"。由此可见,当负面营销事件发生后,最重要的就是坦诚面对消费者,积极采取补救措施,进而得到消费者的理解或谅解,最大限度地降低损失。因为不对称、不平等的顾客关系是无法在企业和顾客之间建立起相互承诺和信任的,只有建立在承诺、信任和情感联系基础上的顾客关系,才能达到顾客忠诚的理想境界。企业在与顾客交往的过程中,要能够设身处地地为顾客利益着想,真诚地关心他们,让他们真正体会到企业是一个负责任的企业,进而增强与企业进一步交易的信心。

另外,Klein 和 Dawar 也从一个新的视角研究发现,企业社会责任形象会影响消费者的归因,正面的社会责任形象会使消费者把负面曝光事件的发生归于外部的、偶然的原因。这一研究提示企业在经营过程中必须重视并主动承担相应的社会责任,当发生负面营销事件时,外部力量能够帮助企业降低负面营销事件所带来的不利影响。据报道,"当丰田处于被美国国会调查、被公众指责的逆境中时,却有人为丰田打抱不平。因为丰田在密西西比州投资 13 亿美元,创造了数千个就业机会,还向教育部门承诺在未来 10 年捐款 500 万美元。"丰田的所作所为俨然已经是一家美国公司。

六、结论

企业营销环境的动荡与复杂以及自身经营规模的不断扩张,使得企业掌控全局并有效控制的难度不断上升,从某种程度上也导致了负面营销事件的频发。探索负面营销事件的合理有效应对方式也就成为当今每个企业必须面对的营销管理问题。这就要求企业必须从内、外两个层面构建营销预警体系,对内强化无缝隙管理,杜绝一切管理漏洞,持续创造满足顾客需要的产品和服务,为消费者提供更高的让渡价值;对外加强公众关系建设,主动承担社会责任,做一个负责任的"公民"。总之,基于品牌依恋建立起来的顾客关系,能够维系关键取决于品牌能够给顾客创造的价值,这也是顾客购买品牌产品的动机及原因。也就是说,价值是顾客支持和购买品牌产品的根本理由,如果顾客感知不到他们所需要的价值,就没有理由继续依恋于该品牌。

参 考 文 献

[1] 王晓玉.负面营销事件中品牌资产的作用研究综述[J].外国经济与管理,2010(2):45-50.

[2] 姜岩,董大海.品牌依恋理论研究探析[J].外国经济与管理,2008(2):51-59.

[3] 王晓玉,晁钢令.企业营销负面曝光事件研究述评[J].外国经济与管理,2009(2):33-39.

[4] 张国军,陈传明.顾客资产研究的关系视角[J].中国工业经济,2006(7):103-109.

[5] 金立印,邹德强.定制化购买情境下的消费者决策研究综述与展望[J].外国经济与管理,2009(6):32-38.

以品牌社群经营提升顾客品牌忠诚度[*]

摘　要：传统顾客关系研究的焦点是顾客与企业之间的关系，而"品牌社群"概念的提出，则着眼于购买使用同一品牌或对该品牌深感兴趣的顾客之间的关系。本文在解析品牌社群概念内涵的基础上，通过分析品牌社群形成的机理提出了强势品牌是品牌社群构建的基础、顾客价值是品牌社群维系的纽带、情感营销是品牌社群发展的保障。有效经营品牌社群是企业维系进而发展顾客关系、提升顾客品牌忠诚度的主要策略。

关键词：品牌社群；顾客忠诚；营销策略

一、引言

培育、维系进而提升顾客对产品的品牌忠诚度是所有企业营销活动的最终目的。有诸多因素会导致顾客品牌忠诚度的下降，如不断开发的新技术使得品牌产品之间在功能方面的差异变小；信息媒介和交流的多样性，削弱了传统意义上广告宣传对品牌传播的作用；消费者需求的多样化，加之便利的外部条件，使得消费市场趋于细化等。而借助品牌社群的有效经营，有助于企业更好地维系和发展顾客关系，进而提升顾客品牌忠诚度。研究发现，在品牌社群中确实存在着一批坚定的品牌消费者，他们培养并强化着与产品、品牌、营销人员以及企业的关系，这种关系有利于进一步加强消费者的品牌忠诚度，并在消费者和企业之间建立起长期的紧密关系。因此，创建品牌社群已经成为许多企业维系品牌与顾客关系、提升品牌资产价值的主要策略。创建品牌社群、资助社群成员的活动能够有效地将现有品牌顾客聚集在一起，通过影响社群成员的行为和态度，培育与消费者长期共生的关系，进而获得顾客的忠诚。所以，越来越多的企业正在打造或支持围绕产品的使用而形成的品牌社群。

二、如何理解"品牌社群"的含义

品牌社群是社群的一种新形式，它不同于传统意义上的社群。传统观点认

＊　与周茜合作发表于《西安石油大学学报(社会科学版)》，2009，18(3)：28－31

为,社群是以人们之间的相互关系和情感联结为标志、以地域为界限而形成的社会网络关系。现代社会中,社群不只是局限于居住在同一地区的群体,人们也常把那些消费相同商品的其他消费者看作是利益共享、共担风险并关心共同话题的社群伙伴,即消费社群。Muniz&O'Guinn 于 2001 年首次提出品牌社群的概念,并将其定义为"品牌社群是一个特殊的、不受地域限制的消费者群体,它建立在使用某一品牌的消费者所形成的一系列社会关系之上。"随后,诸多学者对这一概念做了进一步的扩展和延伸。McAlexander 等人认为品牌社群是以核心消费者为中心的关系网,主要关系包括消费者与品牌、消费者与营销者、消费者与产品和消费者与消费者的关系,强调消费者对品牌的全方位体验。而 Upshaw 和 Taylor 则提出了一切与品牌有关的利益相关者包括雇员、顾客、股东、供应商、战略伙伴等构成了品牌社群。尽管不同学者对品牌社群的界定存在差异,但有一点是相同的,就是品牌社群依托品牌而存在,离开品牌将失去其存在的意义。

品牌社群本质上是以品牌为载体的消费社群,其核心在于使用同一品牌产品的人们所结成的非地缘的社会关系。值得注意的是,品牌社群与传统意义上的会员制不同,品牌社群更关注成员从群体沟通与交往中获得的品牌体验,而会员制更多地关心折扣和优惠,如最新产品和促销信息的及时提供,个性化的增值服务,通过积分计划为会员提供各种打折和优惠等,主要是财务价值,虽能造就顾客的行为忠诚,但并非情感忠诚,由此形成的品牌社群也不稳定。

三、品牌社群形成的机理分析

Bagozzi 和 Dholakia 认为,消费者履行群体行为的共同意愿,即社会意愿是消费者参与品牌社群活动的基础。社群成员的社会意愿促成了群体决策并能解释群体的行为,而群体行为的结果必将影响到消费者的品牌行为,包括购买相关产品的消费行为。品牌社群形成的主要影响因素有信息价值、社会认同、品牌体验和种族或文化差异。

首先,信息价值意味着品牌社群使社群成员能够获得非成员无法获得的信息,帮助社群成员降低信息搜寻成本。Andersen 通过对专业健康护理品牌 Coloplast 的调查发现,品牌社群在企业与顾客之间起到了互动沟通的桥梁作用。其次,品牌社群有利于消费者表达自我以强化或改变形象识别。消费与个体自我的关系表现为,个体可以直接通过消费来展现自我,消费行为可以揭示消费者的个性。品牌社群的仪式和传统、行为规范、独特的文化等,能帮助消费者加深对品牌意义的认识,有利于消费者借此来建构和表达自我。因而,社群成员更乐

意借助于共同热爱的品牌来展现个性和进行交流。Hickman 认为,消费者形象
的社会认同度会影响其对品牌社群的偏爱度,同时社会对品牌社群认同度高也
会导致社群成员对品牌个性中的能力和热情维度呈现更高程度的偏爱。此类偏
爱的形成会增强消费者对竞争品牌的抵制,因而能够提高消费者的品牌忠诚度。
再次,消费者通过参与品牌社群的活动和感受品牌本身的独特魅力,能够获得某
种品牌体验,相对于那些未获得非凡顾客体验的消费者来说,在品牌社群活动中
获得了此类体验的消费者与产品、品牌、企业和其他同类消费者的关系更加紧
密,而且融入整个社群的愿望也更加强烈。这种体验能够促进品牌社群的发展。
如 McAlexander 等通过对 Jeep 和 Harley - Davison 两个品牌社群的研究发现,
消费者在参加品牌社群聚会后会形成与品牌、品牌营销者及其他的品牌拥有者
之间更正面的关系,并且会促进品牌社群整体质量的提高。最后,消费者由于受
不同国家或种族文化的影响,对品牌社群的态度也会有所不同。Cova 等比较了
全球性品牌 Warhammer 在法国和美国所形成的品牌社群,结果发现同一品牌
在不同地理区域有可能形成不同的品牌社群,因为品牌存在跨文化差异。除信
息价值、社会认同、品牌体验和种族或文化差异等主要影响因素,品牌社群的形
成也离不开企业、品牌和情景等方面的诸多客观条件,如何将消费者、企业和第
三信息方整合到一起来探究品牌社群的形成机理,将是品牌社群形成研究的主
要方向。

四、品牌社群经营是提升顾客品牌忠诚度的有效途径

(一)强势品牌是品牌社群构建的基础

品牌在竞争中获胜不单是因为它们传递了一种特殊的利益、可信的服务或
创新的技术,重要的是来自于与文化建立的深厚联系。建立强势品牌的真正价
值在于获得消费者的偏好和忠诚。菲利普·科特勒认为一个品牌能表达出六层
含义:属性、利益、价值、文化、个性和使用者,其中最持久的含义应是它的价值、
文化和个性,它们确定了品牌的基础。在这里,品牌并不只是一个名字或是一个
象征,而是消费者对一个产品以及其性能的认知和感受,表达了这个产品或服务
在消费者心目中的价值。消费者可以通过对它的消费来展现自我,表达情感,获
得社会地位、声誉和尊重。如哈雷品牌浓缩了激情、自由、狂热的品牌个性,并演
化升华为一种信仰、一种精神象征、一种品牌文化、一种生活方式。哈雷凭借精
湛的手工艺制作、卓尔不群的设计理念、自由奔放的文化征服了无数的哈雷一
族,也征服了世界所有摩托车爱好者的心,成为世界摩托车领域的经典。对哈雷
的喜爱,原因很简单,即其所唯有的独立、自由和权利的象征。很少有品牌能够

像哈雷一样在车迷心目中产生如此强烈的忠诚感。

因此,一个强势品牌的建立并不仅仅靠广告,而是靠品牌体验,包括对品牌的亲身体验、口头交流、顾客与企业员工的沟通交流等。

(二)顾客价值是品牌社群维系的纽带

基于强势品牌建立起来的品牌社群,是否能够维系关键取决于品牌社群能够给顾客创造什么价值,这也是顾客为什么加入品牌社群的动机及原因。也就是说,价值是社群成员支持和参与品牌社群的根本理由,如果社群参与者感知不到他们所需要的价值,就没有理由继续留在社群中。社群成员对品牌社群价值的感知不但会影响到他们的社群意识,还直接关系到他们对社群的忠诚度。

顾客价值的判断源于对需要的满足。马斯洛的需要层次理论认为,人类需要的层次有高低之分,依次是生理需要、安全需要、社交的需要、尊重的需要和自我实现的需要。社交的需要比生理和安全的需要更细微、更难捉摸。如希望和他人保持友谊与忠诚的伙伴关系,希望得到互爱等;希望有所归属,成为团体的一员,在个人有困难时能互相帮助,希望有熟识的友人能倾吐心里话,甚至发发牢骚。尊重的需要一方面体现了渴望成就、独立与自由;另一方面也体现了渴望名誉与声望。声望为来自别人的尊重,受人赏识、注意。如果想使消费者愿意并积极参与到品牌社群中,就必须努力满足其在社会交往、休闲娱乐、个性表达、获得认可等方面的需要,而品牌社群为企业与消费者共同创造价值提供了一条有效途径。企业通过培育一种独特、开放的文化,将消费者、品牌产品和企业联系在一起,使其能够和消费者的需要及价值观产生共鸣。通过开展实际活动进行面对面的互动交流,社群成员不仅得到了产品及企业的相关最新信息,而且在与社群成员交流使用产品的体验中,也实现了个性表达、社会认同。社群成员对社群所感知到的价值越高,就越容易对其产生归属感;当社群提供的价值与参与者所追求的价值一致时,需要便容易得到满足。哈雷社群成员有政府官员、企业员工、知名艺人等,分布于不同的阶层,都热衷于该品牌产品,并围绕该品牌的产品产生了其特有的文化、共同的价值观、独特的生活方式和自发的社群活动。

(三)情感营销是品牌社群发展的保障

更可靠的顾客忠诚、更好的顾客关系以及更有利的交易与合作能够给企业带来巨大收益。Jenkinson 将真正的顾客忠诚定义为:"即便是存在一个或多个竞争性替代选择的情况下,一个顾客对某个供应商所表现出的忠诚、坚贞不渝的偏爱(情感依恋)关系。"可见,只有建立在承诺、信任和情感联系基础上的品牌社群,才能够持续得到发展。如今科技经济发展使得社群内涵发生了变化,形成社群的基本因素从地域范围转移到了成员间的情感需求上。社群成员在频繁的情感沟通、经验分享和良性互动过程中,不仅增进了感情,而且强化了社群意识,并将参与社群活动融入为其生活方式的一部分。社群意识是一种归宿感,即社群成员相信彼此之间及与整个社群之间都有联系,各自的需要都可以通过这种联系得到满足。McMillian 和 Chavis 认为,当个体通过加入某一群体组织获得了成员资格和影响力,并且满足了自己的需要,同时也建立了与其他成员共享的情感联系时,他就拥有了对该群体组织的社群意识。所以,与顾客进行有效的沟通与交流使得企业能够进一步发掘他们内心的渴望,站在顾客的角度重新审视自己的产品和服务。

五、结论

品牌社群的出现为企业构建企业与消费者、品牌与消费者及消费者与消费者之间的关系提供了契机,使企业了解和管理作为一个共同体的同质消费者群体变得更为容易。基于强势品牌为顾客构建的沟通交流平台,不仅满足了顾客社会交往、信息分享、个性表达的需要,而且使得企业能够有效地将品牌顾客聚集在一起,获得许多积极的信息反馈,包括产品的优势和不足、顾客对新产品和竞争对手活动的评价等,这将有助于企业更准确地把握顾客需求,提供个性化的产品和服务,不断丰富产品的内涵,通过价值创造提升顾客的品牌忠诚度。因此,有效经营品牌社群是企业维系和发展顾客关系、提升顾客品牌忠诚度的有效途径。

参 考 文 献

[1] 薛海波,王新新.创建品牌社群的四要素——以哈雷车主俱乐部为例[J].经济管理,2008(3):59-63.

[2] 周志民,李蜜.西方品牌社群研究述评[J].外国经济与管理,2008(1):46-51.

[3] MUNIZ A M, O'GUINN T C. Brand Community[J].Journal of Consumer Research,2001,27(3):412-432.

[4] MCALEXANDER J H,SCHOUTEN J W,KOENIG H F. Building Brand Community[J].Journal of Marketing,2002,66(1):38-54.

[5] JOHN F,SHERRY Jr. Bottomless Cup,Plug-in Drug:A Telethnography of Coffee[J].Visual Anthropology,1995,7(4):351-370.

[6] 王新新,薛海波.论品牌社群研究的缘起、主要内容与方法[J].外国经济与

管理,2008(4):25-31.

[7] 金立印.虚拟品牌社群的价值维度对成员社群意识、忠诚度及行为倾向的影响[J].管理科学,2007(4):36-45.

[8] 张国军,陈传明.顾客资产研究的关系视角[J].中国工业经济,2006(7):103-109.

[9] AJZEN I. The Theory of Planned Behavior [J]. Organizational Behavior & Human Decisions Processes,1991,50(2):179-211.

消费者冲动性购买行为的影响因素分析[*]

摘　要:消费者冲动性购买行为的复杂性表现为其既要受到外部因素的影响,同时更要接受内部因素的作用。通过定性分析并定量验证,认为产品、个人及心理、营销刺激和购物情景是影响冲动性购买行为发生的主要因素,其中个人及心理的影响是内因,在消费者冲动性购买行为中起决定性作用;产品、营销刺激、购物情景是外因,通过内因作用于消费者。

关键词:消费者;冲动性购买;影响因素

一、引言

休闲是人类社会消费的重要内容。休闲活动的多元化发展为各类商品及服务的供应商提供了更多的市场机会,这其中购物休闲也已成为众多消费者的一项重要休闲活动,特别是冲动性购买日益成为消费者带有普遍性的行为特征。研究发现,消费者冲动购买的商品在商场和超市的零售比例中占有相当高份额,某些产品通过冲动性购买实现的销量甚至占到整个销量的80%,而且,新产品的购买更多是由冲动购买产生的。由于冲动性购买是一种突发的、难以抑制和带有享乐性的复杂购买行为,其复杂性不仅表现为冲动性购买,还要受外部因素的影响,如媒体、低价、自助服务、广告、商品陈列、小而轻的包装等使顾客为了节省时间、金钱、体力和脑力去冲动购买,信用卡、ATM机、24小时营业和电话营销使得冲动性购买更容易发生;同时也受内部因素的影响,如低控制、压力反应、情感等对冲动购买也有影响。因此,综合研究影响消费者冲动性购买行为的内外因素,制定有针对性的营销策略以激发和促进其实现冲动性购买,对商品及服务的提供商具有重要的现实意义。

二、相关研究

关于冲动性购买的研究可以追溯到20世纪40年代。Dupont公司的研究数据显示,从1945到1965年,冲动购买在所有购买行为中的占比从38.2%上升

　*　与张晓超合作发表于《西安石油大学学报(社会科学版)》,2012,21(3):29－33

到 50％。大部分早期研究主要考虑的是定义和分类问题，如 Rook 从心理学的冲动和延迟满足概念入手，比较完整和科学地定义了冲动购物。冲动购物是在消费者经历一种突然的、强烈而持久的购买欲望时发生的。这种冲动充满快感和情感冲突，而购买一般都忽视了结果。Stern 率先提出了冲动购买的四种分类：纯粹性冲动购买、提示性冲动购买、建议性冲动购买和计划性冲动购买。继管理导向的冲动性购买研究之后，许多学者认为冲动性购买倾向是稳定的个性特征，冲动性购买倾向越高的消费者越容易产生冲动性购买。在 1960 年之后，开始有学者发现并提出：在消费者特征和产品特征之外，加入情境（情感）因素的考虑，可以增进对消费者行为的解释。期间主要的研究观点包括消费者的决策受到期望与意志之间不断变化的冲突的影响；自我控制失败或弱化是导致冲动性购买的原因；心境可能影响到自我控制，进而影响冲动性购买。

国内学者在冲动性购买研究方面也做出了自己的贡献。李志飞以旅游者为研究对象，分别从文化差异、时间压力、重构成本、购买压力四个维度探讨了异地性对冲动性购买行为的影响。研究发现，旅游者感知的文化差异、重构成本和购买压力与其冲动性购买意愿和行为呈显著的正相关关系，其中购买压力的影响最大，文化差异的影响次之。张正林、庄贵军以社会影响理论和中国本土心理学的面子理论为基础，考察了社会影响倾向和面子倾向对他人陪伴下的个体冲动购买的作用以及面子在社会影响倾向和冲动购买中的中介作用。结果发现，规范性社会影响倾向对冲动购买有正向影响，信息性社会影响倾向和护面子倾向对冲动购买有负向影响，信息性社会影响倾向通过护面子倾向这一中介变量作用于冲动购买。范秀成、张运来应用心境调控理论和心境一致性效应，整合情感、心境调控动机、浏览、自我调控，深入探讨了不同心境和情绪影响冲动性购买的机制和过程。熊素红、景奉杰采用情景模拟法考察了在不同群体购买环境中，自我建构对冲动性购买行为的影响。结果发现：当购买者预期到同伴的规范性评估认为冲动性购买不适当时，独立自我建构者的冲动购买水平显著高于关联自我建构者；当购买者预期到规范性评估倾向于赞成冲动购买时，独立自我建构者与关联自我建构者的冲动购买水平无显著差异。

从国内外学者的研究成果可以看出，对于冲动性购买影响因素的研究比较多地还是集中于单一维度或单一变量的研究，如营销刺激中价格刺激最容易引发消费者的冲动性购买，情境因素方面当购物时间及消费预算较宽裕时，消费者较易产生冲动性购买，以及冲动性购买倾向、自我建构、自我不一致等个体特质对冲动性购买行为的影响。但冲动性购买的复杂性特征决定了这种特殊的消费行为必然要受到多种内外因素的共同作用。因此，从多维度多因子入手探索冲动性购买行为的影响因素，对于冲动性购买的理论研究及产品供应商的管理实践都具有重要的理论意义和实践价值。

三、研究设计

根据对国内外相关文献资料的梳理,认为影响消费者冲动性购买行为的因素主要有四类,即产品因素、个人及心理因素、营销刺激因素和购买情景因素。

(一)产品

顾客购买产品的目的是为了获得物质及精神需要的满足,而如何以更低的成本获得这项满足并享受整个购买过程则是每位顾客所要关心的问题。商品的多样化发展一方面为消费者提供了更多的选择,但同时也使得顾客的购买变得复杂,产品的价格、包装、品牌等多种因素会诱发冲动性购买行为的发生。因此提出如下假设:

H1 价格比较低廉的商品更容易引起冲动性购买。(V1)

H2 能够进行试穿、触摸、品尝等亲身体验的商品,顾客更容易发生冲动性购买。(V2)

H3 当顾客购买品牌之间差异比较小的商品时,容易产生冲动性购买。(V3)

H4 独特的产品包装设计常常会导致顾客的冲动性购买。(V4)

H5 如果顾客对该类商品偏爱有加,则顾客对其的购买更容易发生冲动。(V5)

(二)个人及心理

相对于文化、社会团体、社会阶层、家庭等社会因素对消费者购买行为的影响,年龄、收入、性格、生活方式等个人及心理方面的因素对其购买的影响则显得更加直接,影响力度也更大。如依赖心理比较强的人更容易接受广告的宣传,购物时喜欢有人陪同,比较容易受销售人员的影响;而个性比较独立的人则很难被人说服,比较自信。因此提出如下假设:

H6 当可自由支配收入较高时,顾客较容易产生冲动性购买。(V6)

H7 随着年龄的增长,冲动性购买也会相应减少。(V7)

H8 性格比较直率的顾客更容易发生冲动性购买。(V8)

H9 心情愉悦时容易发生冲动性购买。(V9)

H10 自我控制能力比较低的顾客更容易产生冲动性购买。(V10)

H11 购买时间比较紧张或不充裕时,顾客容易产生冲动性购买。(V11)

(三)营销刺激

尽管购买经历或购买经验在一定程度上会使消费者的购买愈加趋于理性,

但顾客在面对大规模的促销活动或广告宣传时总是不愿错过销售佳期,此时情感因素往往占据上风而自我控制力大打折扣,冲动性购买极易发生。因此提出如下假设:

H12 广告投入量大的商品容易引发冲动性购买。(V12)

H13 商场的买赠活动或价格折扣幅度越大,越容易引发冲动性购买。(V13)

H14 服务员的强力推介易导致顾客产生冲动性购买。(V14)

H15 商场前厅的大卖场产品极易引发冲动性购买。(V15)

(四)购买情景

作为一种重要的休闲活动,购买时消费者不仅关注购物本身,同时也越来越看重购物的情景质量,如时间、地点、环境及参与人等。良好的购物情景能够使顾客心情愉悦,提升顾客的购买欲望,购买量及购物持续时间相应增加,也更容易发生冲动性购买。因此提出如下假设:

H16 朋友的极力宣传介绍较易引发冲动性购买。(V16)

H17 如果顾客的购买地点比较方便(如超市)、购买方式快捷(如网上购物),产生冲动性购买的可能性更大。(V17)

H18 顾客在节假日购物时,冲动性的购买倾向会更大。(V18)

H19 商场内货架位置、商品陈列合理及良好的可获得性会促进冲动性购买。(V19)

H20 购物环境的舒适性对冲动性购买具有促进作用。(V20)

四、数据分析及假设检验

依据对消费者冲动性购买影响因素的分析设计相应的调查问卷,要求被访者就所列出的影响因素对产生冲动性购买的可能性程度进行评价,采用李克特5分量表计分法,依次为"非常不赞成、不赞成、无所谓、赞成、非常赞成"。数据收集采用实地访谈和邮件两种方式进行。共发放问卷350份,回收问卷247份,其中有效问卷209份。被调查者中男性占42%,女性占58%,年龄为35～45岁。问卷数据的处理采用SPSS 17.0软件包进行因子分析,并进一步进行信度分析。

表1　KMO 和 Bartlett 球形检验

	取样足够度的 KMO 度量	0.841
Bartlett 球形检验	近似卡方	1 702.181
	df	190
	Sig.	0.000

由表 1 可知 KMO 取值 0.841,说明适合做因子分析。Bartlett 球形检验的 χ^2 统计值的显著性概率是 0.000,小于 0.05(95% 的置信水平),故拒绝原假设,运用因子分析没有问题。利用因子分析中的主成分分析法进行因子分析,得到 4 个影响冲动性购买的主要因子,累积方差贡献率为 83.102%,见表 2。

表 2　总方差的解释

| 成分 | 提取平方和载入 | | 旋转平方和载入 | |
	累积方差贡献率/(%)	合计	方差贡献率/(%)	累积方差贡献率/(%)
1	27.998	5.130	25.651	25.651
2	52.919	4.135	21.574	47.226
3	70.573	3.608	18.038	65.263
4	83.102	3.568	17.839	83.102

由表 3 可知,因子 1 由 V6、V7、V8、V9、V10、V11 决定,方差贡献率为 25.651%,为冲动性购买的关键影响因素。因子 2 由 V1、V2、V3、V4、V5 决定,方差贡献率为 21.574%,对冲动性购买具有重要影响作用。因子 3 由 V12、V13、V14、V15 决定,方差贡献率为 18.038%,因子 4 由 V16、V17、V18、V19、V20 决定,方差贡献率为 17.839%,对冲动性购买有影响作用。

表 3　旋转成分矩阵

| | 成分 | | | |
	1	2	3	4
V1	0.022	0.918	0.062	0.122
V2	0.003	0.881	0.033	0.270
V3	0.099	0.925	0.011	0.088
V4	0.027	0.903	−0.017	0.159
V5	0.092	0.926	0.084	0.145
V6	0.941	−0.013	−0.047	−0.040
V7	0.922	−0.050	−0.007	0.050
V8	0.929	0.087	−0.025	−0.062
V9	0.934	0.035	−0.107	0.057

续　表

	成分			
	1	2	3	4
V10	0.932	0.033	0.023	−0.030
V11	0.845	0.142	−0.072	0.043
V12	−0.050	−0.011	0.952	0.035
V13	−0.130	0.067	0.934	0.009
V14	0.010	0.042	0.948	−0.055
V15	−0.072	0.070	0.942	−0.038
V16	0.097	0.211	0.038	0.773
V17	−0.069	0.224	0.004	0.816
V18	−0.049	0.094	−0.078	0.834
V19	0.111	0.099	−0.033	0.850
V20	−0.067	0.094	0.025	0.851

提取方法：主成分分析法。旋转法：具有 Kaiser 标准化的四分旋转法。矩阵旋转在 5 次迭代后收敛。

从表 4 中可以看出，所有因子的 Cronbach 内部一致性系数都在 0.80 以上，说明测量的一致性程度较高，并且内部结构良好，达到了可以接受的水平。

表 4　影响因子的 Cronbach 内部一致性系数

因子	1	2	3	4
Cronbach's α	0.963	0.958	0.962	0.893

假设用 F1、F2、F3、F4 分别代表 4 个因子得分变量，以因子的方差贡献率为权数，即可构建冲动性购买强度模型。

$$F = 0.25651F1 + 0.21574F2 + 0.18038F3 + 0.17839F4$$

F 值越大，表明消费者的冲动性购买强度越高，越容易发生冲动性购买行为。

五、结论

从以上分析可以看出，产品、个人及心理、营销刺激、购买情景对消费者的冲动性购买具有不同程度的影响,其中个人及心理方面的影响是主要的,这一点与通常情况下认为产品方面的因素如价格、品牌、包装等对冲动性购买影响更大稍有不同。说明个人及心理是冲动性购买行为发生的内因,起决定性作用,产品、营销刺激、购买情景是外因,需通过内因作用于消费者。而营销刺激、购买情景的影响力偏后一定程度上也反映出购买者行为的理性化。因此,要使消费者更大程度地发生冲动性购买,必须从消费者收入、年龄、性格、自我控制等方面入手,深刻解剖消费者的行为内因,以价格合理、优质品牌、设计精美的产品来满足其内心深处的需要,而易于引起冲动性购买的产品,往往能自动触发消费者享受性目标,能使具有冲动性特质的消费者产生更大的冲动驱力,此时再辅以相应的广告、推销及舒适的购物环境等,将有助于更好地促动消费者实现冲动性购买。

参 考 文 献

[1] 熊素红,景奉杰.冲动性购买影响因素新探与模型构建[J].外国经济与管理,2010(5):56-64.

[2] ROOK D W. The Buying Impulse[J].Journal of Consumer Research,1987(2):189-199.

[3] 范秀成,张运来.情感影响冲动性购买的机制研究[J].社会科学家,2006(2):148-151.

[4] 李志飞.异地性对冲动性购买行为影响的实证研究[J].南开管理评论,2007(6):11-18.

[5] 张正林,庄贵军.基于社会影响和面子视角的冲动购买研究[J].管理科学,2008(6):66-72.

[6] 熊素红,景奉杰.自我建构对群体购买环境中冲动性购买行为的影响[J].情报杂志,2009(11):198-202.

从产品营销到体验营销[*]

摘　要：本文从分析体验营销入手，在解析消费需求变化趋势的基础上，指出企业在体验经济时代应该转变营销模式，即从产品营销到体验营销，并提出了情感营销、个性化营销、逆向营销的企业营销策略。

关键词：体验营销；消费行为；营销策略

在产品经济时代，所有企业均围绕"产品"做文章，产品被提升到一个核心地位，消费者的所有购买行为也是始于产品并终于产品。伴随着体验经济时代的到来，消费者已不满足获得更多的物质产品，他们视产品的特点、功效、品牌形象为必需，渴望获得能够激发感觉、触动心灵、创造思维的产品和消费过程，能参与其中，并将其融入自己的生活方式，以此获得个性的满足，而体验可以说正是代表这种满足的载体。如今，消费者不再以温饱为目的，而是追求时尚、讲究舒适、崇尚个性，以获得心理上和情感上的满足。

一、何谓体验营销

体验是个人的心理感受，是当一个人的情绪、体力、智力甚至精神达到某一特定水平时，他意识中所产生的美好感觉，是人在社会生活中超越于一般经验、认识之上的那种独特的、高强度的、难以表述的瞬间性的深层感动。体验通常是由于对事件的直接观察或是参与形成的，不论事件是真实的，还是虚拟的。我们经常会看到这样的现象，在购买服装时，如果一家服装店不能让顾客试穿的话，有很多顾客就会马上离开；购买手机时，如果销售人员不太愿意让顾客试验效果，顾客马上就会扬长而去。可见，消费者在购买很多产品的时候，如果有"体验"的场景和气氛，那么对消费者的购买决策就能产生很大的影响。因此，对于企业来说，提供充分的体验就意味着能够获得更多消费者的机会。

基于消费者的消费倾向和消费心理，体验营销应运而生。市场营销学家菲利普·科特勒认为："体验营销正是通过让顾客体验产品、确认价值、促成信赖后

---

　　*　发表于《商场现代化》，2006（5）：95－96

自动贴近该产品，成为忠诚的客户。"体验营销并不是将体验作为一种不定型的、可有可无的东西，而是将其作为一种真实的经济提供物，作为一种有别于产品和服务的价值载体。体验营销从传统的卖产品和卖服务转变为卖体验，从重视功能与质量转变为重视顾客的感性需求。体验营销的意义在于能够使企业的产品与竞争者区别开来，为企业树立形象和建立标示；诱导顾客试用和购买，增强消费忠诚度。因此，体验营销是适应体验经济时代消费需求变化的理性选择，开展体验营销有助于企业拓展思路、开阔视野、创造需求。

二、从宜家经验看体验营销

来自瑞典的宜家家居主张并引导消费者进行随意全面的体验，比如拉开抽屉、打开柜门、在地毯上走走等等。宜家出售的一些沙发、餐椅的展示处还特意提示顾客："请坐上去！感觉一下它是多么的舒服！"仅仅有好的场景设置，没有好的产品，那么带来的体验也不会是好的。宜家在产品设计上充分考虑了消费者日常使用的习惯，一个产品是否适合消费者使用，宜家的开发人员、设计人员都和供应商进行深入的交流。宜家通过卖场深入了解消费者需求，并及时将信息反馈给产品设计人员，设计人员会结合消费者的需求对产品进行改进和设计。

随着消费者消费意识的成熟，消费者对于消费的过程体验需求越来越强烈，宜家提供的正是一套全程体验参与的流程，让消费者不仅仅在现场体验，而且回到家后还可以自己动手安装体验，加深了消费者对产品和品牌的印象。宜家把各种配套产品进行家居组合，设立了不同风格的样板间，充分展示每种产品的现场效果，甚至连灯光都展示出来。而且宜家的大部分产品都是可以拆分的，消费者可以将部件带回家自己组装，宜家还配备了安装的指导手册、宣传片和安装工具等。

从宜家的经验可以看出，体验营销是一种满足心理需求和情感需求的营销活动，它通常是和营造一种氛围、设计一种场景、完成一个过程、做出一项承诺紧密结合在一起的，而且它还要求顾客的积极参与。因此，企业在实施体验营销的过程中，在每一个业务环节中都要注重营销的一致性和整体性。

三、体验经济时代的消费行为特征

市场是由具有特定的欲望和需求并且愿意和能够以交换来满足此欲望和需求的潜在顾客组成的。因此，顾客需求的改变是市场营销能否顺利进行的关键。当今社会经济的飞速发展，不仅使消费者的消费观念和消费方式发生了巨大变化，而且使消费需求的结构、内容、形式也产生了显著变化。体验经济最重要的表象就是体验需求的存在与体验供给的出现。传统的企业关注于提供产品，而现今的组织则关注于满足消费者的心理需求。在体验经济时代,消费者的消费行为特征主要表现在以下几个方面。

(一)消费者情感需求的比重增加

随着消费需求层次的不断提升,消费者在消费过程中不但注重产品的质量,而且更加注重情感的愉悦和满足。消费者购买商品的目的已不仅仅是出于生活必需的要求,更多的是出于满足一种情感上的渴求,或者是追求某种特定产品与理想的自我概念的吻合。他们更关注产品与自我关系的密切程度,偏好那些能够与自我心理需求产生共鸣的感性产品。于是,许多迎合这一变化的产品或服务大行其道。从意大利的足球联赛到好莱坞的美国大片,从愈来愈多的成人玩具到迪士尼的米老鼠和唐老鸭,直至日本任天堂的电子游戏等。

(二)标准化的大众产品日渐失宠,个性化、人性化产品需求上升

如果把"个性化"划分为外在的、形体的和内在的三个层次,那么三个广阔的市场也就展现在我们面前。从服饰行业看,从颜色到款式,从材质到功能,变化越来越多且越来越快;从家居装饰行业看,满足客户特殊要求的房产、家具、装修设计等在市场竞争中显现出明显优势。与此同时,各种美容、美发、美体等企业不断涌现,各种健美训练、特色休闲也受到消费者欢迎。这一切都表明消费者在接受产品或服务时的"非大众"心理日益增强,敢于相信自己的判断,相信自己的感觉,更加追求那些能够促成自己个性化形象形成、彰显自己与众不同的产品或服务。

(三)消费者从注重产品本身逐渐转移到注重接受产品的过程

消费者不仅关注得到怎样的产品,而且更加关注在哪里、如何得到这一产品。或者说,消费者既重视结果,也重视过程。最典型的莫过于星巴克在咖啡市场的成功。人们宁愿花费更多的钱去星巴克享受喝咖啡的感觉,而不愿意在家里或办公室为解渴而饮用雀巢速溶咖啡。在休闲业,人们从过去单纯的观光旅游正逐渐转向体验旅游,诸如野外生存训练、挑战极限等项目开始受到消费者的青睐;在传媒业,类似中央电视台的《挑战主持人》《幸运 52》《开心词典》等节目更能吸引受众的注意力。

(四)消费者由被动接受产品转变为主动参与

从近年来的消费实践看,消费者参与企业营销活动的意识进一步增强。主要表现为消费者从被动接受厂商的诱导、拉动,发展到对产品外观要求个性化,进而发展到不再只满足于产品外观的个性化,而是对产品功能提出个性化的要求。在这种情况下,消费者在一定程度上成了企业产品生产的决定者。消费者越来越希望和企业一起,按照资金的社会系统、思维意识和消费需求开发能与他

们产生共鸣的产品,开拓能够反应消费者创造新的生活价值观和生活方式的"生活共创型"市场。

四、企业如何实施体验营销

与经济发展的各个阶段相对应,企业营销模式也应随之发生变化,即由产品经济—产品营销到服务经济—服务营销进而发展为体验经济—体验营销。体验营销是一切都围绕着消费者这个中心点来进行设计的营销方法。实施体验营销的关键是从产品设计一直到营销推广整个过程的每一个环节,企业都必须始终站在消费者的体验角度来构思,要考虑消费者在看到产品、消费产品时,会产生什么样的感受。因此,体验营销强调对消费者购买全程的信息掌控、产品和场景设计,以此建立和消费者长久的顾客关系。

(一)情感营销

情感是人的需要是否得到满足时所产生的一种对客观事物的态度和内心体验。最早把情感引入营销理论中的是美国的巴里·费格教授。他认为形象与情感是营销世界的力量源泉。消费者在选购及使用产品过程中,对于符合心意、满足实际需要的产品和服务会产生积极的情绪或情感,这种情绪或情感有助于增强消费者的购买欲望,促进购买行为发生。情感营销的运作需要强化顾客对产品的情感祈求,切实了解什么刺激可以引起某种情绪,能够使消费者自然地受到感染,并融入到这种情景中来。因此,企业不仅要从顾客理性的角度去开展营销活动,也要考虑消费者情感的需要。

(二)个性化营销

由于市场竞争的加剧和技术传播速度的加快,同一行业的不同企业所提供的产品越来越趋同,一家企业的产品很容易被竞争对手模仿。因此,标准化的大众产品很难形成竞争优势。正如韦尔奇所说:"当质量、品种、价格等与消费者的'正式关系'和竞争对手不相上下时,营销活动的重点就在于建立企业和客户间的'非正式关系',即以十倍于追求情人的热情,精确了解客户希望的产品或服务的个性,找准顾客,精确地介入他购买和更新产品的愿望。"所以,企业由于追求规模经济所带来的产品标准化已远远不能满足顾客购货方式多样化的需求,顾客开始追求个性化的产品来表现自己、张扬个性,否则,只能在市场竞争中被无情地淘汰。

(三)逆向营销

逆向营销源于企业以顾客为中心的营销理念,随着这一理念的深入发展,逐渐出现了借助于互联网技术实现一对一、直接为每位顾客服务的营销,即逆向营销。逆向营销通过启发人们的智力,创造性地让顾客获得认识和解决问题的体验,使顾客在体验产品、确认价值、促成信赖中自动贴近产品,成为忠诚顾客。在现代社会中,消费的准则趋于"以我的要求"提供产品,即"为我"制造产品。为此,逆向产品设计起始并终止于顾客,消费者不必根据现有的产品来调整、改变或满足消费需求,相反可以将自己对消费的需求、产品的构成或要求直接传递给生产者,通过与厂家的互动交流,共同创造出为满足特殊需求的产品——解决特定问题的方案。与顾客行之有效的沟通使得企业能够进一步发掘他们内心的渴望,站在顾客体验的角度重新审视自己的产品和服务,由此提高顾客满意度和品牌忠诚度。因此逆向营销与体验经济时代有着天然的契合性。

体验营销不是什么新的发现,而是一种更为系统的营销整合管理体系。它的出现,进一步说明企业不仅要重视产品本身的使用价值,更要重视产品的服务价值和形象价值;让消费者感觉到品牌是那么鲜活、多样化,而且是看得到和伸手可及,并且超越他们的预先设想。只有这样的体验才是真正的体验营销,而有价值的顾客体验,最终能够留住顾客,培养顾客的忠诚。

参 考 文 献

[1]　伯恩德·H.施密特.体验式营销[M].张愉,徐海虹,李书田,译.北京:中国三峡出版社,2001.
[2]　邵一明.体验营销的参与与实施[J].经济管理,2002(23):72－74.
[3]　B.约瑟夫·派恩,詹姆斯·H.吉尔摩.体验经济[M].夏业良,鲁炜,译.北京:机械工业出版社,2002.
[4]　周林.体验经济时代的市场营销新思维[J].市场经济研究,2004(6):49－50.

基于开放式创新的低渗透油气资源开发研究[*]

摘　要:技术的迅猛发展、环境的高度不确定性,使得石油企业技术创新的难度不断增加。低渗透油气资源勘探开发中普遍存在的油气藏识别难、油层孔喉小、渗透率低、油井注水效果缓慢等制约因素,导致低渗透油气资源的高效开发需要广泛的技术资源和专业能力,而任何企业都不可能拥有创新所需要的全部资源。开放式创新为石油企业有效地利用和整合内外部创新资源提供了一条有效路径,通过创新合作机制构建实现创新联盟的资源共享、优势互补,为每一成员企业提供一种追逐市场竞争优势所必需的企业间合作,进而提升企业的技术创新能力。

关键词:开放式创新;低渗透油气;石油企业;合作机制

一、引言

随着世界油气工业的发展,储量大、资源丰度高、易开采的油气资源在整个剩余油气资源总量中所占的比重越来越小,而一些以前未列入主要勘探目标、勘探开发技术要求高的油气资源已逐步成为全球油气勘探开发的热点。在中国特有的以陆相沉积为主的含油气盆地中,普遍具有储层物性较差的特点,相应发育了大量的丰富的低渗透油气资源。据中国 2004 年第 3 次油气资源调查结果,低渗透油气远景资源量分别为 537×10^8 t 和 24×10^{12} m³,分别占中国油气远景资源总量的 49％ 和 42.8％。特别是近 20 年来在低渗透砂岩、海相碳酸盐岩、火山岩等的勘探中发现了大规模低渗透油气储量,低渗透目前已经成为油气储量增长的主体。但是在低渗透油气资源勘探开发中普遍存在着油气藏识别难、油层孔喉小、渗透率低、利用天然能量开采压力和产量下降快、油井注水效果缓慢等制约因素,低渗透油气资源的高效开发将主要依赖勘探开发技术的持续创新,需要广泛的技术资源和专业能力,而任何石油企业都不可能拥有创新所需要的全部资源,因此传统的技术创新模式已不能适应勘探开发技术的快速发展要求。如何利用内部创新的杠杆作用撬动和分享外部价值,提高整合内外创新资源的

　　[*]　发表于《资源与产业》,2012,14(2):39－42

能力对于石油企业持续技术创新具有重要意义。与实力雄厚的跨国公司相比，我国石油企业在规模实力、持续发展能力、技术创新能力和经营管理效率等方面都还存在较大差距，内部创新资源在创新投入规模和投入强度上无法与跨国石油公司抗衡，单独依赖自身能力实现创新更显困难。所以，企业要成功地实施技术创新，必须密切关注外部市场、知识与技术的瞬时变化，有效地利用和整合外部知识。

二、国内外低渗透油气资源开发状况

低渗透油气田是指油层孔隙度低、渗透率差、喉道小，需要进行人工改造的油气田，其基本特点就是流体渗透能力差、产能低，通常需要进行油藏改造才能维持正常生产。相对于高、中渗透油藏，低渗透油藏岩石的结构和表面特征对油藏的开发特征的影响尤其巨大，甚至是制约性的。除少数异常高压油田一次采油的采收率可以达到 8%～15% 以外，大多数低渗透油田弹性阶段采收率只有 2% 左右。低渗透油藏通常具有低丰度、低压、低产"三低"特点，其有效开发难度很大。低渗储层中油气富集区，特别是裂缝发育带和相对高产区带的识别评价、钻采工艺、储层改造、油井产量、已开发油田的综合调整等技术经济问题，是制约低渗透油藏有效和高效开发的关键因素。

近 20 年来，国际上低渗透油气资源研发专利数量整体呈增长趋势，表明国际低渗透油气资源研发活动日益活跃，特别是美国、加拿大、俄罗斯等国在低渗透油气资源勘探开发方面具有明显的技术优势。国外在低渗透油田开发中，已广泛应用并取得明显经济效益的主要技术有注水保持地层能量、压裂改造油层和注气等，其中储层地质研究和保护油层措施是油田开发过程中的关键技术。目前国际上已经实现了对渗透率大于 $0.5 \times 10^{-3} \mu m^2$ 的低渗透油气田的有效开发，但渗透率小于 $0.5 \times 10^{-3} \mu m^2$ 的低渗透油气资源量仍然很大，需要通过技术创新来不断拓展低渗透油气田勘探开发的下限。经过长期持续不断的低渗透开发技术的探索和攻关，目前我国已在低渗透油气资源研发领域占有重要地位，在油藏精细描述、微观孔隙结构研究、富集区优选、超前注水、开发压裂等一些特色领域以及勘探开发技术的集成应用方面形成了自己的优势。特别是近 20 年，在大面积低渗透砂岩油气藏、碳酸盐岩油气藏、火山岩油气藏勘探中取得了一系列重大发现和突破，发现了 184 个低渗透油田，192 个低渗透气田。例如，长庆油田公司在鄂尔多斯盆地特低渗、超低渗油气田的勘探开发方面获得了重大技术突破，已成功开发渗透率为 $0.5 \times 10^{-3} \sim 1.0 \times 10^{-3} \mu m^2$ 的低渗透油藏，使得鄂尔多斯盆地的石油资源量从此前的 $4 \times 10^9 t$ 增加到 $8.588 \times 10^9 t$。目前，以中国石油长庆油田公司、延长石油集团公司等为代表的企业正致力于渗透率为 $0.3 \times$

$10^{-3}\sim0.5\times10^{-3}\mu m^2$ 的超低渗透油藏的勘探开发技术研究。

以长庆超低渗透油田勘探开发一体化项目研究平台建设为例,充分整合超低渗透油藏研究中心和研究院、油气院、设计院的技术资源,从管理、技术、实施三个层面构建了超低渗透油藏开放式创新的管理体系,融合勘探评价、开发评价、工程技术评价、经济评价、投资与部署方案优选和风险决策等,实现了原始资料、科学方法和专家经验的共享和应用。项目运行过程中同时组建由多学科专业人员构成的协同工作团队,目的是打破部门、学科界限,发挥多学科、多专业的协同优势。在勘探开发一体化多学科团队内,工作流主要有两条:一是为完成团队总体工作目标,团队成员通力协作,对总的决策问题协同决策;二是在团队内,各成员为实现各自专业领域的问题求解,必须借助于团队内其他相关专业成员的知识协助。黑板结构作为一种高效而通用的知识存储与处理工具,能够记载问题求解过程中产生的状态信息和中间结果,在大容量知识处理方面呈现出一定的优越性。根据黑板模型的应用思想,将应用于复杂大系统的协同管理模式结合黑板模型思想,建立基于黑板模型的勘探开发一体化多学科团队两级协同工作模式,以实现长庆超低渗透油藏勘探开发一体化多学科团队的高效运行。

三、开放式创新的机理分析

开放式创新是指企业在技术创新过程中,同时利用内部和外部相互补充的创新资源实现创新。开放的本质是外部创新资源的获取和利用,强调企业对内外创新资源的整合。自20世纪80年代中期以来,许多企业走上了技术创新合作之路,而且在单个企业合作的基础上形成了网络化的合作组织,出现了团队创新的态势。组织合作化技术创新模式的出现,使得原有的单个企业间的竞争关系已经演变为企业团队间的竞争关系。

按照交易费用经济学的观点,组织对市场的替代其根本原因在于交易费用的存在,而交易费用的高低则取决于商品的属性。但是在现代技术与市场条件下,以组织替代市场的内化式技术创新,同样面临着较高的成本,甚至高出了技术的市场交易费用。这是由于在快变的技术与市场环境中,研究与开发的成本急速上升,同时更新周期加快,内化式的技术创新面临着较快的成本上升压力和创新失败风险。由此,以组织内化的方式进行创新也并非是一种最优的途径。正如拜多特和费舍尔的研究,技术交易既不适合于以市场的方式,也不适合用内化来替代,需要采用第三种方式。技术的特殊属性决定了需要设计一种特殊的组织形式来实现技术的交易。这种组织形式要求建立一种特殊的企业间"关系",这种关系不同于市场机制中纯粹的"买卖关系"。也不同于企业内部的"层级关系",而是一种以重复交易为前提,建立在信任基础之上的长期合作、相互沟通、彼此信任、共担风险、合理划分收益的特殊合作关系。许多关于交易费用经济学和信息经济学的近期研究观点表明,将资源配置两分为市场-组织的方法是不确切的,存在着介于纯组织和纯市场之间的交易方式,即网络化交易。这类交易既可以规避高额的市场交易费用,又可以避免较高组织成本。越是存在高额交易费用和组织成本的商品,越适用采用合作化交易的方式。毫无疑问,技术是这类商品的典型代表。因此,在复杂多变的市场环境中,开放式创新是企业技术创新的一种合理选择。

开放式创新由多个创新主体共同投入资源,参与到一个创新过程中,之后基于相同的创新成果,再进行后续的差异化创新。相对于传统的以组织内创新为主的创新模式而言,开放式创新不仅有利于分散技术与财务风险,实现技术领域的组合创新,而且有利于形成团队竞争的优势,使技术快速推向市场,顺应全球市场一体化发展的潮流。如今,基于合作组织模式进行开放式创新的企业正逐步显示出其竞争优势,企业开放式技术创新模式正被越来越多的企业所接受。

四、开放式创新中合作机制的构建

(一)信任是合作成功和稳定发展的关键因素

信任与不信任关系之间的真正差别在于彼此是否相信对方能够关心自己的利益,不会在没有考虑对对方影响之前采取行动。从合作者角度来看,合作者在做出合作决策前,也会面临加入哪一个合作组织更合适的选择。合作者的决策主要取决于两个方面:一是合作者自身的现实情况;二是考虑合作研发对自身今后的市场、技术等战略选择的影响。因此,依据和谐、能力和投入的原则选择合作伙伴就成为建立信任关系的首要任务。合作企业如果缺少和谐性,即使他们自身有很强的能力且存在战略性的业务关系,也将无法经受时间的考验,更不能应对变化的市场环境,因为他们首先要做的事情是能够在一起和睦相处。若和谐意味着合作双方有合作的基础并且能够相互尊重,那么潜在合作伙伴的能力则预示着合作的价值。大部分企业都要求他们的合作伙伴具有能够对联盟投入互补性资源的能力。寻找到一个与自己有同样的投入意识并愿意向组织投入时间、精力和资源的合作者就成为合作成功的第三个条件。如果拟设立合作组织的业务范围对合作者的主要业务来讲是微不足道的,那么合作者就很有可能不愿向合作企业投入必要的时间和资源;相反,如果合作涉及对方的主要业务或主要发展战略,这种风险便会大大降低。

(二)合作过程中要做到分配公平和程序公平

合作过程的演进反映了合作者从合作过程获得知识的能力,是保证长期成功合作的根本要素,缺乏合理有效的合作过程将危及合作的连续性,导致合作关系的解体。分配公平涉及利益的分配方式,虽然一些企业努力以其实力夺取尽可能多的利益,但大多数企业已经认识到,要使合作关系持久,就必须公平地对待利益分配。合作成员之间的均等互惠与贡献是评价合作研发成功的重要维度。在合作过程阶段若存在机会主义行为,将会极大地危害合作关系。通过承诺,合作者更明确认识自我和其他成员在合作组织中的重要性,保证合作的不断扩大和持久。在分配公平的基础上,合作伙伴也应注意以礼相待,建立友好的人际关系,了解彼此的实际情况,毕竟企业的关系归根到底是双方人员的关系。恰当的办事方式或公平的程序和政策对双方关系的影响远大于分配不公的影响。

(三)通过多学科知识的整合提升自主创新能力

自主创新并不是单个组织的单打独斗,需要多个组织的联合与合作,通过合作研发能够为组织自主创新能力的提升赢得更多的竞争优势。在当今的技术环境下,组织单独依靠自身的知识,一般很难完成知识的创新过程,也很难跟上技术的发展步伐。因此,组织知识的获取可以通过外部知识内部化,加快知识整合过程的方式,来提高组织的创新速度,增强组织的创新能力。基于开放式创新的自主创新能力提升路径,可以有效实现组织自主创新能力的培育与提升。通过合作研发可以有效引导组织研发活动健康、有序地发展,让更多组织参与到合作当中,使组织的技术创新产生巨大的核聚变效应。同时,通过"合作—吸收—利用—再合作"的学习过程,为自主创新积累雄厚的技术资本,为组织自主创新能力的培育提供新的动力。

五、结论

低渗透油气资源勘探开发是今后全球油气勘探开发的主流趋势。随着老区块油气资源的不断开采,低渗透油气资源已成为我国油气资源挖潜的主力目标。为了高效开发低渗透油气藏,应大力发展密井网、油层保护、小井眼、水平井、多分支井、欠平衡钻井、低密度钻井液及大型水力压裂技术等新技术,不断提高单井产量,实现低渗透油田少井高产和降低成本的目的,这也是今后低渗透油气资源开发的技术发展方向。

低渗透油气资源勘探开发涉及多学科联合研究和高精尖技术的综合应用,这就使得石油企业不能完全依靠其内部的知识与理念来提升竞争力,需要采用"开放式"的创新模式协调组织内外部资源开展创新活动。因此,石油企业必须善于借鉴、吸收、消化国内外一切先进技术与知识,为我所用,取人之长,补己之短。加强与高等院校、科研单位之间的密切合作与交流,建立产学研合作平台,实现人才优势互补,有效挖掘和运用社会资源为企业科技创新服务,形成科技创新与企业发展、社会进步紧密结合的新机制。

参 考 文 献

[1]　张志强,郑军卫.低渗透油气资源勘探开发技术进展[J].地球科学进展,2009,24(8):854－864.

[2]　郑军卫,张志强,王雪梅.低渗透油气资源研究专利态势分析[J].科学观察,2009,4(4):16－25.

[3]　江怀友,李治平,钟太贤,等.世界低渗透油气田开发技术现状与展望[J].特种油气藏,2009,16(4):13－17.

[4]　郑军卫,庾凌,孙德强.低渗透油气资源勘探开发主要影响因素与特色技术[J].天然气地球科学,2009,20(5):651－656.

[5]　陈新发,曾颖,李清辉.数字油田建设与实践:新疆油田信息化建设[M].北京:石油工业出版社,2008.

[6]　幸理.技术创新合作组织的驱动力分析[J].科技进步与对策,2008,25(11):29－31.

[7]　周青.基于协作研发的自主创新能力提升类型和路径分析[J].科技进步与对策,2009,26(2):11－13.

[8]　陈钰芬.开放式创新:提升中国企业自主创新能力[J].科学学与科学技术管理,2009,30(4):81－86.

[9]　余力,左美云.协同管理模式理论框架研究[J].中国人民大学学报,2006,20(3):68－73.

[10]　白列湖.协同论与管理协同理论[J].甘肃社会科学,2007(5):228－230.

多要素协同提升西安高新区自主创新能力[*]

摘　要：作为我国建设世界一流高科技园区的首批六个试点园区之一，西安高新区在构建自主创新能力的过程中应充分发挥企业、政府、大学与研究机构及金融与中介服务机构的多要素协同作用，努力探寻西安高新区的自主创新模式，走出一条经济欠发达地区国家高新区的自主创新之路。

关键词：西安高新区；自主创新；多要素协同

一、引言

随着经济全球化步伐的加快和科学技术的迅猛发展，自主创新能力日益成为当今世界各国综合国力竞争的核心和关键。目前，国家高新区已进入以自主创新为核心的"二次创业"新阶段，要在国家自主创新战略中承担起更加重要的使命和责任，就必须有一部分高新区率先发展成为世界一流高科技园区。西安高新区作为我国建设世界一流高科技园区的首批六个试点园区之一，应充分借鉴国内外科技园区的成功经验，探寻西安高新区自主创新模式，努力走出一条经济欠发达的内陆地区国家高新区发展的自主创新之路。

二、高新区自主创新系统的要素分析

创新是高新区的本质源于高新技术产业的基本属性。高新技术产业与传统产业相比，其明显的特点是技术变迁和产业化的速度非常快。但是，高新技术的创新具有投入高、风险大等特征，不是每个区域空间都能搞高新技术的创新与产业化。高新技术产业的地方联系、衍生以及高新技术产业对劳动的特殊要求共同决定了高新技术产业较为显著的集聚特性。从世界的发展情况来看，高新技术的创新和产业发展落实在区域空间上主要以高新科技园区形式存在，这是由于高科技园区的功能在于通过集聚创新资源、搭建创新平台、形成创新文化、创造创新环境等孵化高新技术企业，推进高新技术产业化，而这将直接影响高新区

---

　*　发表于《西安石油大学学报(社会科学版)》，2010，19(3)：20－23

的自主创新能力。因此,高新科技园区的成功的关键在于创新的活力。

高新区的自主创新活动是一个复杂的系统工程,需要多种要素共同发挥作用才能实现,这包括政府、科研机构、大学、金融及中介服务机构等,只有"官、产、学、研、介、资"六要素协同互动,才能从整体上提升高新区的自主创新能力。科技界处在创新链的上游,关心的是发明创造产生的过程,以自主创新为己任,以不断贡献自己创造的新成就服务于社会和企业而自豪,追求创新水平的先进性和原始性,其理念往往强调科技引领。经济界关心的是创新链下游的技术创新、组织创新、管理创新在产业和企业层面的有效整合和价值的体现,以企业的市场竞争表现为判别标准,强调企业的核心竞争力而不单纯是核心技术,更重视技术的适应性,视具体情况确定技术在竞争中的地位。从创新链整体而论,前者是供给科技创新成就的源泉,后者是吸纳转换创新成就并实现市场价值。这两种力量的互补、互动和协调综合,实现了创新到应用的全过程。

具体来讲,企业是技术创新的主体,是推动创新系统有效运行的根基,通过企业的技术创新,达到提高企业核心竞争力的目的。大学和科研院所作为创新系统的人才源、信息源和技术源,其任务主要体现在两个方面:一是开发技术资源,为企业的技术创新提供技术供给;二是向社会的其他部门输送优秀的人才和新的思想观念。政府部门主要负责创新政策的制定、实施和创新资源的配置,为技术、知识、人才等的流动保驾护航。中介机构是创新供求双方的纽带,它在促进技术、知识和人才的流动及创新咨询和服务等方面起着重要的作用。风险投资机构、投资银行、商业银行等金融机构为创业者、新创企业和成长型企业提供资金支持。高新区自主创新系统的效率和功能不仅取决于各行为主体自身的运行机制,而且还取决于各主体之间的相互作用和协同,这也是有效利用创新资源、实现创新要素组合、促进创新活动开展的重要途径。如果只有高新区创新系统各要素的高效运转,而要素之间的资源流动低效或无效,那么高新区创新系统的整体效率也将受到影响。相反,如果行为主体之间联系密切,协同效应显著,必将有助于降低创新风险、减少创新成本、加速创新速度,进而有利于整个高新区自主创新系统的高效运转。

三、自主创新与西安高新区的发展

作为 20 世纪世界经济发展的一个创举,科技工业园区的建立不仅加快了高新技术产业发展,而且成为各主要国家和地区提升产业竞争力的一种战略选择。从 1985 年深圳科技工业园的创办到 1997 年杨凌国家农业高新技术产业开发示范区的建立,53 个国家高新区依靠自主创新不断发展,一批有竞争力、有创新活力的高新技术企业得到迅速成长,国家高新区已成为名副其实的高新技术产业基地。

西安高新区是国务院 1991 年 3 月首批批准成立的国家级高新区。近 20 年来,西安高新区通过体制创新、机制创新和技术创新,在园区建设、环境营造、成果转化、招商引资、产业发展等方面取得了显著成绩,形成了以创意诱发创业、以创业促创新、以创新促发展的内生式增长机制,走出了一条产业开发与环境营造相结合,以产业开发带动科技新城建设,大力发展具有自主知识产权的高新技术产业的发展道路,形成了西安高新区特色的自主创新模式,成为我国发展高新技术产业的重要基地和辐射带动区域经济发展的强大引擎。2008 年西安高新区营业收入达到 2410.55 亿元,工业总产值达到 1546.48 亿元,居中西部高新区第一位;上缴税金 157.65 亿元,居中西部高新区第一位、全国第三位。西安高新区产业结构不断升级,形成了以高新技术产业为主导,电子信息、生物医药、先进制造及创新型服务业快速发展的良好态势。随着西部大开发的广泛影响,随着国家对国防军工、大专院校、高科技产业的大力投入和扶持,基于西安优越的区位优势和人才优势,在高科技研发、信息产业和软件及服务外包等新兴产业方面,西安高新区已经形成了明显的聚集效应。与此同时,西安高新区致力于高新技术成果的商品化、产业化和国际化,鼓励企业不断创新。自建区以来,累计成立科技企业 1.3 万多家,转化科技成果 1 万余项,2008 年高新技术产业占到高新区营业收入的 77.55%。

但是,与其他城市高新区发展相比,西安高新区在自主创新能力建设方面还存在不足。主要表现在以下几个方面:

(1)科技创新服务体系不完善。目前,西安的中介机构发展相对落后,各种专业化的中介服务机构如银行、律师、猎头公司、会计师、咨询顾问及其他为高新技术企业服务的中介服务机构和协会不完善。以金融业为例,西安的金融业总体规模小,内部结构发展不平衡,银行在金融业中占主导地位,而证券、保险所占比重偏低。外资银行引入较少,外资融资能力还较弱,在资金充裕度上与上海、广州和深圳相比有明显的不足。

(2)人才流失现象严重。西安虽然有众多的高校和科研院所,但是人才往往没有集聚在高新技术企业。相反,科研院所和高校却是人才济济,即使是在高新技术企业,由于其待遇普遍不高,风险较大,人才流失现象比较严重。

(3)企业整体素质不高,主体地位尚未确立。在发展高新区自主创新能力中还没有形成以企业为主导的技术创新体系,主要表现在:一是企业进行技术创新活动的动力不强,环境不宽松,特别是国有企业的经济不景气制约了企业开发高新技术产品;二是企业没有成为高新技术研究活动的主体,企业的技术主要通过产学研的形式进行,企业内部自我研发力量不强;三是企业缺乏研究开发高新技术的人才,企业中硕士、博士的人员比重较低。

四、高新区自主创新能力提升的多要素协同

提升西安高新区自主创新能力的关键是充分发挥自主创新系统中各要素的协同效应。根据协同学理论,只有使诸创新要素微观子系统之间通过物质、能量或信息的交换作用,形成一种性质不同的自主创新的整体效应,才能不断提升高新区的自主创新能力。

(一)企业是自主创新能力提升的主体

高新区提升自主创新能力的关键是培育一大批创新型企业。作为以高新技术企业为主的高新区,培育创新型企业既要关注高技术大公司,同时也须重视创新型中小企业的培育,因为明天的高技术大公司正是从今天的创新型中小企业中发展而来的。由于高技术大公司与创新型中小企业对创新环境条件的要求具有较大差异,故应锁定处于不同产业化发展阶段的创新型企业采取更有针对性的培育措施,形成大、中、小创新型企业优势互补、共同成长的局面。高新区自主创新能力提升的目的在于降低企业在技术创新过程中的经营成本、制度成本、机会成本和时间成本。具体做法包括:加大科学投入,特别是基础科学以及航天、生物、新能源等高科技领域的投入;大力扶持一批拥有自主知识产权、自主创新能力、全球知名品牌的重点企业;对自主创新企业给予税收优惠政策。政府采购时,要首先考虑采购拥有自主知识产权的产品;加强知识产权保护。大力改善科技人员的待遇,用高薪吸引优秀人才,特别是国外高科技人才。进一步完善以企业为主体、产学研结合的创新体系。

(二)政府是自主创新能力提升的保证

在市场经济条件下,政府必须坚持"小政府、大服务",坚持"精简、统一、高效"的原则,改变行政的方式,用规范手段调控和鼓励创新行为,使企业真正成为自主创新能力提升的主体。政府应当在高新区中扮演好四种角色,即决策者角色、管理者角色、协调者角色和监督者角色。其基本任务是处理高新区内公共事务,维护促进园区可持续发展的市场秩序,为企业创新提供良好的社会条件和创造良好的园区环境,管理好园区内的国有资产。政府应在遵循市场机制调节规律的前提下,对高新区自主创新体系中的各创新主体的行为加以规范和协调,推动整个高新区自主创新体系协调运转和不断完善,以产生更多的创新成果。政府在加强宏观引导和政策扶持的同时,要深化经济体制改革,打破现存的不适应高新区自主创新发展的一切障碍,建立完善的市场经济秩序,如建立知识产权保护制度、倡导诚实守信市场规则等。加快建立扶持高新技术产业发展的相关政

策,如支持重点项目建设、重大关键技术突破、采取灵活的动态管理机制引导中小企业发展,落实知识、技术、成果、专利等要素参与分配的政策等。

(三)大学与科研机构是自主创新能力提升的根源

作为知识经济的前沿阵地,高新区只有依靠科技进步和劳动者素质的提高,才能提升自主创新能力。依托高等院校和科研单位建立的高新区为引进、集聚、整合创新资源创造了独特的条件。面对高校和科研单位众多的创新资源,应重点关注有利于高新区产业成长的创新资源,具体包括以下几类:一类是可以产业化的科研成果。如列入国家科技支撑计划、国家863计划、重点新产品计划和省级有关科技计划的应用型科技成果;已经处于中试阶段、小批量生产、具有市场前景的科研成果等。二类是可为高新区利用的创新型、应用型、复合型人才。三类是可为高新区服务的实验室、工程技术中心、测试中心、研究开发基础平台等。要充分利用西安市现有的科研院所资源,特别是利用西安交通大学、西安电子科技大学、西北工业大学、西北大学等科研资源优势,大力发展高等教育,培育出一批高层次科技开发人才。高等院校应适应国家科技发展战略和市场对创新人才的需求,及时合理地设置一些交叉学科、新兴学科并调整专业结构。激发创新思维,活跃学术气氛,努力形成宽松和谐、健康向上的创新文化氛围。

(四)金融与中介服务机构是自主创新能力提升的催化剂

充裕的资金是提高自主创新能力的推动力量。通过建立科技企业融资需求库,动态掌握企业的融资需求和需求方式,主要表现为通过调整货币供应,在需求层次上引导企业的技术创新活动,包括向风险企业家提供风险投资,为研发活动提供低息的政策资金,为新技术、新产品的使用者提供金融政策等多种形式。一方面,要继续通过政府资金的引导作用,拉动民间资本的投入;另一方面,要实行政策倾斜,允许部分社保基金、养老基金和海外投资基金进入风险投资领域,并给予必要的政策支持。

同时,社会化、网络化的科技中介服务具有要素聚集、创新服务桥梁等功能。要切实引导中介服务机构向专业化、规范化方向发展,发挥各种专业技术协会和行业协会的桥梁和纽带作用,大力培育中介服务市场。创业服务中心、生产力促进中心和技术市场等中介服务体系的形成,促使资本与技术有效配合,技术成果顺利转移成为可能。建立高新技术企业孵化器网络,其中包括大学科技园、创业中心孵化器、国际企业孵化器和留学人员创业园等,支持国内外科技人员的创业活动;建立和发展以科技经济信息网为主体,面向科技企业服务的信息网络;强化知识产权保护力度,积极培育具有自主知识产权的技术和产品。

五、结语

高新区是由企业、大学及研究机构、政府、金融以及科技服务机构等多种要素融合而成的创新综合体,充分发挥要素间的协同作用对于提升高新区自主创新能力具有重要作用。因此,在进行要素整合时,应明确企业是技术创新的主体,建立并完善以企业为主体的技术创新体系,政府的职能是为企业提供更有竞争力的市场经济环境,大学、研究机构和金融、服务机构要支持企业开展科技创新,为企业提高自主创新能力提供服务和指导。

参 考 文 献

[1] 张克俊.国家高新区提升自主创新能力的战略思考[J].中国科技论坛,2008(3):33-38.

[2] 孙万松.高新区自主创新与核心竞争力[M].北京:中国经济出版社,2006.

[3] 李具恒.西安高新区自主创新的逻辑[J].城市发展研究,2008,15(3):134-143.

[4] 秦海林.高新区自主创新能力提升之源[J].高科技与产业化,2007,3(9):76-78.

[5] 罗希飞,张亮,梁嘉骅.高新区自主创新体系运行机制[J].科技与管理,2008,10(1):114-116.

企业持续竞争能力的培育与提升[*]

摘 要：竞争是市场经济的主要特征，是市场经济环境下企业生存和发展的方式。以西方企业竞争力理论为基础，从竞争力的经济学解释入手，揭示了影响企业获取持续竞争能力的重要因素，进一步指出企业持续竞争能力是产业景气、核心能力和持续创新内外因素综合作用的结果。

关键词：竞争力；产业景气；核心能力；持续创新

一、引言

竞争是市场经济的主要特征，是市场经济内在要求的基本制度原则。随着我国经济市场化程度日益深化，竞争日益成为企业生存和发展的主体环境；竞争力日益成为企业生存发展的基础和前提。因此，企业作为市场的核心主体，竞争贯穿其生命周期的全过程；竞争是市场经济环境下企业生存和发展的方式。一个能够在市场上生存和发展的企业必须具备应有的竞争力并持续保持这种能力，即竞争优势。

二、竞争力的经济学解释

在市场经济中，竞争力最直观地表现为一个企业能够比其他企业更有效地向市场提供产品或者服务，并且能够获得自身发展的能力或者综合素质。而所谓"更有效地"是指以更低的价格或者消费者更满意的质量持续地生产和销售；所谓"获得自身发展"是指企业能够实现经济上长期的良性循环，具有持续的良好业绩，从而成为长久生存和不断壮大的强势企业。因此，在竞争力评估中，基本的竞争力显示性指标有两个：一是市场占有率，二是盈利率。前者反映企业在多大程度上为市场所接受，后者反映企业自身发展的基本条件。而从长期来看这两个指标具有一致性或者同一性。因为，只有被市场所接受，即长期拥有较高的市场占有率的企业才能实现长期的盈利率，而只有拥有长期赢利能力的企业

* 发表于《西安石油大学学报(社会科学版)》,2004,13(4):43 - 46

才能持续地保持较高的市场占有率。在经典的经济学分析中,通常假定相互竞争的企业所生产和销售的产品是完全相同的,这样,哪个企业的市场占有率高就归结为哪个企业提供的产品价格更低。但是,由于企业的分工条件不同、规模不同,各个企业所生产的同类产品之间又存在一定的差异性,所以,各个产业的市场结构是不同的。而在不同的市场结构中,各企业所处的地位也是有区别的,有的企业拥有较强的市场势力,而有的企业处于边缘地位;有的企业是价格策略的发动者,有的企业则是价格竞争中的被动者。

　　上述分析逻辑实际上是以一般微观经济学和产业组织经济学的分析方法和分析工具为主,即假定所有的产品都是在一个无差异的市场空间中生产和销售的,也就是假定市场空间是没有任何区别和分界的,即使存在市场差异也只是由产业竞争所导致的结构性差异,也不是市场空间自身所具有的外生性的差异。如果说经典的理论经济学假定企业是在"纯粹"的市场经济体制下运行的,而且,企业自身的产权和体制也具有高度抽象的"私人"性质,那么制度经济学和政府管制经济学则承认:市场经济制度不可能是纯粹的,产权制度也总是具有具体的复杂性质。而且,企业的运行还不可避免地受到国家经济体制和政府政策的影响,所有这些制度的和政策的因素都会对企业竞争力产生影响。特别是在中国这样的经济体制转型国家中,企业竞争力所受到的制度因素和政府政策因素的影响是非常强烈的。

三、西方企业竞争力理论评述

(一)波特的企业竞争力理论

　　对企业竞争力进行最为系统研究的是迈克尔·波特教授。其理论和思想集中体现在他的经典之作《竞争战略》《竞争优势》和《国家竞争优势》当中。波特的企业竞争力理论提出了企业如何在产业内定位、在激烈的竞争环境中获取高于平均利润的思想。波特的观点实质上是经典的产业组织范式"结构—行为—绩效"。波特认为,"决定企业赢利能力首要的、根本的因素是产业的吸引力",产业吸引力由五种竞争力量决定,即现有竞争者、潜在进入者、供应方、购买方、替代品。企业要在产业内形成竞争优势必须进行准确定位,并善于运用这五种竞争力量之间的关系,推动这些力量向有利于自己的方向转变。波特的企业竞争力理论主要由三个核心内容构成:①企业竞争力决定于产业的五种竞争力量;②创造获取竞争优势的三个基本战略;③"价值链"优势与竞争优势来源。他的理论从竞争定位到基本战略再到价值链,提出了企业获取持续竞争能力的较为完整的体系,同时揭示了企业为增强竞争力、获取持久的竞争优势的三个关键因素:一个具有吸引力的产业、企业在产业中的相对定位和基于价值链的战略。

波特的企业竞争力分析开创了企业竞争优势理论研究的先河,其勾勒出的五种竞争力量对于企业制定自身战略提供了极具操作性的指导,尤其是他所提出的"产业的五种竞争力量""三种基本战略"及价值链分析工具,从静态和动态两个方面说明了企业竞争优势来源于何处,以及如何培育企业的竞争优势。但波特的理论似乎过于强调企业竞争的外部环境——产业结构和市场力量,而忽略了企业的自身特质,仍将企业作为一个"黑箱"处理,诱使一些企业进入利润较高但却缺乏营运经验或者与主业不相关的产业,导致企业战略上的盲目多元化。所以,波特的理论难以解释为什么同样处于有吸引力的产业,有的企业赢利而有的企业却亏损甚至破产。

(二)基于核心能力的企业竞争力理论

自 20 世纪 80 年代后期开始,为克服波特竞争力理论的局限性,以普拉哈德、哈默、斯多克、伊万斯等人为代表的一批学者提出的企业能力理论逐渐兴起,并成为战略管理领域的主流理论之一,这也意味着对企业竞争优势来源的研究从企业外部环境中的产业结构转向企业内部的能力,即由产业层面深入到企业内部。企业能力理论认为,能力是企业拥有的关键技能和隐性知识,是企业拥有的一种智力资本,积累、开发和运用能力以进行产品和服务创新最终决定企业的竞争优势。企业能力理论主要包括三个方面的内容:核心能力理论、行为决策理论以及新制度主义理论。其中最具影响力的当属由普拉哈德和哈默在《哈佛商业评论》上发表的经典论文《公司核心能力》中首次提出的核心能力理论。

核心能力理论认为企业的持续竞争能力来源于企业所拥有的核心能力。"核心能力是组织中积累性学识,特别是关于如何协调不同的生产技能和有机结合多种技术流的学识"。核心能力理论可以概括为三个方面:①企业本质上是一个能力的集合体;②企业拥有的核心能力是企业长期竞争优势的源泉;③积累、保持和运用核心能力是企业的长期根本性战略。核心能力理论较之波特的企业竞争优势分析更深入了一层,打开了企业的"黑箱",有效地解释了企业之间竞争力的差异。但核心能力理论在否定上述理论的同时,从一个极端又走到了另一个极端,忽略了外部环境对企业发展的影响。因为在复杂多变的市场环境中,企业如果只注重培养自己的能力,但却没有遵循产业发展的内在规律,或者是不恰当地进入了一个正在衰退的产业,那么这样的企业同样也不会有竞争优势。此外,由于企业之间在产业环境、自身力量等方面常常相差悬殊,它们在技术、资源和知识上的实力很可能是不可同日而语的。例如,对于一个从事国际贸易的企业来说,不太可能依靠核心技术来培养自己的竞争优势,而一个小型加工厂也不太可能凭借所谓的"资源"或者"知识"傲视业界群雄。

四、培育企业持续竞争能力的关键因素

无论竞争力理论还是核心能力理论,都只指出了企业竞争优势来源的某个方面,缺乏全面性。因此,要真正了解企业持续竞争能力的来源问题,必须综合分析企业外部生存环境以及企业内部能力,同时要根据企业所处环境的变化和企业自身实力的变化加以调整。

(一)产业景气

任何一个企业的生存与发展都离不开所处的大环境,尤其是所处的产业环境。因为产业的内部结构、要素禀赋、分工链条等决定了企业的获利机会和生存威胁。产业景气主要表现为某个产业的市场空间和技术发展趋向。"产业景气"与波特的"产业吸引力"有所不同,波特强调产业内的五种竞争力量决定产业的赢利能力,而产业景气除包括上述五种力量外,还包括制度、文化以及国家政策等其他影响产业赢利能力的要素。以制度为例,诺斯和托马斯将西方经济增长的主要原因归结于在人口稀缺资源赋予的压力增加时,那些支配产权的规则制度发生了变迁。制度体系所形成的制度环境,为经济组织有效运营和企业有效竞争提供了必要的游戏规则。所谓制度环境,是指"一系列用来建立生产、交换与分配基础的基本的政治、社会和法律基础规则"。"一项制度安排,是支配经济单位之间可能合作与竞争的方式的一种安排。"《中华人民共和国公司法》所规定的一系列规则为企业有效参与竞争提供了制度保障。西方发达国家的反垄断法,如美国的反托拉斯的制度规则,为保证市场的充分竞争提供了保障。经济增长问题一直是经济学家广泛关注的课题,制度经济学认为制度决定着经济增长。尽管这种认识过于绝对,因为技术、文化、管理等因素同样对微观经济起着重要作用,但制度对经济增长确实起着其他要素不可替代的作用。

(二)资源整合能力

一个成功的企业,并不仅仅在于它是否拥有自己的技术、知识,关键在于它能否整合内外资源为己所用。企业本质上是一定资源的集合体,正是这一定资源在时空上按照一定的规则动态地组合在一起才构成了企业及其运作的基础和前提,离开了一定的资源及其有序而动态地组合,企业就不可能存在和运作。企业的资源潜力以及对其进行整合的能力直接关系到企业竞争优势的获取。企业的资源是具有一定生产力的,不过,在自然状态下,这种生产力是处于潜伏或休眠状态的,若不被激活和放大,则不能被转化为现实的生产力和企业竞争力,也就不能成为维系企业生存、推动企业发展的有效力量。而要有效地激活和放大企业资源潜力,企业就必须按照一定的目标及规则要求对资源进行整合。企业

资源潜力被激活和放大的程度取决于企业对资源整合的能力。企业资源潜力与企业资源整合能力在企业竞争优势的形成过程中相互作用、缺一不可,但这并不意味它们在企业竞争优势形成过程中的地位和作用是等同的。事实上,与企业资源潜力相比,企业对资源的整合能力在企业竞争优势的形成过程中的地位和作用更为重要。特别是随着科学技术尤其是信息技术的飞速发展,以及市场机制和体系的渐趋成熟和完善,企业欲获得和拥有一定数量且较高禀赋的相关资源并非困难,难的是如何有效激活和放大这些资源的潜力。因此,当今企业实际缺乏的不是资源本身,而是对资源的整合能力。

尽管企业的资源整合能力因所倚重的资源不同而不同,但都具有以下几个方面的特性:①独特性。它是企业内外部资源综合作用的结果,是企业所特有的,其他企业可能模仿其形式,但不能复制其本质。②广泛性。企业可将其逐步移植到相关产业。③持续性。它是企业在某些产业中持续地、专注地积淀而形成的一种能力。④动态性。它将随企业所处的发展阶段和产业环境变化而动态调整,不断创新。

(三)持续创新

"创新理论"是经济学家约瑟夫·熊彼特在 20 世纪初最早提出来的。熊彼特认为,创新是经济发展的根源,经济增长的根本动力源于企业持续不断的创新活动。世界著名管理大师彼得·德鲁克也指出:"创新行动赋予资源一种新的能力,使它能够创造财富。事实上,创新本身创造了资源。"约瑟夫·熊彼特提出的创新组合包括技术创新、经营创新和制度创新,它们共同构成了企业竞争优势不可或缺的来源,其中技术创新和制度创新是关键的来源。技术创新是创新的工具,但技术创新的活力要靠制度来提供创新的机制、组织和氛围,制度创新对技术创新活动具有支撑和保障作用。技术创新永远是企业竞争优势的核心来源,因为,企业竞争力最终要靠产品竞争力来体现,而技术是产品竞争力的核心支撑,由此可见技术创新在企业竞争中的地位。依据熊彼特的理论,一种技术成为优势后将逐渐驶入经济循环流转的静态轨道,随着竞争者的加入将不会再创造新的价值增值。所以,科学技术的飞速发展,必然导致某种技术优势只能竞争一时,而不能竞争一世。企业要想保持长期的技术优势就必须持续不断进行技术创新,只有这样,企业才能保持及扩张其竞争优势。创新实质是一种辩证的否定,即"扬弃",也就是说在继承原有竞争优势的基础上拓展新的竞争优势。这是因为企业所获得的新的竞争优势会不断受到竞争者的强烈侵蚀,所以,企业必须构建一系列新的竞争优势,从而整合为基于企业整体发展的持续竞争优势。

五、结论

研究企业竞争力的根本目的,就是要解释"企业异质",即为什么有些企业竞争力强,有些企业竞争力弱;或者,什么样的企业能够具有长久的竞争力,什么样的企业一定不会有竞争力。基于以上分析,如果产业景气是企业获取竞争力的前提条件,那么资源整合能力则决定能否获得强势竞争力,而持续创新将最终决定企业能否获取持续竞争优势。一个具有持续竞争能力的企业能够深刻洞察与领悟其所处环境的复杂变化,持续并迅速把握和开发新的市场机会,高效整合企业内外环境中各种资源,通过自我创造和再创造,不断拓展发展空间,以保持持续竞争优势。

参 考 文 献

[1] 李显君.国富之源——企业竞争力[M].北京:企业管理出版社,2002.

[2] 蒋学伟.动荡环境中的企业持续竞争优势[J].经济管理,2002(2):18-24.

[3] 李海舰,聂辉华.企业的竞争优势来源及其战略选择[J].中国工业经济,2002(9):5-13.

[4] 邱国栋.竞争优势的经济学逻辑[J].经济管理,2002(10):15-19.

以战略联盟提升油田服务企业竞争力[*]

摘　要：市场国际化及信息技术的飞速发展使战略联盟成为国内外企业发展战略中一种重要的组织形式。面对国外油田服务公司强大的竞争压力，我国油田服务企业有必要对企业间竞争关系重新进行战略调整，从对立竞争走向大规模的合作竞争，联盟成员企业在保持各自经营特点的同时，在合作中竞争，在竞争中合作，并在合作过程中获取更为强大的竞争优势。

关键词：战略联盟；油田服务企业；信任机制

面对经济全球化、市场动态化、需求个性化及竞争白热化的客观现实，传统的以竞争对手消失为目标的对抗性竞争形式正在受到挑战。随之出现的为竞争而合作、靠合作来竞争、寻求企业竞争优势的战略联盟正在成为企业发展战略中极为重要的一种组织形式和市场竞争的主要力量。

一、企业战略联盟产生的背景

作为一种新的合作竞争模式，企业战略联盟的出现并非偶然，而有着深远的政治背景，是社会经济发展的必然产物。经济全球化不仅使各国企业面临更为广阔的市场，使它们有必要和有可能开展更大规模的生产和销售，以充分地实现规模效益；而且也使企业将面临更为激烈的全球竞争，原有市场份额及垄断地位不可避免地受到动摇。这表明纯粹意义上的国内市场基本不复存在。各国经济实际上都已不同程度地融入了国际大市场，企业的国内竞争也正在成为全球竞争的一部分。随着经济全球化的日益提高，一些原先相对封闭的国内市场也涌进越来越多的新竞争者。这些新竞争者的加入毫无疑问地要求重新瓜分市场，这必将给国内企业带来巨大的竞争压力。20世纪80年代以来，西方企业尤其是跨国公司迫于强大的竞争压力，开始对企业竞争关系进行战略性的调整，纷纷从对立竞争走向大规模的合作竞争，试图通过战略联盟的方式，借助联盟伙伴的力量增强自身实力。

---

*　发表于《商业研究》，2004(8)：140 - 142

根据近年来企业战略联盟的实践和发展,促使战略联盟形成的主要动因有以下几方面。

(一)加快技术创新,降低经营风险

创新特别是高新技术的创新对一个国家的经济发展具有决定性的作用。统计资料表明,企业规模与 R&D 项目的规模呈明显的正相关关系,技术创新成效显著的企业,其成长速度将大大超过一般企业。随着技术的日益复杂化,在高科技项目的开发活动中,各种尖端技术相互融合,这就决定新产品、新技术的研究和开发越发需要巨大的投入,并伴有很大的风险。而单独一个企业,无论其规模多大,实力多雄厚,要想独自控制涉足领域的所有技术和知识产品是不可能的。在这种情况下,企业自然要从技术自给转向技术合作,通过建立战略联盟,寻求一种能够分担成本和风险、调整产品开发时间、渗透新市场与获得新技术和规模经济的手段,并且能为每一成员企业提供一种追逐全球竞争优势所必需的企业间合作。

(二)实现资源互补,避免过度竞争

传统的企业竞争方式通常是充满血腥味的,要么让竞争对手失败,要么让竞争对手消失,双方形成你死我活的对立竞争关系,而实际上企业之间的竞争是相互促进的,在相互竞争的同时,也产生了一定的相互依赖关系。战略联盟有利于形成新的竞争规则。通过建立战略联盟,可以在理顺了的市场层面上进行合作竞争,共同维护有序的竞争秩序,由原有的价格竞争向非价格竞争转变,由恶性竞争向塑造比较优势竞争转变。

由于资源在企业之间配置的不均衡性,企业依靠自身资源和能力所能达到的目标与竞争环境客观要求它们取得的战略绩效目标之间存在一个缺口,即战略缺口。战略缺口不同程度地限制了企业依靠自身资源和能力自我发展的道路,客观上要求企业通过战略联盟实现资源共享、优势互补。战略联盟不仅有利于企业在实现资源互补中分摊高昂的开发投资费用,而且有利于企业借助同类产品生产者的联合,使各自的相对优势在生产规模扩大的条件下,得到更大程度的发挥,降低生产成本和投资成本,增强企业竞争实力。

二、国外油田服务企业的经营模式

油田服务企业为石油天然气勘探和开采提供服务,是石油公司的主要合作伙伴。目前国外油田服务业的基本情况是大中小企业并存,其中专业性的中小企业为数较多;斯伦贝谢、哈里伯顿和贝克休斯三家综合性油田服务公司实力雄厚,优势明显。在各专业领域里,少数几家大公司的市场份额达到 70% 以上。

目前国外各油公司均不设置专业服务队伍,其各种专业服务均由专门的油田服务公司来完成。在长期的协作过程中,油公司和专业服务公司之间已形成了一种默契的合作伙伴关系。油公司在市场中挑选合作伙伴,要求专业服务公司提供质优价廉的服务,并对合作伙伴进行协调和监督。随着生产经营活动的进一步深化,为了集中力量搞好主业,部分油公司相对固定合作伙伴,并要求提供综合性的承包服务,以尽可能少雇用承包公司。如英国 BP 公司就要求承包公司提供综合钻井服务,包括钻定向井、打捞、固井、录井、随钻测井等。所以,专业服务公司为进一步扩大市场份额,积极开发新技术,提高服务质量,并逐步开展综合性服务业务。如斯伦贝谢公司就从以测井为主的专业性服务公司,发展为包括物探、钻井、井下作业和电子仪表制造等在内的综合性服务公司,并提出了综合性服务与战略性联合的发展战略。当前油公司与服务公司之间的关系类型主要有以下几种:

(1)单项服务关系。即根据勘探开发生产的需要,为完成某一工程项目或解决某项技术问题寻求作业服务公司。此时油公司需制定专门的项目标书公开招标,作业服务公司则依其自身的实力、信誉和利润目标参与投标,油公司在三个以上的投标作业服务公司中选择并确定作业服务企业,双方签订作业服务合同,以实施项目。

(2)综合服务关系。即油公司从实力、信誉、技术水平和效益出发,选定某一作业服务公司,对油公司所需的施工、作业项目进行总承包,并签订合同;被选定的作业服务公司根据承包施工作业项目又选择若干个作业服务公司分包若干个单项并签订分包合同。作业服务公司这种总包与分包的关系叫同盟关系,即:共同承担油公司的作业服务项目,共同对油公司负责,共同从油公司获取利益。

(3)伙伴服务关系。这种关系是近些年西方油公司和作业服务公司在较高层次上进行紧密协作的一种形式。油公司出于降低成本、提高经济效益的需要,要求某信誉高、技术和管理能力强的作业服务公司到油公司提供具体服务,双方人员就生产作业中的某项工艺技术、作业计划、财务预算、成本控制等进行共同研究,随后按油公司的需要由作业服务公司安排队伍施工作业,并在服务价格上予以优惠。这样,不仅使油公司在不增加人员的情况下加强了生产经营管理,降低了作业费用,提高了经济效益;而且使作业服务公司也获得了长期稳定的施工作业市场,扩大了对油公司的作业服务领域,提高了自身的经济效益,这在"僧多粥少"竞争激烈的情况下更有特殊的意义。

我国油田服务企业是在石油和石化实施主、辅业大重组后由原油田单位分离而形成的。经过近几年的发展,已从服务油田内部市场开始向全国市场乃至国际市场渗透。但是,这些企业毕竟受计划经济的长期保护,无论是在经营、资本规模上,还是在技术、管理水平上,都与同类国外服务企业存在巨大差距。面对加入世贸组织后跨国服务公司的巨大挑战,选择战略联盟不失为我国油田服务企业应对竞争的一种有效途径。

三、战略联盟实施中的关键问题

随着国内和国际经营环境的日益复杂化,企业内部、外部环境随时会发生变化,而企业如何应对这种变化的环境直接关系到它的兴衰。因此,在既有竞争又有合作关系的战略联盟内部,各油田服务企业为能够灵活地适应环境,就必须在相互依赖与保持独立性之间寻求平衡。一方面彼此的依赖要求成员企业必须彼此忠诚、相互信任、信守承诺,为联盟的长久生存和成员企业的共同发展打下坚实的基础;另一方面成员企业在面对变化的环境所带来的不确定性时必须根据本企业的实际情况及时做出降低本企业风险的决策并保护自己,即需要独立的自主权。当然,这种自主不能毫无约束,否则就将给联盟成员提供欺骗的机会和诱因,进而降低彼此间的依赖。

相互信任是战略联盟成功运作和发展必不可少的润滑剂和动力。为在战略联盟内建立可靠的相互信任机制,遵循 3C 原则,即和谐(Compatibility)、能力(Capability)和投入 (Commitment)选择战略伙伴就成为建立战略联盟的首要任务。

和谐是一个成功的联盟所必备的重要条件之一。合作企业如果缺少和谐性,即使他们自身有很强的能力且存在战略性的业务关系,也将无法经受时间的考验,更不能应对变化的市场环境,因为他们首先要做的事情是能够在一起和睦相处。正像许多跨国公司谈起联盟时,都用婚姻来形容它,这正说明和谐即解决分歧与矛盾的能力是维系联盟各方良好关系的基石。若和谐意味着双方有合作的基础并且能够相互尊重,那么潜在合作伙伴的能力则预示着合作的价值。大部分企业都要求他们的合作伙伴具有能够对联盟投入互补性资源的能力。联盟的组建者需要寻找能够帮助自己克服弱点的合作伙伴,因为这些弱点将限制油田服务企业实现其既定的战略目标。寻找到一个与自己有同样的投入意识并愿意向联盟投入时间、精力和资源的合作者就成为联盟成功的第三个基石。跨国公司在最终决定是否与潜在的合作者组建战略联盟之前,都通过测试来确定对方与自己是否有同样积极的投入意识。如果拟设立联盟的业务范围对合作者的主要业务来讲是微不足道的,那么合作者就很有可能不愿向合作企业投入必要的时间和资源;相反,如果联盟涉及对方的主要业务或主要发展战略,这种风险便会大大降低。

四、建立战略联盟相互信任机制

信任是油田服务企业合作成功和稳定发展的关键因素。信任与不信任关系之间的真正差别在于彼此是否相信对方能够关心自己的利益,不会在没有考虑对对方影响之前采取行动。因此,信任是对对方不以自私自利方式行动的可能性的理解,是对彼此能够互助互利的相信。战略联盟相互信任机制将基于以下四大要素展开。

(一)信任关系不是自然而然产生的,它是通过双方的投入与培养发展起来的

交流作为培养信任的一种重要手段,能促使对方了解自己公平、守信且无投机倾向,从而减少彼此间误解。然而,信任关系的建立并非一蹴而就,它需要双方的反复交往,只有反复交往才能增进相互了解,而反复交往机会的多少又与交往对象的数量有关。在其他条件相同的情况下,如果同交往对象的关系是排他性的,那么双方就有较多重复交往的机会,就有可能建立较深的信任关系;反之,如果彼此交往对象较多,双方可能很少有重复交往的机会,彼此之间就很难建立深厚的信任关系。此外,交易对象较少,投入也就更具针对性,因为合作伙伴无论在企业文化还是竞争战略、资源配备上都存在较大差异,从而对对方有不同的需求。专门性投资有助于增加彼此的相互依赖,而相互依赖性越强,越容易产生信任感,合作的价值可能就越大。

(二)合作过程中要做到分配公平和程序公平

分配公平涉及利益的分配方式,虽然一些服务企业努力以其实力夺取尽可能多的利益,但大多数企业已经认识到,要使合作关系持久,就必须公平地对待利益分配。在分配公平的基础上,合作伙伴也应注意以礼相待,建立友好的人际关系,了解彼此的实际情况,毕竟企业的关系归根到底是双方人员的关系。恰当的办事方式或公平的程序和政策对双方关系的影响远大于分配不公的影响。

(三)保持长期稳定的关系有助于信任的发展

在日本的汽车工业中,汽车公司与汽车零部件厂商之间盛行长期的持续性交易,原则上只要没有重大意外发生,彼此之间的关系就没有时间限制。在分包企业面临成本、技术等方面的困难时,汽车公司往往派人帮助分包企业,对它们提供技术指导、进行设备改良等。因此,大企业与分包企业之间建立了高度的信任关系。

(四)在合作中发展柔性的信任关系

冗长、详细的合同与建立以信任为基础的联盟关系相背,并可能形成障碍。信任的基础可以使联盟只需要最低限度的合同,甚至没有合同。柔性使信任在

环境充满不确定性时具有更加特别的意义,它能促进联盟企业发挥自身潜力,巩固信任关系,促使联盟不断发展壮大。

五、结论

合作竞争是当今企业产业制胜战略的显著特征。我国油田服务企业规模偏小、产业组织过度分散将严重影响企业规模经济的实现,从而制约油田服务产业国际竞争力的提高。基于战略联盟的建立,油公司与作业服务公司、作业服务公司之间将形成一种协作性的竞争组织,联盟各方在继续保持各自生产经营独立性的基础上,通过合作使成员企业在资源共享、优势互补、风险分担的既竞争又合作的"双赢"方式下,把握市场的脉搏,及时开发出具有国际竞争力的新技术和新产品,以此实现共同的战略目标。

参 考 文 献

[1] 史占山.企业战略联盟[M].上海:上海财经大学出版社,2001.
[2] 韩世全.国外石油公司改革与管理[M].北京:石油工业出版社,1997.
[3] 侯海青.战略联盟中之相互信任问题探析[J].西安石油学院学报,2002,11(2):41-42.

市场营销视角的大学生创业问题探讨[*]

摘　要：根据对影响大学生创业的需求因素分析，认为积极的政府政策、多渠道的金融资金支持、系统化的创业教育以及专业化的创业服务环境是促进大学生创业的关键因素，对于激发大学生创业动机，满足大学生创业活动需要具有重要价值。

关键词：大学生创业；影响因素；推进措施

2015 年全国大学毕业生达到 749 万人，比 2014 年的 727 万人增长 3％，高校毕业生人数的持续上涨导致我国高校毕业生的就业形势愈加严峻。自 2014 年以来，一系列鼓励和支持大学生创业的利好政策相继出台，进一步刺激了大学生的创业热情，自主创业成为高校毕业生的一条重要就业渠道。智联招聘的数据显示，2015 年选择创业的大学生比例达到 6.3％，比 2014 年的 3.2％ 几乎翻倍。但是由于大学生自主创业还是一个新生事物，发展时间较短，在政策体系、创业教育、融资渠道等方面还存在诸多不足。因此，如何针对大学生创业群体的特殊性，有针对性、系统性地完善大学生创业服务体系，为大学生提供更高价值的创业服务，是当前实施以创业带动就业战略的关键问题。

一、市场营销的价值分析

市场营销的核心是分析顾客的价值需求。市场营销在分析、评价顾客价值方面的系统性有助于公共政策的设计和传播，在顾客价值需求分析基础上所形成的公共问题定位，直接影响公共政策的制定思路与实施效果。因此，从营销管理的角度，首先要做的就是了解顾客的需求和欲望以及他们所要面对的市场，进行顾客研究，分析顾客数据，努力接近顾客。在充分了解顾客和市场情况下，营销管理者才能设计出以顾客为导向的营销战略，并通过创造、传递顾客价值吸引、保持和发展目标顾客。所以，必须解决好两个问题：一是服务的顾客有什么需求；二是怎样更好地服务这些顾客。清楚了将要服务顾客的需求以及如何为这些顾客创造价值的基础上，管理者就要创建营销项目，以便准确地把价值传递

---

　　*　　与姚亮合作发表于《现代商业》，2016(8)：170 - 171

给目标顾客。例如,美国联邦贸易委员会在消费者保护领域,通过规范研究和实证分析了解社会公众的利益需求,在准确定位问题后提出多个备选方案让公众对其进行评论,最后召开听证会出台公共政策。可以看出,美国联邦贸易委员会在制定与推广公共政策的过程中,始终把剖析公众利益需求特点放在首位,让社会公众广泛参与公共政策的制定,真正实现了顾客价值导向的公共政策服务理念。

二、大学生创业的需求因素分析

首先,根据影响大学生创业的主要需求因素可以发现,对于刚毕业步入社会的大学生来说,创业资金不足是其首要的创业障碍,也是创业初期最渴望得到的支持。由于大学生社会关系相对简单,自主筹资成为他们主要的融资渠道,多数创业原始资金来源于家庭或亲朋好友,政府的资助只有1%。大学毕业生的家庭和自己承担了几乎全部的资金投入,这一资金门槛把许多有心创业的大学毕业生挡在了外面。而且,这种融资方式对于盈利周期长、失败率高的项目风险很大,无形中也给创业大学生带来很大压力。

其次,积极的政府政策对于新创企业成长的支持力度直接影响大学生的创业意愿。尽管国家和各省、市地方政府针对大学生创业相继出台了一些优惠政策,但由于各职能部门在制定政策时沟通不够,使得不同部门的创业政策不够协调,出台的政策缺乏系统性和协调性。另外,一些创业政策抬高扶持政策申请门槛,使许多创业者很难享受到政策带来的优惠,导致政策出台后不能很好落地,没有发挥应有的作用。如根据政策规定而设置的创业投资引导基金、科技创业种子资金资助等因在申请方面有许多设限,使得创业者只能"望梅止渴"。

再次,创业教育在大学生创业过程中,不仅能够调动大学生创业的积极性,转变大学生的就业观,更能够了解创业历程,掌握创业技能,增强大学生创业的信心。调查发现,大学生更愿意接受有针对性的创业教育。因为,在掌握专业知识的同时积累必要的创业经验,增强创业意识、创业精神和创业能力是他们的迫切需要。目前很多高校只是开设了选修性质的大学生创业教育课,并没有融入学校的整体教学体系中,与学科专业教育未形成有机联系。而社会方面针对大学生的创业教育体系还不够健全,缺乏专门为大学生创业教育提供服务的培训机构。

最后,专业化的会计、广告、咨询策划、法律、信息资讯等服务是否完善对大学生创业同样具有积极影响。初次创业的大学生由于商业经验不足,创办企业过程中的手续办理以及初期经营阶段的组织构建、制度制定、报税纳税等管理活动需要专业化的服务帮助。目前为初创企业服务的专业化机构数量较少,政府的行政审批、信息公开、创业咨询等方面的服务专业化水平低,服务功能单一,在创业咨询、创业培训、创业融资、风险评估等方面没有发挥足够的作用,也加大了初创企业的运营成本。

三、大学生创业活动推进措施

借鉴美国、英国、法国等发达国家较为成熟的大学生创业服务体系,我国大学生创业服务体系应重点解决好金融资金支持、政府政策扶持、创业教育培训、专业化服务环境建设等方面的问题,通过构建多元化合作的创业服务体系满足大学生的创业需求,为大学生提供更高的创业服务价值。

(1)政府积极的政策支持能够最大程度激发有创业意愿的大学生参与创业活动,降低大学生的创业成本。这就要求政府各职能部门进一步完善鼓励、支持、引导和服务的政策措施和工作机制,出台专门的促进大学生创业的政策法规,通过资金扶持、减免税费、财政补贴、社会保障等措施支持大学生自主创业。如放宽对新办企业注册资金和经营场所的限制,简化审批、办证手续,全面落实鼓励创业的税收优惠、小额担保贷款等扶持政策。通过设立大学生创业的风险保障制度,将大学生创业者纳入失业保障管理体系,用政策和制度保障解除大学生创业的后顾之忧。

(2)解决大学生融资难问题的关键是发展多元化融资方式以拓宽大学生创业融资渠道。完善的风险投资和信贷体系有助于大学生创业者解决资金的瓶颈问题,而充足的风险资本供给、民间风险投资家、创业风险评估技术等都是激发创业者积极性、提高创业者承担风险和创业能力的重要保障。因此,在有效采取风险规避措施的前提下,通过建立大学生创业专项基金,为符合条件的大学生创业者提供贷款担保。积极引导社会资本参与大学生创业投资,吸纳利用社会上的闲散资金或引进国内外风险资金等其他资金,引导民间资本建立产业投资基金和风险投资基金,支持大学生创业。

(3)加强大学生创业教育需要构建系统化的创业教育体系,将创业教育理念融入大学的核心价值体系,从课程体系设置到教育实践基地建设,使创业教育的实施具有鲜明的针对性和可操作性。高校可通过实施创业教育培养方案,将创业教育融入人才培养的全过程,如美国斯坦福商学院创业研究中心已经开发了21门创业教育领域的课程,学生通过学习能够了解和掌握公司运作、财务管理、人力资源管理、市场营销等一系列知识。同时,高校应和政府、社会、企业联合进行创业实践基地和成果孵化基地建设,拓展大学生创业实践的渠道,为大学生创业构筑一个实践平台。

初次创业的大学生渴望在创业过程中能够得到专业化、高质量的管理、信息咨询服务。因此需要构建全方位、多元化、结构合理、功能齐全的创业指导和服务体系,为大学生创业提供"一站式"服务。一方面,积极构建以民间组织、政府和教育机构为主体,集专业服务、管理决策、成果转化等多项功能于一体的大学生创业信息服务平台。另一方面,鼓励专业的中介机构和咨询公司开展多种咨询服务,积极推动中介机构市场运行体制和机制建设,使中介机构在为大学生创业提供项目评估、信息查询、信用担保和创业技能培训等方面发挥应有的作用,为大学生创业投资提供决策依据。

参 考 文 献

[1] 西凤茹.大学生创业影响因素与支持体系完善[J].黑龙江高教研究,2012,30(7):60-63.

[2] 王保义.当代大学生创业的现实困境与政策选择[J].教育理论与实践,2012,32(36):9-11.

[3] 张留禄.公共管理视角下的大学生创业服务体系[J].广东社会科学,2013(6):53-59.

[4] 樊鹏,李忠云,胡瑞.我国大学生创业政策的现状与对策[J].高等农业教育,2014(6):74-77.

[5] 张文强.大学生创业障碍及对策探究[J].河南师范大学学报(哲学社会科学版),2012,9(4):260-262.

谈模拟教学法在市场营销学课程中的应用[*]

摘　要：管理的实践性、复杂性及动态性决定了管理教育不仅要向学生传授基本的管理知识和技能，同时还要培养他们发现问题、分析问题和解决问题的独立的、综合性的工作能力。而模拟教学法的最大特点就是使学生由被动变为主动，在参与过程中发挥自己的创造性，以达到提升学生创新能力的目的。

关键词：模拟教学法；教学方式；创新能力

一、引言

创新能力教育是世界高等教育进入 21 世纪面对知识经济挑战的必然趋势。创新能力不仅仅是一种智力特征，更是一种人格特征，所反映的是创新人才的综合素质，即独立思考、敢于冒险、敢于怀疑和挑战精神等。因此，如何培养适应社会经济发展需要的创新型管理人才，探讨创新型管理人才培养模式与方法是我国管理教育面临的重大课题。与传统的"灌输式"教学方式相比，模拟教学法使学生置身于具体的实践活动中，通过自己的探索发现问题、解决问题，在参与过程中发挥学生的主动性和创造性，提高学生运用专业知识解决实际问题的能力，真正成为学习的主人。

二、市场营销学课程的教与学

市场营销学是一门建立在经济科学、行为科学和现代管理理论基础上的应用科学，其理论、方法及技巧被广泛应用于企业和各种非营利组织，并渗透到社会生活的各个方面，其特征表现为多学科知识的综合性、科学与艺术的模糊性、理论与实际的实践性。这就要求课程教师因课制宜，根据课程的具体特点，选择适当的教学方法。因此，教师要使自己的教学工作获得成功，仅有教的热情是不够的，还必须重视教学方法的研究，它直接关系到教学质量和教学效果。

---

*　　发表于《科技经济市场》，2014(10)：206－207

课堂教学作为教学活动的主体环节,是教师教和学生学双方活动相互作用最直接的表现。由于传统结构式课堂讲授法以课堂授课为主,虽然经过教与学双方的努力,学生获取知识技能效率较高,但这种方法存在的最大缺陷就是学生始终处于被动状态,无法发挥学生主动参与的积极性,在一定程度上限制了学生的主观能动性、独立思考和创造性精神。而模拟教学方法使学生由被动变主动,通过角色模拟最大限度地发挥学生的主观能动性,在参与过程中不断提高自身的综合素质。以营销调研内容为例,为了使学生能够更好地掌握营销调研的有关内容,也曾采用过诸如课堂讨论、实地调查等方法,但学生的积极性不高,效果不能令人满意。针对这种状况,为了从根本上激发学生的学习兴趣,使学生主动积极地参与教学活动,将"模拟教学法"这种开放式教学方法引入课堂教学中,将学习的主动权交给学生,使学生不仅动脑、动口,而且动手,对某个模拟问题进行竞争决策,引导他们主动地去分析、探索,从中体会正确决策的重要性。

三、教学设计与实施

(一)确定主题

将全班学生分成若干小组,每组 5～8 人,每个小组根据所学的营销调研基本理论、方法,共同讨论拟定研究主题。由于主题确定是否恰当直接影响教学效果,因此为提高模拟教学的有效性,要求主题围绕在校大学生所关心的问题进行。在模拟练习中学生们提出了多方面的问题,如"在校大学生服饰消费调查""在校大学生择业观的调查"及"在校大学生周末活动的调查"等。

(二)设计问卷

这一过程要求每一小组根据选定的主题,运用学过的问卷设计原则、方式及方法,认真讨论研究,设计出一份可用于实际调查的正规问卷。如在"在校大学生服饰消费调查"中设计了这样的问题:

(1)您的服饰一般偏重于:A.个性　B.休闲　C.潮流　D.一般

(2)您购买服饰时首先考虑:A.品牌　B.价格　C.款式　D.质量

在"在校大学生择业观的调查"中设计了这样的问题:

(1)您择业时首先考虑:A.薪酬高低　B.专业是否对口　C.职业发展　D.就职环境

(2)若面临专业与工作不对口,您会:A.放弃　B.选择就业　C.寻找机会跳槽　D.自主创业

（3）择业时对工资的考虑：A.3500～4000 元/月　　　B.4000～4500 元/月　C.4500～5000 元/月　　　D.5000 元/月以上

（4）您愿意到哪些地方发展：A.省会城市　　B.东部发达地区　　C.西部地区　D.中小城市

（三）模拟调查

运用设计好的问卷进行实际调查，调查对象是除本组外的所有同学（可能的话也可考虑本班以外同学）。调查时要求小组成员进行分工，每人负责若干组的问卷调查，并详细记录所获得的信息资料。

（四）统计分析

运用统计学知识对有效问卷结果进行整理分析，并做相应计算，如在大学生服饰调查中有 80％偏于个性，85％不注重品牌；在择业观的调查中同学们首先考虑职业发展，其次是薪水高低，有 45.7％择业时要求工资水平达到 4000～4500 元/月。问卷整理完成后，写出总结研究报告，包括统计结果的解释说明，有关问题的解决办法及措施，设计中还存在哪些问题及不足等。

（五）交流体会

调研工作完成后，每个小组选派一名代表向大家介绍本组是如何组织本次模拟练习的，汇报调研结果并说明哪些问题有待进一步研究，同时回答同学们提出的问题，以达到取长补短、互相学习、共同提高的目的。

四、结论

本次模拟教学取得了很好的效果，得到同学们的一致肯定。与课堂讲授相比，模拟教学不仅在知识传授、能力培养方面有其自身的特点，而且以小组为单位的形式使其在培养学生的自信心、责任感、合作精神等方面也具有积极的作用，这些将有助于他们毕业步入社会后更好地适应外界环境的变化，迎接未来的挑战。模拟教学不仅使学生获益匪浅，而且对教师育人工作也有很大帮助。通过练习，有助于教师更好地了解学生动态，了解他们当前最关心的社会、经济等问题，以便在教学活动中有针对性地将学生的所思所想融入课堂教学中，及时解决学生思想、修养等方面的疑惑，引导他们树立正确的人生观与价值观，以实现教书与育人互相促进、共同提高的目的。目前我们的课堂教学仍是以课堂讲授为主，教学情况基本处于满堂灌状态，而要改变这种传统的结构式课堂讲授法，需要教师与学生双方的共同努力。

参 考 文 献

[1] 赵洁.构建以学生为主体的模拟性教学模式[J].技术经济与管理研究，
2009(1):73 - 75.

[2] 袁家志,张文彦.运用案例教学法改革《管理学》教学[J].阴山学刊,2009,
22(2):118 - 121.

[3] 侯海青.以案例教学培养学生的创新能力[J].科技经济市场,2010(3):
113 - 114.

[4] 王卫红.基于创新能力培养的营销专业教学模式探讨[J].市场营销导刊,
2009(2):74 - 78.

参 考 文 献

[1] 罗宾·蔡斯.共享经济:重构未来商业新模式[M].王芮,译.杭州:浙江人民出版社,2015.

[2] 姚裕群.人力资源开发与管理通论[M],北京:清华大学出版社,2016.

[3] 闫国庆,金文姬,孙琪,等.国际市场营销学[M].北京:清华大学出版社,2007.

[4] 张庚淼,王柏林.市场营销[M].西安:陕西人民出版社,2006.

[5] 罗杰·A.凯琳,罗伯特·A.彼得森.战略营销教程与案例[M].范秀成,译.北京:中国人民大学出版社,2011.

[6] 菲利普·科特勒,凯文·莱恩·凯勒.营销管理[M].何佳讯,于洪彦,牛永革,等译.上海:格致出版社,2016.

[7] 艾丽斯·M.泰伯特,博比·J.考尔德.凯洛格营销论[M].康蓉,吴越,译.北京:商务印书馆,2014.

[8] 乔瑞中,李冰.市场营销学[M].北京:机械工业出版社,2015.

[9] 诺埃尔·凯普,柏唯良,郑毓煌.写给中国经理人的市场营销学[M].刘红艳,施晓峰,马小琴,等译.北京:中国青年出版社,2012.

[10] 帕科·昂德希尔.顾客为什么购买[M].缪青青,刘尚淼,译.北京:中信出版集团,2016.

[11] 加里·阿姆斯特朗,菲利普·科特勒.市场营销学[M].王紫薇,赵占波,译.北京:机械工业出版社,2016.

[12] 菲利普·科特勒.营销管理:分析、计划、执行和控制[M].梅汝和,梅清豪,张桁,译.上海:上海人民出版社,1999.

[13] 迈克尔·所罗门,卢泰宏,杨晓燕.消费者行为学[M].杨晓燕,郝佳,胡晓红,等译.北京:中国人民大学出版社,2015.

[14] 詹姆斯·哈金.小众行为学:为什么主流的不再受市场喜爱[M].张家卫,译.北京:时代出版,2015.

[15] 霍华德·毕哈,珍妮·哥德斯坦.星巴克 一切与咖啡无关[M].徐思源,译.北京:中信出版社,2008.

［16］戴维·阿克.品牌相关性［M］.金珮璐,译.北京:中国人民大学出版社,2014.

［17］乔均.品牌价值理论研究［M］.北京:中国财政经济出版社,2007.

［18］保罗·特罗特.创新管理和新产品开发［M］.吴东,译.北京:中国人民大学出版社,2005.

［19］贾格莫汉·拉古,张忠.让顾客自己来定价［M］.刘媛媛,译.北京:中国人民大学出版社,2012.

［20］戴尔·富特文格勒.向定价要利润［M］.白岚,译.北京:经济科学出版社,2012.

［21］庄贵军.营销渠道管理［M］.北京:北京大学出版社,2012.

［22］道恩·亚科布奇,博比·卡尔德.凯洛格论整合营销［M］.邱琼,刘辉峰,译.海口:海南出版社,2007.